図解で早わかり

人事労務・社会保険から
経理、契約事務まで

最新

会社の事務と手続きがわかる事典

社会保険労務士　　公認会計士・税理士
林　智之　武田　守［監修］

三修社

はじめに

　会社の規模を問わず、どんなタイプの会社であっても、会社組織を存続させ、繁栄させるために、日夜さまざまな企業活動を行っています。

　経営者（事業主）や各部門の責任者は会社の存続・発展に必要な社内体制を整えなければなりません。

　会社の運営・発展のために不可欠なのが法令遵守です。法令の遵守やモラルをもって会社を運営し、発展させていくために必要なのが「総務」の役割です。また、会社の経営目的は究極的には営業活動を行い、利益を生み出すことを目的にしています。会社の資金についての、出入りの管理を行うのが「経理」の役割です。

　さらに、事業を行うには、適切なスキルを持つ人材を適切な人数だけ確保することが必要です。そのために採用活動が必要になります。採用活動を担う「人事」の役割は、とても大切なものといえます。同時に、採用した労働者一人ひとりが活き活きと働ける職場の環境を整える「労務」の役割も重要です。経営者や管理監督者は労働関係のルールを理解し、労働者という人と協力し、かつ適切な労務管理を行わなければなりません。

　本書はおもに、会社の総務や人事、労務、経理などの業務に携わる人を対象に、それぞれの仕事で知っておくべき幅広い知識を1冊に集約しています。実務において重要となる最新の法律問題や法改正に対応するとともに、部門を問わず知っておきたい、契約書の作成知識や署名・押印、領収書などの重要な規定についての知識までとりあげています。

　本書を通じて、皆様のお役に立つことができましたら幸いです。

監修者　公認会計士・税理士　武田　守
　　　　社会保険労務士　　　林　智之

Contents

第3章　労務の仕事の基本と事務手続き

第4章　経理の仕事の基本と事務手続き

第5章　契約事務の基本と手続き

第1章

総務の仕事の基本と事務手続き

1 総務の仕事

仕事の幅は広く、内容は会社の規模や経営者の考えによって異なる

●どんな仕事なのか

　一般的に言うと、会社のヒト・モノ・カネを管理し、経営者を補佐しながら各部門に支援を行うのが総務です。「会社全体のさまざまな部門の業務をカバーして、社員が働きやすい環境を整え、滞りなく進行するようにサポートする仕事だ」と考えていただければよいでしょう。会社全体を見渡して、各部門の業務が円滑に進むようにルールを作り、社員がそれぞれの仕事に集中できるように配慮します。

　一方で、経営についてのシビアな問題である各部門の経費削減を一括して担当するのも総務です。

　総務の代表的な仕事は、①文書の扱いと交渉、②他部門・社員へのサービスです。総務は会社の窓口でもあり、来客・電話の応対はもちろん、招かざる客にも対処します。株主総会の実務を担当するのも総務です。小さな会社では、総務が労務や経理を兼任することもあります。この他、人事や教育も総務の仕事の中に入ることもあります。

●会社によって違う

　会社が成長し、社員が増えてくると、会計や労務管理、文書の扱いなどの量が膨大になり、事務も一人ではさばききれなくなり、誰かを専任で雇うことになります。これが事務部門です。

　組織が大きくなればなるほど、事務部門は細分化され、経理や人事の部門は独立し、さらに法務や秘書、財務、経営企画、株式、情報管理というように、それぞれの部門に分かれていきます。こうして、規模が拡大するにつれて、総務部門の仕事の範囲は逆に狭くなり、特定の範囲の仕事を担当するようになりますが、その範囲は会社によってまちまちです。総務の経験者が他社へ転職した場合は、以前の仕事とまったく違うことを担っていて面食らうということもよくあります。

　また、企業の規模や業種、社歴によって違うのはもちろんですが、トップの価値観によって、総務に求められる仕事の性質は大きく異なります。通常の事務部門だと思われている場合は、仕事も一般的な事務作業となりますから、雑用への対処などの作業が中心となります。

　一方、会社の総合的な仕事をまかせる部門だと考えられている場合は、専門性の高い業務が期待され、担当者には管理職的な素質や能力が求められます。

● 事務部門が基本になる

　どの組織でも総務が共通して行う業務は、一言で言うとやはり事務の仕事です。会社が小さかった時代に事務担当者が行っていた業務は、組織が巨大化しても総務の仕事であり続けるのです。たとえば文書の保存・発送・受理、社員の出勤の管理、備品の在庫管理も総務の仕事です。来客にお茶を出すのも基本的には総務の仕事になります。部門の細分化により、総務が引き受けていた業務が別部門に移行した後もなお総務に残っている業務は、明確に分類しにくい業務です。誰がやったらよいのか、どこが担当したらよいかわからない仕事はみな総務に回ってくる、ということです。

　そんなときに、素早くフレキシブルに対応できる能力のある人材が総務にいると大変助かります。限られた時間内に、他の部署が対処できない問題を解決し、平常の状態を実現できることがあるべき総務の姿になります。

　総務の仕事の成果は、グラフや数字にはっきりとは出てきません。各部門から、総務のおかげで業務がうまくいっている、という感謝の念を持たれるところに存在意義があります。

　このように、扇の要とも言われる総務の仕事は、ふだんはあまり意識されることはありませんが、円滑に機能していなかったり、担当者がいなくなってしまうと、とても困る仕事が多いのです。

総務の仕事の特徴

総務の仕事	経営者を補佐しながら各部門に支援を行う会社の窓口としての役割を果たす

- ・どこの組織にも必ずある
- ・幅広く重要な業務を担っている
- ・経営と各部門との橋渡しをする
- ・成果が数字などによってはっきりするものではない
- ・会社全体のさまざまな部門の務めをカバーする

- ・社員が働きやすい環境を整える
- ・会社の業務が滞りなく進行するようにサポートする
- ・どの部署に属すのかわかりにくい仕事を一手に引き受ける
- ・各部門の経費削減を一括して担当する

範囲は会社によってまちまちで企業の規模や業種、社歴、トップの価値観によって異なる

総務　—　事務部門　→　一般的な事務作業（雑用への対処などの作業が中心）

　　　　—　会社の総合的な仕事を担当　→　専門性の高い業務（担当者には管理職的な素質や能力が求められる）

第1章　総務の仕事の基本と事務手続き

2 総務に求められること
総務に期待されていることは何かをつかもう

● 経営理念を浸透させる役割を担う

創業者は誰でも、基本理念を追求するために会社を興し、経営活動を行っています。さらに基本理念は経営理念、行動理念、社是、社訓などで具体化されています。経営者はこれらについて、訓辞や講話、メールなどで社員に浸透するように努めるのですが、日々の業務に追われて、なかなか時間がとれないのが普通です。受け取る社員も同様です。

このような場合、総務は経営者に代わって、経営理念を全社員に浸透させ、これに沿った行動ができるように教育し、各部門が目標を達成できるように支援する役割を担います。組織が同じ理念を持ち、一丸となってその達成を図ることで利益も伸び、会社が成長していくのです。総務は各部門の方針を明示し、同じ方向へ進むように配慮するのです。

● 会社の顔となる

「計算が正確で、手書きの字が美しく、頼まれたことを期限内にやる」ことだけが総務に求められているわけではありません。

社外の人は、初めて会社を訪問する際にまず受付に行きます。文書も受信・開封して初めて情報として価値を持ちます。このように外部からの人や情報を受け入れるのが総務の仕事です。総務の対応しだいで、会社の印象の良し悪しは決まるといえるでしょう。たとえ新人でも「常に会社の最前線に立っている」という意識を持って応対をしなければなりません。消費者、マスコミ、株主、金融機関、学校、就職活動中の学生、取引先、官公庁など社外にはさまざまな人や組織があります。

誰に対しても明るく、配慮に満ちた対応をすることで企業のイメージが向上します。その結果、社会的な信頼を獲得することができ、利益に結びつくのです。華やかではないが利益に大きく影響するのが総務の特徴でもあり、間接的な営業部門という見方をすることもできます。

● 社員が相談しやすい環境づくりをする

企業活動は、社員が能力を充分に発揮することで成立します。ただ、最近ではストレスに悩む社員が増え、うつ状態になったり、業務に支障をきたす例が多く見られます。

しかし、初期段階や原因が明確な場合には相談するだけで解決することもあります。このような状況を解決する

のも総務の仕事です。社員の心と体を健やかな状態にできるよう、さまざまな措置を講じる必要があります。気軽に相談できる窓口を開設して、社員を受け止める体制を作っておきましょう。

ただ、「○○相談窓口を作ったのでお気軽にいらしてください」と広報してみても、本当に悩みを持っている社員が来ることはなかなかありません。日頃からの信頼関係がないと、悩み事は話せないものなのです。ふだんからたわいもない世間話をしている相手には何かのはずみで悩み事を打ち明けたりしますが、たいして親しくない人にいきなり深刻な話をすることはなかなかできないのではないでしょうか。プロのカウンセラーはそのような場合でも本音を引き出せますが、そのような専門家は少数です。ですから、常日頃

から「話しやすい総務担当者」であることが大切です。話をして愉快な気分になる明るさ、しかし秘密は必ず守るという信頼感、まじめに考えてくれるという勤勉さと配慮ある言動を、日頃から保ち、いざというときに話をしてもらえる関係を構築することで、初めて相談窓口として機能するのです。

ただ、法的に難しい問題や、より深刻な問題をすべて解決する必要はありません。そのようなときには弁護士や社会保険労務士などの専門家に相談するとよいでしょう。総務担当者は、解決の糸口を提供できれば充分です。こうして社員の勤労意欲が復活するように支援することも大切な仕事です。

日々の突発的に起きる業務に混乱させられることなく、余裕をもって業務をこなさなければなりません。

総務は全社員のお手本

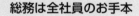

総務は全社員を
よりよい方向に導く案内役

他の社員が後に続きやすい環境を
作るために日々自己啓発に取り組む

さすが総務！

たとえば研修の場合

内容・講師について
入念に検討

↓

社員が劇的にレベルアップ
できるように工夫

↓

と同時に・・

↓

模範的に振る舞えるよう
にしっかり研修を受ける

社員に還元できるように
自分自身のスキルアップ
を図る

3 総務担当者の仕事

どのような能力・資質が求められるのかを知ろう

● 何を期待されているのか

　従来の総務担当者には、事務に徹してマニュアルどおりに仕事をこなすタイプの人が好まれていました。

　しかし、IT化が進み、計算は会計ソフトに、字はワープロソフトにとってかわられた現代社会では、総務担当者にもPCソフトに機能を置き換えることができない部分、クリエイティブな業務をこなす能力、また、新しいことをどんどん考え出し、問題を解決していく能力が求められます。経営的、戦略的総務が近年になって強く求められるのはこのためです。

● どんな人が向いているのか

　会社のあらゆる部門に目を向け、どこで何をしているのか把握するためには、情報収集、秘密保持能力が高いことも必須です。面倒がらずに現場へ行き、自分の目で見て知っていることが大切です。したがって、行動力があり、あらゆる生の情報を取り扱って適切に処理できる人が向いているといえます。反対に、ただ机に座って書類をさばく仕事をしたい人は総務には向いていないといえるでしょう。

　スケジュールを管理するのも不可欠の能力です。総務の仕事は、社員旅行、年賀状の準備など、事前にわかっている仕事だけではありません。また、定型的な業務でも、どんどん改善していく姿勢を持ち、社内にそのような雰囲気を作り出すのも重要です。

　自分の業務能力を言葉で表現してマニュアル化したり、チーム・ローテーション制を敷いたりして、総務のブラックボックス化を防止することも、総務担当者に求められています。

　日々知識を蓄積して、会社の「生き字引」のようになり、何を聞いても的確な回答を返してくれる人も理想的な総務担当者だといえます。

● ルールは徹底して守る

　社内にはさまざまなルールがあります。たとえば、社員の服装にいろいろな制限をかけたり、業務についてはノー残業デーや職場の清掃の当番があったりします。

　総務は、社員がルールを守るように自ら率先して実行する姿勢を持つ必要があります。社員の教育のために、研修会を計画・実施するのも総務の役割です。自分自身が、研修を受けた場合には、その内容を身につけていなければなりません。

4 経営理念の周知徹底
経営者の意志を全社員に行き渡らせるようにする

●あるべき姿を求めて

経営理念とは、企業の実践的な行動の指針です。経営者が世の中に貢献するためにやろうとしていることを基本理念と言い、これを時代や環境の変化に適応させたものが経営理念です。

経営理念を細分化すると、人生観、判断基準、行動基準、事業観、人間観など、さまざまな価値観が盛り込まれます。これらを社内及び社外に周知させつつ、時間的には中・長期的な目標や計画を立て、部門ごとにも計画や目標を具体化させ、実現を図っていくのが企業活動です。利益は、これらに付随してくるものと考えるのがあるべき姿だといえます。

経営理念のしっかりした会社は、顧客や関係先から高い信頼を得ることができ、イメージアップはもちろん、利益の獲得にもつながります。そのためにも、社員に経営理念を徹底させ、実現のための行動をとらせることが非常に大切です。

●周知・徹底させるには

どこの会社にも、立派な経営理念が掲げられているはずです。しかし、実際にはそのような経営に理念に反する問題が生じているのも事実です。

経営理念が単なるお飾りになり、額に入れられて壁に飾られているだけでは意味がありません。社員及び社外に効果的に伝えることが大切です。

まず、創業者の経営理念をわかりやすく表現し、社外向けには受付や応接室、また販促グッズや配布品に一言添えるなどして周知を図ります。広告や公式ホームページで広報することも大切です。企業イメージをよいものにし、社会的役割、責任、使命などを明確にします。

社内に対しては職場、また入社時・入社後の研修で徹底します。新卒でも中途でも、社員の採用時には、経営理念に賛同した人を採用できるように人を見る目を養っておかなければなりません。入社後も、企業の理念がきちんと維持されているかについて確認する必要があります。社員の行動をよく分析し、不適切なものが見つかったらトラブルになる前にすみやかに対処しましょう。

毎朝、朝礼で理念を確認するというのも古典的な方法ですが、これには社員の一体感を増す、やる気を高めるなど、侮れない高い効果があります。このようにして常に初心を忘れず、理念の徹底に努めましょう。

5 経営理念の策定
価値観を共有できる人を採用するには募集前の準備が重要

● 企業理念と行動指針を明確にする

　会社にあう人材を獲得するためには会社案内や採用情報関連の情報を積極的に開示することが重要となります。そのためには何よりも経営者自身が会社をどのようにしたいのか、どのような目的で会社を経営しているのかをはっきりさせる必要があります。

　そのためには経営者の経営理念を明確化することが大切です。

　経営理念を作成することで得られる効果とは、経営者が何を考え、どのような目的で会社を設立し、一企業として活動を続けているのかを内外に示すことです。これによって、社員や顧客、世間に対して、その会社が何をめざして活動をしているのかを広く知らせることができます。経営理念を示すことで、その会社の理念を評価して会社の商品を買う人も出てきます。社員にとっては、仕事を取り組む上での貴重な道しるべとなってくれます。そして求職者にとっては、自分がそこで働きたいと思える会社であるかどうかを事前に判断する基準となります。

　また、経営理念を貫くために会社がとるべき行動を行動指針として明示しておくことも、忘れないようにしましょう。行動指針が明確になっていれば、その会社で働く場合に自分がどのような基準で行動を決定していけばよいかが明確になるからです。

　このように、経営理念と行動指針を作っておくと、それを見た人が、この会社はどのような目的でどのような基準で企業活動を行っているのかを判断できるようになります。すると、会社の価値観に共感した人が自ずと集まってくるようになるでしょう。

　なお、経営理念を経営者の経営指針、企業理念を企業としての価値観など、経営理念と企業理念を分けて位置付ける考え方もあり、その場合には経営理念と企業理念を分けて策定することになります。

● 経営理念の決定に社員を関与させる

　会社がどのようにあるべきか、どのような行動をとるべきかを全社員が意識して日々の業務で実践し、共通の夢を意識することで、社員が自分の仕事に誇りを持ち、かつ会社としても業績を上げられるようになります。経営理念は、こうした効果を高めるためにも必要なものです。

　経営理念を決めるときには、より共感してもらえるようにするために、社員にも決定する前の段階から関わって

もらうことも一案です。

　社員にも案を出してもらったり、内容を検討してもらうことで、社員と経営者の間で、あるいは社員間で連帯感が生まれてきます。このように、経営者一人で決めるのではなく他の社員にも参加してもらうことで、社員も会社の理念に共感し、共通の夢に向かって皆で進もう、という意識が高まることを期待できます。

◉ 価値観を共有できる人とは一緒にやれる

　新卒の社員を教育して一人前の社員に育て上げる余裕は、金銭的にも時間的にもあまりない企業も多くあります。そのような会社の場合、中途採用ですでに一定の能力や経験を持つ人材を効率的に集めて、業績アップに直接結びつけたいところです。

　しかし、採用する際には、「その人が単に仕事ができる」「前職でよい成績を残していた」といった内容だけで判断するのは危険です。そうした実務的な側面を判断することも大切ですが、その前に、その人が会社の社風にあうかどうか、また経営者をはじめとする会社の価値観にあう人かどうか、確認する必要があります。

　経営者や社員と共通の価値観を持っているような人であれば、どうすれば会社をよりよくすることができるかを自分で考え、会社にあうスタイルで実行してくれる可能性が高いといえます。

　実際に人を採用するにあたって、その人の価値観が会社にあうかどうかを見極めるには、会社のパンフレットやホームページ、求人情報に経営理念や経営者の紹介を載せるなど、募集方法にも工夫が必要です。

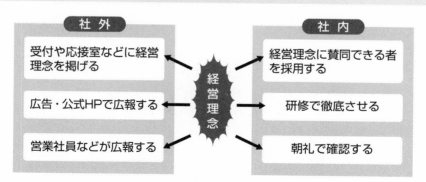

経営理念の周知のさせ方

社外
- 受付や応接室などに経営理念を掲げる
- 広告・公式HPで広報する
- 営業社員などが広報する

経営理念

社内
- 経営理念に賛同できる者を採用する
- 研修で徹底させる
- 朝礼で確認する

6 経営計画の作成

各年度で達成するべき目標へ向けて具体的な体制づくりをする

● どんな仕事をするのか

　会社を経営していくためには、経営者側がしっかりとした経営方針を示しておかなければなりません。その方向性を基に、「何を、いつまでに、どのようにして達成させるのか」を決めることを経営計画といいます。

　計画を立てるにあたって、経営者側の補佐として事前に情報を収集・分析し、目標とする売上高や生産量に近づけるためのサポートをしていく重要な役割を担うのが総務だといえるでしょう。常に経営者側の視点に立ち、先を見据えた経営計画を打ち出していくことで、会社全体が一丸となって目標達成へと進んでいけるのです。実際に計画を立てるときには、他社の動向や需要の状況などを視野に入れ、幅広い可能性を考慮した上で、会社にとって最も有益となる方法を立案していかなければなりません。

● 各部門に伝達し、チェックする

　中・長期にわたる経営計画が確立されれば、次に初年度、2年、3年後といった年度別による計画目標が立てられます。その際、会社の現在の状況と課題を抽出し、それを基に年度方針や年度目標、年度重点経営課題、さらには各部門の年度経営課題や部門計画へと具体的に策定していく必要があります。

　そこで打ち出された年間目標に従って、月単位や週単位の計画が立てられます。総務はその具体的な内容を各部門に伝え、さらに細かい計画を立てていくよう指示を出します。各部門は、指示を受けて利益や販売・広告宣伝、生産や仕入れ、研究・開発、投資や採用、教育、資金などの具体的な計画を策定します。また、総務が各部門へ伝える経営計画の内容は、経営者の考え方や経営方針に沿ったものであることを伝えることも大切です。

　経営計画を実行し、達成へとつなげるためには、こまめに各部門の進捗状況を把握しておかなければなりません。それぞれが予定通りに役割を果たしているかをチェックし、具体的な数値に到達していない場合には、その原因や問題点を見つけ出す必要があります。たとえば社員の教育研修を行ったり、必要な人材を確保するなどの改善策を講じることが大切です。部門計画が達成されなければ、会社全体の年度計画にも狂いが生じ、次年度の計画目標にも影響を与えます。常に目標と実績のギャップに目を光らせ、その差を少しでも縮める努力が必要です。

7 内部監査
会社内での不正防止や業務効率化を目的として行われる

● どのようなことをするのか

　内部監査とは、会社の不正防止や経営目標の効果的な達成、業務効率化のために、合法性と合理性の観点から、公正・独立の立場で、経営活動の遂行状況を評価し、客観的意見を述べ、助言・勧告を行うことをいいます。

　法令に基づかない任意の監査であり、具体的な業務としては、①不正の防止・低減のために、会社内で不祥事が発生するリスクを把握・抽出します。リスクマネジメントとも言われます。

　また、②経営目標の達成のために、会社の業務が適正に行われているかどうか調査し、改善策などの助言をします。

　さらに、③業務効率化のために、業務が社内規程やマニュアルに沿って遂行されているかどうかを調査し、経営者が組織を効率的にコントロールすることができているかを調査し、助言をします。各部署の動向にも厳しく目を向け、もし計画通りに業務が遂行されていない場合には、その部署についての状況分析や情報提供、解決策支援を積極的に行っていくなど、年度計画の実現へとつなげていきます。

● 社内の不正を見逃さない

　リベートや架空残業、売上げ操作、在庫商品横流しなど、社内で横行しがちな不正の種類は数多く、総務は常に中立的な立場から社内不正防止に向けて目を光らせておかなければなりません。事件が発覚し、公になってからの対応ではすでに遅いのです。

　効果的な取り締まりの策としては、内部監査の強化によってしっかりと不正防止線を張っておく必要があります。

　万が一、社内で違反者が出た場合には、就業規則による制裁規定を適用するなどの罰則を科すことで、エスカレートする不正への予防策を講じておくのも一つの方法です。

　社会的な信用が失われてしまう前に、総務は企業の倫理やコンプライアンス（法令遵守）の考え方を社員に自覚させるなどして、不正や犯罪が起こらないように務めなければなりません。

　大きな不祥事へとつながらないよう、社員一人ひとりが安心して仕事に取り組めるような、しっかりとした企業体制づくりを心がけましょう。

8 議事録の作成

株主総会議事録は、原本を10年間本店に備え置くことが必要

● 何のために議事録を作成するのか

会社法は、株主総会などの会議が開催されたとき（開催されたとみなされたときも含む）には、議事録を作成することを義務付けています。議事録とは、議事の経過の要領・その結果、場合によっては出席した役員の発言内容などについて記録したものです。

株主総会の議事について作成する議事録を株主総会議事録、取締役会の議事について作成する議事録を取締役会議事録、監査役会の議事について作成する議事録を監査役会議事録といいます。各議事録には会社法、会社法施行規則で記載しなければならない事項が法定されています。法定記載事項さえ記載していれば、その他の形式は原則として会社の自由です。取締役会を設置せず、監査役もいないという小規模な会社でも、株主総会議事録は作成することになります。

作成した議事録は会社の役員などが見るだけではありません。商業登記をする際の添付書類になることもあります。また、一定の要件を満たす株主や債権者などが閲覧や謄写（原本の写し）の請求をしてきた場合には、会社は原則としてそれに応じる義務があります。

● 株主総会議事録の作成と保管

株式会社は、会社法その他の法令に従って、適法な議事録を作成する必要があります。

株主総会議事録には、出席した取締役や監査役の署名または記名押印をするのが一般的です。署名または記名押印の義務を定めた法令はありませんが、会社の定款などで、出席した取締役などに署名または記名押印の義務を規定している会社は、定款などの規定に従って株主総会議事録にも署名または記名押印をする義務が発生します。なお、署名とは、本人が自署することで、記名押印とは、パソコンで印字する・ゴム印を押印するなどして記載した名前の右横に印鑑を押すことです。

株主総会議事録は、株主総会開催の日から、原本を10年間本店に備え置かなければなりません（会社が支店を設置している場合は、これに加えてその写しを支店に5年間備え置く必要があります）。備え置かれた議事録は、株主および債権者は会社の営業時間内はいつでも閲覧・謄写の請求をすることが可能です。また、親子会社の場合、親会社の社員は、その権利を行使するために必要があるときは、裁判所の許可を得て、閲覧・謄写請求をすることが可能です。

● 電磁的記録により作成可能

議事録は書面で作成されることが一般的ですが、会社法上、電磁的記録によって作成することができます。

電磁的記録とは、CD-ROMやDVD-ROM、磁気テープ、フロッピーディスク、メモリースティック、SDカード、ICカードなど、確実に情報を記録しておける記録メディアあるいは電子媒体と呼ばれるものに記録したものをいいます。

電磁的記録により議事録を作成した場合は、書面で議事録が作成された場合と署名または記名押印、後述する議事録の備置きなどについての取扱いが異なります。たとえば、電磁的記録によって議事録が作成された場合、書面で作成された場合と異なり、署名や記名押印をする代わりに電子署名をすることになります。電子署名とは、文書の内容の改ざんを防止するしくみがとられているもので、書面における署名や記名押印に相当します。

● 取締役会議事録の作成と保管

取締役会を設置している株式会社は、会社法上、取締役会の議事について議事録を作成し、出席した取締役・監査役全員が署名または記名押印しなければならないとされています。

取締役会議事録は、取締役会の日から10年間本店に備え置かなければならず、一定の要件を満たす株主や債権者、親会社社員が閲覧や謄写の請求をしてきた場合には、会社は原則としてそれに応じる義務があります。

なお、取締役会を設置していない株式会社においては、取締役が複数名いる場合、原則として取締役の過半数の一致（賛成）によって決定することとされています。取締役の過半数の一致をもって、業務執行の決定をした場合は、それを証明するための書類として、「取締役決定書（決議書）」を作成することが一般的です。

株主総会議事録のおもな記載事項

① 開催日時・場所

② 議事の経過の要領と結果

③ 出席した取締役・執行役・会計参与・監査役・会計監査人の氏名または名称

④ 議長の氏名

⑤ 議事録の作成にかかる職務を行った取締役の氏名

9 クレーム対応の手順

クレームの内容ごとに適切な対応を考える

●一般的なクレーム対応の流れ

　企業の商品屋サービスに不満のある顧客からクレームを受けた企業は、顧客の具体的な不満や要求などを正確に把握し、クレームの内容に応じた適切な対応を考える必要があります。

　販売している商品についての不具合、提供しているサービスの不十分さなど、顧客が受けたものが不完全であったのかどうかを正しく把握しないと、顧客が納得するような適切な対応をとることができないからです。そのため、顧客の話を聞くときにはメモをとるなどして、クレームの内容を正確に把握するよう努めましょう。

　顧客からクレームの電話を受けた場合、時折あいづちを打ったりしながら、まずは顧客側の言い分をしっかりと聞くようにします。

　顧客の不満などを聞いた後、謝罪の必要がある場合には、はっきりと謝罪の言葉を述べます。ただし、商品やサービスに落ち度がなかった場合や、その可能性を否定しきれず調査が必要な場合などにおいては、企業側に非があることを認めたと捉えかねない謝罪は控えるべきです。そのため、謝罪の言葉を述べるときは、あくまでも顧客が感じた不快さに対して謝罪するよう

にします。なお、クレームの原因が企業側にはまったく非のないものであった場合であっても、顧客に対して反論はしないようにしましょう。

　顧客を不快にしたことについての謝罪をした後、顧客が「何を求めているのか」を確認します。商品の交換や返品、修理や代金の返金など、顧客が求めている具体的な内容を把握し、対応を考えます。自分の判断でその対応を行うことができない場合には、上司や他の担当者に電話を代わる、顧客に後日改めて連絡をして対応方針を説明する、などの方法をとります。

　クレームの原因について企業側に非がなかった場合には、顧客がすべての話を終えてから、ていねいに、ゆっくりと説明を行います。その際、顧客への反論ととらえられないよう、言葉づかいなどに気をつけて行うことが重要です。

　寄せられたクレームについては、原因を調査して、改善すべき点はないかを検討します。今後の商品開発や新製品開発、サービスの向上等に活用することができる場合もあります。さらに、再発を防止するための従業員教育や研修の実施の必要性も検討しなければならないでしょう。

企業では、クレーム処理をより適切かつ効果的に行うために、クレーム処理マニュアルや苦情処理に関する規程などを作成していることが多いです。これらのマニュアル等については、適宜見直しをして改訂を続けていくことになります。

なお、顧客からは、苦情以外にも、要望や意見などが寄せられることもあります。こうした顧客から寄せられる要望や意見もしっかりと受け止めて、今後のサービスに活かせるよう活用していく必要があります。

● 商品の欠陥が原因のクレームの処理

クレームにより商品の欠陥が判明した場合、発見された欠陥が、その1件だけに見られるものなのか、同時期に製造された商品すべての問題なのかをすみやかに調査した上で、商品の回収・製造中止といった対策を講じます。

何よりも大切なことは、商品の欠陥による顧客被害を最小限に食い止めることにあるといえるでしょう。

クレーム対応の流れ

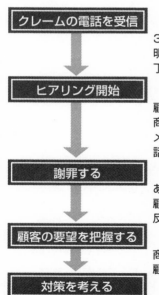

クレームの電話を受信

3コール以内にとる
明るくはっきりとした声で
丁寧に対応する

ヒアリング開始

顧客の感じている不満を確認
商品の不具合（サービスの不十分さ）の有無を確認
メモをとる
話を最後まで聞く

謝罪する

あいづちをうちながら、顧客の言い分に共感する
顧客の感じた不快さに対して謝罪する
反論しない

顧客の要望を把握する

商品の交換か、返品か、修理か、返金か？
顧客の連絡先を聞く

対策を考える

自分で対応できない場合には、上司に確認をとる
顧客には対策が決まったら連絡することを伝える
（連絡日時などは明確に伝える）

10 リース取引とレンタル取引

性質を知って上手に使い分ける

●リース取引とレンタル取引

　会社を運営する上で、必要不可欠なのがOA機器や什器、備品類です。しかし、これらを一度に購入すると、多額の資金が必要になり、大きな負担となります。そこで使われるのがリース取引やレンタル取引です。

　これらの取引は、借り手が必要な備品類に対し、貸し手と賃貸借契約を結び、定められた期間だけ賃料を支払うというしくみです。リース、レンタル取引についてはそれぞれメリットやデメリットがありますが、その時に必要な備品に応じて、どちらを利用するかを選択するとよいでしょう。

　このような取引を利用するメリットは、一度に多額の出費をすることもなく、わずかな賃料で、運営に必要な備品類をそろえることができることにあります。

●リースとレンタルの違いは

　リース取引とは、借主が使いたい物をリース会社に購入してもらい、リース会社から借りるという取引です。

　リース取引には、ファイナンス・リースとオペレーティング・リースの2種類がありますが、一般的に行われているのは、ファイナンス・リースです。

　これは、ユーザーが希望するOA機器などをリース会社が購入し、契約した期間内に、購入代金をリース会社に支払うという契約のことです。

　このリース取引には、契約期間中は契約解除が不可能なことや、リース料として支払う金額は、実際に購入した

リースとレンタルの違い

	リース契約	レンタル契約
おもな対象物件	OA機器、コピー機、医療機器など	DVD、自動車、机、いすなど
目的物の選定方法	借主の要望に沿う物を貸主が購入して貸し出す	レンタル会社が保有している物から借主が選択
期　　間	数年間にわたるケースが多い	日・週・月単位で貸し借りが行われることが多い
中途解約の可否	原則として不可	原則として可能

金額よりも高いというデメリットがあります。

しかし、月々にわずかなリース料で必要な備品をそろえることができ、これらのリース料は経費として計上可能、また、リース契約によっては最新機器を導入できるという利点があります。

次に、レンタル取引とは、あらかじめレンタル業者が所有している商品の中から、1日〜数か月といった比較的短い期間で所定のレンタル料を支払う取引です。つまり、レンタル取引は、賃貸借契約のことです。

リースとレンタルの違いは、リースの場合は契約期間が数年間単位となるのに対し、レンタルは数日でも契約が可能です。また、商品はリースであればたいていの品物が対象となりますが、レンタルの場合は、そのレンタル業者が扱っている品物に限られます。さらに、リースでは契約途中の解除は認められませんが、レンタルは契約期間であっても途中解除ができることなどが挙げられます。

このことから、使用頻度・期間が低いものについてはレンタル取引を、よく使用する・長く使用するものについてはリース取引を利用するなど、備品の性質や必要性に応じて選択するとよいでしょう。

●管理台帳を作る

リース物件は、基本的に長期間となるため、日頃から管理台帳を作って、どの機器がいつまでのリース期間となっているのかを管理しておかないと、気づかないうちにリース期間が終了し、必要な時にリース会社へ返却しなければいけないという事態になりかねません。

このようなことを防ぐためにも、リース物件管理台帳を作成し、リース物件の詳細やリース残高などが一目で確認できるようにしておく必要があります。

台帳には、リース物件名やリース会社名、契約番号、リース期間やリース料金など必要な項目を記載します。

なお、この台帳と一緒に、リース契約書や見積書などを保管しておくといざと言う時に便利です。

リース取引の流れ

リース物件の選択 ▶ リース会社の選択 ▶ リース物件の選定 ▶ リースの申込み ▶ リースの審査 ▶ リース契約締結 ▶ リース物件の納入 ▶ リースの開始 ▶ リース料の支払い

11 自動車の管理

会社と社員をさまざまなトラブルから守る

●社有車を管理するポイント

　社有車の管理は通常、総務が行います。役員用乗用車、運搬トラック、営業車などの社有車を効率的に管理するためには、「車両管理規程」を定めるとともに、車両1台ずつのデータを掲載した「車両管理台帳」を作成する必要があります。車両管理規程には車両の使用目的、管理担当者、清掃や鍵の保管、整備などの担当者、安全運転管理者（選任、届出、任務内容）などを明記します。

　車両管理台帳には最低でも以下の項目が必要です。

・車両データ（車名、車種、登録番号、型式、車台番号、カラー、定員）
・使用・管理部門（部・課名、使用・管理開始年月日）
・車検（車検有効期間、車検工場）
・保険内容（期間、保険内容、保険料、保険会社、証券番号）
・定期点検記録（実施年月日、点検内容、点検結果）
・購入先（購入先、購入年月日、購入価格）

　また、運転者の管理もきちんとして

おくようにします。まず、運転者をリスト・アップし、それぞれのデータを記入した運転者台帳を作成します。この時、「運転資格の条件」「申請・許可の手続きの要・不要」などを明確にしておきます。運転マナーや交通法規などの運転者心得を運転者に理解させ、飲酒運転や最高速度違反などの禁止事項について指導します。

　最後に、安全運転と交通法規の遵守を誓った誓約書を提出させます。

●安全運転管理者制度とは

　安全運転管理者制度とは、交通事故を防止し、道路交通の秩序と安全を図るために企業内に責任者を置く制度です。

　企業が以下に該当する場合は、「安全運転管理者」を選出して、事務所の所在地を管轄する警察署に届出を行わなければなりません。

・定員11名以上の自家用自動車を使用している場合
・5台以上の自家用自動車を使用している場合（原動機付自転車を除く自動二輪車の場合は1台を0.5台として計算する）

　安全運転管理者の役目は交通事故防止のために必要な業務を行うことにあります。業務内容としては、効率的な

運行計画を作成し、運転者に安全教育を施し、必要に応じて指導を行います。

●自動車保険の管理を怠らない

会社で所有している車両は自動車保険に加入しなければなりません。その際、会社のニーズと使用状況に最も適した保険を選ぶ必要があります。保険に加入する際には、保険の種類、保険金額、毎月の保険料、適切な保険会社の選択などに留意します。

保険には大きく分けて自賠責保険と任意保険の２種類があります。対人賠償に限られ、物の損害は補償しないのが自賠責保険です。この保険は、自動車損害賠償保障法によって車とバイクのすべてに加入が義務付けられています。賠償金の最高限度額は、一つの事故で１人につき死亡の場合は3,000万円、

重度の後遺障害が残った場合は4,000万円、障害であれば120万円と決まっています。一つの事故で被害者が複数の場合でも、人数にかかわらず各人に賠償金の限度額までが支払われます。

また、保険期間中は何度事故に遭っても保険金額が変わるようなことはありません。

他の車や電柱と衝突した場合など、対物賠償のない自賠責保険では保障が不十分なため、普通はこれに加えて任意保険に加入します。任意保険には対人賠償と対物賠償がありますが、対人賠償を無制限に設定すると、自損事故が自動的に付帯されます。対物賠償は、1,000万円以上が普通です。さらに、車両保険、人身傷害補償保険、搭乗者傷害保険、無保険者傷害保険などにも加入しておくべきです。

安全運転管理者に選任される条件

条　件　事　項

- ■ 年齢が20歳以上
- ■ AかBの条件を満たす者か、A・Bの条件と同等の能力があると公安委員会に認められた者

  A　運転管理の実務経験が2年以上の者
  B　公安委員会の教習を修了してさらに運転管理の実務経験が1年以上
- ■ 過去2年以内に公安委員会から安全運転管理者の解任命令を受けたことのない者
- ■ 過去2年以内にひき逃げ事故・飲酒運転・麻薬運転・無免許運転・最高速度違反・過労運転・積載制限違反運転などの違反行為をしたことのない者

12 社宅の管理
社宅管理規程を作成するのを忘れない

● 社宅は福利厚生の一環

　会社が社員のために貸与する住宅は民間に比べて低家賃なため、社員にとっては経済的なメリットがあります。こうした制度は会社に帰属する意識を向上させたり、共同意識を高めるなどの意義があり、会社にとっても福利厚生の一環として機能してきました。

　しかし、社員全員が入居できるものではなく、社員のための福利厚生とはいえ、不平不満の要因にならないためにもルールを決め、トラブルにならないよう管理・運営を図る必要があります。

　社宅は、自社物件を社員に提供する場合と、民間から物件を借り上げて提供する方式があります。こうした社宅を管理・運営する際、社宅への投資費用や維持費が年間でいくらになるのかをまず把握しておきたいものです。その上で社宅を維持するメリット、デメリット、廃止する場合のメリット、デメリットのバランスシートをチェックすることも大切です。

● 社宅管理規程を整備する

　社宅を提供する場合、たとえ相手が社員であっても、決まりやルールを設けていないとトラブルになりかねません。トラブルを未然に防ぐために社宅管理規程を整備しておきましょう。

　必ず明確にすべきことは、「入居できる社員の条件」「同居できる家族の範囲」「入居手続きの方法」「家賃の内容と計算方法」「家賃の支払方法」「入居期間」「損害に対する賠償規定」「退去時の手続きと精算方法」です。他にも会社として決めておきたいルールなどを盛り込むようにしましょう。特に借上社宅では通常の使用を越え、本人の不注意などで原状回復のための費用が発生した場合には、本人に費用請求をするという内容の規定はあった方がよいでしょう。

　会社所有の社宅と民間からの借上社宅では、管理項目も違ってきます。社有社宅では資産管理、設備管理、入退居管理などが必要ですが、借上社宅では物件のあっせんから入退居の管理、契約管理、支払いの管理、敷金の預入金残高管理などの業務が発生します。

　ただ、最近では、社宅の手配から管理業務までを代行する社宅管理のアウトソーシングが進み、業務の軽減、効率化が図れるようになっています。

13 社員の勤怠管理

勤怠管理のルールづくりが不可欠

●社員の勤怠を管理・記録する

　会社は社員の労働時間を適正に管理する必要があります。また、厚生労働省でも「労働時間の適正な把握のために使用者が講ずべき措置に関する基準」を策定していて、「使用者が、自ら現認することにより確認し、記録する」「タイムカード、ICカードなどの客観的な記録を基礎として確認し、記録する」などの原則を定めています。その他、自己申告による始業・終業時刻の確認及び記録についてもいくつかの措置を講じることで認められています。

　勤怠管理は社員の勤務状況を把握することで賃金へ反映されますし、勤怠を管理することで、勤務の見直しや効率化を図ることもできます。また、個々の社員の実態を知って、勤務指導をすることもできます。そのためにまずは勤怠管理のルールづくりが必要です。

　出勤した時間、帰宅した時間がそのまま始業・終業時刻となることはまずありえません。仕事もないのに早くから出社しても就業したことにはならないわけですが、こうしたことも初めにルールとして定めておき、周知徹底する必要があります。

●出勤簿について

　社員の勤怠管理の仕方は労働基準法では特に定められていないため、労働時間が把握できるようであれば、出勤簿はタイムカードであれ、勤務報告書であれ、問題はありません。一般的にはタイムカードを導入している会社が多くなっています。それに加えて、個々の会社によるルールの下で勤怠管理が行われています。社員を多く抱える会社では何らかのシステムを導入して、効率的な管理を行っているところもあります。小規模の会社でも最近はパソコンを利用しての勤怠管理を行うようになっているようです。

　通常勤務の他に時間外労働が発生した場合、割増賃金が必要なケースがありますので、深夜労働や休日出勤などはきちんと把握する必要があります。

　たとえば残業をした場合、賃金が25％増になります。月60時間を超えるとさらに25％以上の割増賃金の支払いが必要です。法定休日労働（1週1日の休日に労働した場合）では35％増と定められています。

　このように、時間外労働は割高になるものですから、しっかり把握し、管理する必要があります。

14 福利厚生

限られた予算からムダのない効果の高い福利厚生メニューを考える

● 福利厚生とは

一般に福利厚生は社会保険や有給休暇の有無などで語られがちですが、会社によっては充実した制度を整えていることもあります。ここでは福利厚生の種類や内容、管理の仕方などを紹介します。

福利厚生とは、賃金とは別に会社が社員やその家族に利益や満足をもたらすために提供する施策のことです。福利厚生の目的は、社員がその施策によって会社への帰属意識を高めたり、働く意欲を増幅させたり、職場のコミュニケーションを図ることにあります。また、優秀な人材を採用しやすくなる、社員の自己啓発の援助になるなど、さまざまな効果が期待されます。ただし、会社側はそれだけの費用がかかるわけですから、常に費用対効果を考えていかなければ経営に支障をきたしてしまいます。

福利厚生は法定福利と法定外福利の2つに大きく分けられます。このうち法定福利は法律で義務付けられている施策で、法定外福利は会社が独自で設ける任意の施策です。

● 法定福利と法定外福利

法定福利は社会保障に該当し、社会保険と労働保険に分けられます。

社会保険には、健康保険や厚生年金保険、介護保険などがあります。健康保険は、被保険者（社員）だけでなく、その家族にも給付が行われます。厚生年金保険は老齢・障害・死亡の時に給付が行われる制度です。介護保険は、社員の年齢が40歳以上65歳未満の場合に健康保険料と一緒に徴収され、保険料の半額を会社が負担します。

労働保険は雇用保険、労災保険などです。雇用保険は社員が失業・再就職した場合や、育児休業・介護休業を取得した場合などに一定額が給付される制度です。労災保険は、社員が仕事中や通勤途中で災害にあった場合に給付される制度で、労災保険の保険料は全額が会社負担となります。

一方、法定外福利は会社の規模や労働組合の有無などで内容が大きく異なります。一般的に導入されていることが多い制度を次ページ図にまとめたので参考にしてみてください。

● 法定外福利の見直し

保険料率の増加傾向に伴い、法定福利費は年々増加傾向にあります。会社は限られた予算の中で福利厚生費を捻出しなければいけませんが、法定福利

を削ることはできません。したがって、法定外福利を見直すことで効率化を進める必要があります。まずは、以下の手順で現状を把握することからはじめましょう。

① 現状の制度をすべて明らかにする
② 社員の意見を聞き、社員の利用度を調べる
③ 維持費や費用を計算する

このようにしてデータ分析を行い、費用対効果が得られない施策を洗い出します。最近は雇用形態が多様になり正社員だけでなく、パート社員や派遣社員の採用も多くなっていますが、こうした状況をふまえ、社員全員が公平に恩恵を受けにくい施策などを見直すことも考えましょう。一部を外部委託することも考えるとよいでしょう。

法定外福利の種類

住宅手当	社宅・寮を格安で貸与、賃貸住宅の家賃の一部を補助 賃貸・持ち家にかかわらず一律に手当を支給するなど
財形貯蓄	会社を通して給料やボーナスから天引きで積立てる貯蓄 ※会社が払込みを代行する形をとるため、知らないうちに積立ができる ※住宅財形と年金財形は、合わせて元金550万円までの利息が非課税
慶弔見舞金	結婚祝や出産祝、病気・入院見舞、死亡弔慰金を支給
健康・医療	年1回の健康診断や人間ドックなどの費用を援助 医薬品や健康器具などを設置
社員割引	自社製品や関連企業の商品・サービスを割引価格で提供
慰安旅行	会社が社員やその家族との慰安と親睦を図る旅行 費用の全額または一部を会社が負担
食費・制服	社内での弁当負担や残業時の夜食を負担 コーヒー機を設置、作業服や制服などを支給
文化・レジャー	社員のクラブ活動の場所や運営費用を援助 会社費用で運動会・誕生日会・創立記念会・地域社会行事参加など

15 法人の保険加入

事業リスクへの備え、節税対策などいろいろなメリットがある

● メリットはどこにあるのか

法人、つまり会社が保険に入るということに、疑問をもつ人がいるかもしれません。法人は法律上の人ですから、火災保険や地震保険などの損害保険に加入することは理解できても、死亡保険など生命保険に入ることには意味がないように思えるからです。

しかし、会社が契約者になって保険金を支払えば、生命保険でも会社が加入することはできます。メリットもあります。会社が損害保険、生命保険に加入するメリットは以下の4つが挙げられます。

① 事業リスクに備える

震災によるオフィスや工場の損壊、休業による損失、販売した商品の不具合に対する賠償、取引先の倒産による売掛金の回収不能など、会社が事業を行う上では、さまざまなリスクがあります。不幸にしてそのリスクが現実のものとなった際に保険に入っておけば、保険金で損害・損失に対応できます。火災保険、利益保険、賠償保険、信用保険など、リスクの種類に応じて損害保険の種類も違います。

② 社長の死亡に備える

中小企業の場合は、会社が社長に生命保険をかける場合がよくあります。会社が契約者となり、保険金も支払い、社長が死亡した場合、会社が保険金を受け取ります。

中小企業では、社長のおかげで会社が成り立っていることが少なくありません。会社の生命線である社長が亡くなると、会社そのものが倒産の危機に見舞われる場合もあるわけです。仮にそうなってしまった場合、社長の保険金が入れば、少しは会社の運営の助けになります。社長が死亡した際に遺族に支払われる死亡退職金の原資としても活用できます。

③ 従業員への福利厚生として

生命保険で会社が契約者となり、保険金を支払いますが、受取人は会社の従業員や家族であるというケースもあります。これは、福利厚生の一部として活用されています。

④ 節税対策として

加入する保険の種類によっては、保険料を法人税から控除することが可能です。個人でも生命保険料や火災保険料の控除があるのと同様、会社にもこれらの控除は認められています。ただし、会社の場合、保険料が損金扱いになるような保険でないと控除が認められません。

16 団体保険
企業など団体が加入する保険

● どんなしくみなのか

　企業で働く従業員が死亡したり、高度障害を負うなどした場合、企業から弔慰金や見舞金が支給されることがあります。企業が社員の福利厚生を目的として単独で支給する場合、団体保険に加入するという方法があります。団体保険は、企業などの団体に所属する人を一括して加入させる保険で、契約者は企業です。所属員が死亡するなどした場合に、企業もしくは所属員（遺族）に対して保険金が支払われます。

　保険料については、企業が全額負担する場合と、企業と所属員双方で負担する場合があります。

● 問題点もあり改善されている

　所属員の福利厚生を目的として契約する団体保険ですが、以前、所属員の同意を得ずに保険に加入した上、支給された保険金を所属員や遺族に支払わず、会社の財産とするという事態が発生したことがありました。たしかに従業員が急に死亡すると、企業側にも損失が発生することは否めません。

　しかし、保険の本来の目的に反しますし、人の生命を扱う事案であるにもかかわらず、本人の同意を得ないのは倫理に反するという問題点も指摘され、

現在では、①所属員の同意を加入の必須条件とする、②「保険金を遺族が受け取る」という部分を主契約とし、企業が受け取る部分は特約として扱う、というように改善されています。

● 団体保険の種類

　団体保険は、保障内容によって、団体定期保険、総合福祉団体定期保険、団体就業不能保障保険、団体信用生命保険など、さまざまな種類があります。団体定期保険、総合福祉団体定期保険の特長は以下のとおりです。

・団体定期保険（任意型）

　保険期間中に死亡したときに死亡保険金が支払われます。従業員全体を一括して管理できるので、保険会社の手間が省ける分、通常の定期保険よりも保険料が安くすむことが多いようです。

・総合福祉団体定期保険

　従業員と役員の死亡または所定の高度障害に対して保険金が支払われる1年更新の定期保険です。原則として従業員全員が加入し、保険料は企業が負担します。前述したかつての団体保険の問題点をふまえ、遺族保障に充てられる部分が主契約として独立して設定されています。

17 社内行事
社員の心身の健康を図るのも総務の大切な仕事

●会社行事にはどんなものがあるのか

　企業が開催する種々の行事は企業が社会的に円滑な経営活動を行う上で重要なものです。会社行事には社外行事と社内行事の2つがあります。

　社外行事は取引相手との関係を発展させたり企業の良好なイメージを維持したりするためのもので、取引先の企業を招待するなどして催されます。これに対して社内行事は社員の心身の健康を促進し、労働意欲を高めて仕事の能率を上げるために行われます。

　社内行事には毎年決まった時期に行われる定例行事、運動会や健康診断、社員旅行など社員の健康増進と親睦を図るための福利厚生関係行事、避難訓練などの安全と防災に関する行事、創立記念パーティ、叙勲記念パーティなどの祝賀・記念行事、弔事（社葬）などがあります。

　会社行事は通常、総務が担当します。行事をスムーズに行うためには、行事の種類、目的、開催時期、費用、そして内容をマニュアル化しておくとよいでしょう。さらに、各行事の担当者も明確にしておきましょう。万が一担当者が転勤などで変わった場合にも、引継ぎが簡単に行えるようにしておきます。

●行事や催事を運営する場合の注意点

　社内行事や催事の運営は、総務の重要な仕事のひとつです。社内行事を円滑に行うためには、定例行事をすべてリストアップし、一つひとつの行事について、以下の項目をよく点検する必要があります。

・行事の目的は何か
・その目的を果たすためには今までのやり方でよいかどうか
・行事を継続することによってもたらされるメリットとデメリット
・その行事を廃止した場合の問題点
・費用は適切であるか

　社内行事は会社の経営をよりよく行っていくために行われるものです。毎年定期的に行われている定例行事などは、特に必要なものであるかどうかを根本的に検討する必要があります。

　行事をうまく成功させるためには、充分な下準備を行わなければなりません。行事の実施が決定したら、実行計画表を作成しましょう。

　計画表では、まず「日時、場所、担当者、参加者、目的、内容、費用」を明確にさせます。これが決まれば、後は場所の確保（行事が社外で行われる場合は会場の予約）、参加者や招待客への連絡、行事のプログラム、当日の

具体的なスケジュールなどを順に決定していきます。ここまでは総務の仕事ですが、行事に取引先を招待する場合は、招待客のリスト作成と連絡を営業担当に依頼します。さらに、予算の作成と会計は経理担当にまかせることになります。

定例行事の場合、毎年行っているうちに担当者が退職したり転勤したりすることも多いため、他の担当者がいつでも引継ぎができるようにわかりやすい実行計画表を残しておかなければなりません。

行事は後処理も非常に大切です。無事に終了した後は反省会を開き、よかった点、うまくいかなかった点、次からは省いた方がよい点などを一覧表にします。さらに、得意先を招待した場合などはお礼状を送付することを忘れないようにします。収支決算書を作成し、翌年の参考とすることも大切で

す。また、行事中に写真を撮影した場合は、後々の資料となるように、ファイルしておきます。

● コスト面にも気を配る

社内行事は会社の大切な経費を使って行うものですから、使っただけの効果を得なければ意味がありません。行事に使う費用は、福利厚生のために使う費用と同じく、社員により効率よく仕事をしてもらうためのいわば「投資」です。ムダな出資はないか、省けるところはないか、など、総務と経理はさまざまな点から行事に関する費用のチェックを行わなければなりません。

形骸化していて利益のないと思われる行事は、思い切って廃止してしまうなどの判断も必要とされます。また、必要とみなされれば新しい行事を加えることも検討しなければなりません。

おもな年間行事

スケジュール	行　　　事
1　月	仕事始め・新年会・年始回り・祝賀交換会・社内成人式
4　月	入社式・辞令交付式（通常）・新年度経営計画発表会
10・11月	運動会・文化祭
12　月	クリスマスパーティー・忘年会
通年・社内の行事	健康診断・社員旅行・防災訓練
通年・社内外の行事	株主総会・創立記念式典・優秀社員・永年勤続社員などの表彰式

18 社員旅行その他の福利厚生管理
社員がベストの状態で業務に取り組めるようにする

● 社員旅行について

　社員旅行は、社内の主要行事のひとつです。多くの企業が社員旅行を恒例行事として年間スケジュールに組み込んでいますが、これに要する費用は軽視できないものがあります。

　社員旅行にかける費用は、社員が集団で旅行することによって親睦を深め、今後の業務をよりよく行って会社の利益を上げるためのいわば「投資」にあたります。このため、費用と効果のバランスがとれているかどうかを見定めなくてはなりません。

　社員旅行を開催する際には、旅行案内文を作成して社員に配布しますが、以下の要項をもらさず記載するようにします。

> ①旅行日程、②目的地（ホテルや旅館の所在地、電話番号なども記載）、③交通手段、④旅行目的、⑤集合場所、⑥担当者氏名

　旅行が無事終了した後は、旅行に効果があったかどうかをよく研究し、翌年のための指針とします。また、収支決算書を作成し、かかった費用が適切かどうかを検討することも大切です。

● 福利厚生とその管理ポイント

　会社が継続的に利益を上げていくためには、社員がベストの状態で業務に携わらなければなりません。社員が心身ともに健康で仕事に打ち込めるように配慮し、その管理を行うのも総務の大切な仕事のひとつといえます。社員がベストの状態であるためには、福利厚生に力を入れる必要があります。

　福利厚生を充実させると、社員の能率が上がり、ひいては企業のイメージをアップさせて競走力をつけることができます。こういった好循環のための方策として、福利厚生は有効な手段のひとつです。

　総務が福利厚生を担当する際に気をつけなければならない点は、社員全員が公平に福利厚生の恩恵を受けられるようにするということです。保養施設や文化施設に多額の費用をかけても、一部の社員にしか活用されなければ、福利厚生の意味をなしていません。福利厚生について経営陣や従業員がどのように考えているかを充分に理解した上で、公平で効果的な活用方法を確立しなければなりません。

　福利厚生施設には医療施設、文化施設、体育施設、保養施設などがあります。福利厚生費は健康診断、資格取得

補助、給食、慶弔・見舞い金、住宅補助、育児・奨学援助、持ち家制度の援助などにあてられます。

●年末年始業務のあいさつまわり

一企業が経営活動をスムーズに行っていくためには、果たさなければならない最低限の社会的義務というものがあります。年末年始のあいさつまわりもこのひとつです。

年末年始のあいさつは、直接経営に関わってくる問題ではありません。しかし、関係者各位に日頃の愛顧の気持ちをこめてきちんとあいさつをしておくことは大切なことです。あいさつをしていたことで、将来、思いもかけない利益を企業にもたらすかもしれません。

年末のあいさつは、1年間お世話になった相手に対する感謝を表す意味が

あります。まず、取引先、仕入先、警察、保健所、消防署、そして関係省庁など、日頃何かと関連のある相手をすべてリストアップします。次にあいさつまわりをする担当者を決めますが、得意先などはなるべく役職の高い社員が担当するように配慮します。新年のあいさつまわりも同様です。漏れがないように充分注意してあいさつ先リストを作成します。新しく取引に参入した相手なども忘れないようにします。

あいさつにはカレンダー、手帳、社名入りのタオル、干支をデザインした記念品などを持参するのが普通ですが、これらを数か月前から必要個数分注文しておくのは総務の仕事です。経費などにも留意し、数が不足しないように注意します。

福利厚生運営上の注意点

福利厚生の充実と会社の経営

会社の目的＝継続的に利益を上げる
▼
利益を上げるためには社員の働きが必要
▼
社員がベストの状態であることが必要
▼
社員の福利厚生に力を入れる
▼
社員の能率がUP→会社の競争力がUP
▼
会社に優秀な人材が集まる
▼
会社の将来も安定する

福利厚生のチェックポイント

■ 投資内容を詳細に分析し、目的を明確にする

■ 費用対効果の点検

■ 予想された効果が上がらない場合は代替案の提起

■ 社員の実際の利用状況のチェック

■ あまり使われていない施設の縮小、または廃止や、手狭になった施設の増設・新設など

19 警備や保安対策

各部署の担当者、担当内容を決め、指揮命令系統を確立させる

● どんな仕事をするのか

　会社では、非常事態に備えた警備、安全を保つための保安対策を常に行う必要があります。では、会社が対応すべき警備や保安の対象には、どのようなものがあるのでしょうか。

　まず、警備の対象になるのは、おもに不法侵入と盗難です。不法侵入として挙げられるのは、営業時間外の無断進入、部外者の不法侵入などです。盗難として挙げられるのは、内部者や外部者による会社所有品の持ち出し、従業員の個人情報や企業秘密情報の持ち出し、外部者による強盗などです。警備を専門業者にまかせることもできます。専門業者には、警備担当を業務としている警備保障会社があります。警備保障会社の業務内容としては、巡回警備（お店の閉店後の警備）、駐在警備（工事現場、工場などに常駐警備）、機械警備（警報装置など）、特殊警備（交通整理、特定のイベントの警備など）があります。必要とする業務内容をしっかりと検討した上で依頼するようにしましょう。

　一方、保安の対象になるのは、火災、自然災害、人為的災害、労働災害、交通事故などです。火災として挙げられるのは、外部者による放火や従業員の過失による火災です。

　自然災害には地震、台風、落雷、噴火、大雪、津波などがあります。

　人為的災害は、会社内部の従業員や外部者が原因で起こってしまう災害です。代表的なものとして、停電、断水、ガス停止、機械の故障、ガス漏れによる中毒事故などがあります。

　労働災害として挙げられるのは、業務上のケガ、障害、死亡、過労死、過労自殺などです。交通事故は営業中や通勤中に起こったものが含まれます。これらの保安への対策としては、外部にまかせっきりにするのではなく、会社内部における日常確認も大事です。

　保安の日常的な確認としては、施錠の確認、入出者のチェック、会社内の巡回、消火器や警報機の確認点検などが挙げられます。定期的な保安訓練なども実施することで、従業員に徹底的な指導を行うことが理想的です。

　警備、保安については、通常、総務部長が総括責任者になります。総務部長は部署ごとの担当責任者、担当者を決定し、担当内容や危機管理について定めた規定をしっかりと把握させることで、明確な指揮命令系統を確立させます。

20 地震への対策

具体的な対応策をしっかりとマニュアル化しておく

●いざというときのために備えは必要

平成7年の阪神大震災、平成23年の東日本大震災など、日本は地震大国と呼ばれるほど、頻繁に大規模な地震が発生しています。これらの大地震により、企業が多大な損害を受けることも少なくありません。企業の地震等の防災に対する役割は、災害対策基本法に基づいた「防災基本計画」の中で、①経営活動の維持、②従業員と顧客の安全、③地域住民への貢献、の3点であると定められています。

日本ではどの地域でも大地震が発生する可能性があるため、企業は事業への被害を最小限に抑え、従業員たちの安全を確保するための体制を整えておかなければなりません。

そのためには、地震対策のマニュアルを作成し、定期的な防災訓練を実施することで、従業員全員に安全に対する意識の徹底を図る必要があります。

特に、総務の果たすべき役割は重要です。総務は地震によって被害が発生したときに、従業員が混乱しないような、しっかりとした対応ができなければなりません。総務内でも、日頃から地震発生時の対応について訓練しておきましょう。

●具体的に何をすればよいのか

地震への具体的な対応策としては、地震対策本部の設置、連絡体制の確立、防災訓練、避難場所の決定、安否情報の確認、緊急物資の備蓄などが考えられます。

地震対策本部は、地震が起こったとき、すべての対応の中心となる場所です。被災状況の把握や協力会社への支援要請などを行います。

連絡体制の確立では、地震が発生したときの通信手段について検討します。電話、内線などは断絶してしまう可能性があるので、それ以外の通信手段も確保しておくのが理想的です。会社から従業員全員への連絡ができるような方法を検討します。

防災訓練には、初動対応訓練、新入社員の防災訓練、人事異動後の防災訓練、管理者防災訓練などがあります。防災訓練では、何といっても従業員に危機感を持ってもらうことが大事です。部署ごとに対応マニュアルを作成し、定期的に行うようにします。

また、地震発生時には、企業内の対応だけでなく、地域に住む市民との協力も不可欠です。地域住民が非難活動に参加してくれることで、被害を最小限に食い止めることができます。

21 定期健康診断
従業員に快く受診してもらうようにする

● 1年に一度健康診断を実施する

　会社は、従業員の配置を決めるときなどに、健康状態を把握していなければ、安全な部署に就かせることができません。そもそも会社は、従業員の安全を配慮する義務があるわけです。この義務を果たす意味でも、従業員の健康状態を把握して配置を決めなければなりません。法律も、会社に対して1年に一度の健康診断を実施することを求めています。そして、法律は従業員に対しても受診を義務付けて、この実効性を確保しています。従業員が受診を拒否すれば、業務命令でもあるので、処分の対象になることもあります。

　会社は、健康診断を受診していない従業員がもし、過労死したようなときは、安全配慮義務違反を問われることになります。

　ところで、最近では、会社が実施する定期健康診断について、プライバシー権保護の観点から拒否したいという従業員もいるようです。病気や身体計測などの情報は、たしかにあまり知られたくない個人情報です。前述したように、健康診断は、会社が従業員の健康状態を把握するための目的で行うので、業務上必要な範囲の検査が行われればよく、法令でその項目まで決め

られています。ですから、不必要な項目まで受診する義務はありません。この他にも、結果の保管者を明示することや、会社が適切な取扱いや保管をすべきとの守秘義務などの通達も出されて、バランスがとられています。

　従業員にも日頃から、このような健康診断の事情をよく理解してもらい、健康診断を快く受診してもらうようにしましょう。

　なお、メタボリックシンドロームと生活習慣病の予防を目的として、メタボ検診が義務付けられています。対象者は、40歳～74歳の健康保険の加入者です。メタボ検診が義務付けられたことにより、通常の健康診断に加え、新たに腹囲測定が追加されています。

● 二次健康診断

　二次健康診断とは、定期健康診断で脳血管疾患や心臓疾患の発生のおそれが高いと診断された場合に行われるものです。具体的には、定期健康診断で、血圧検査、血中脂質検査、血糖検査、腹囲の検査（またはBMIの測定）のすべての検査について異常の所見があると診断された場合です。二次健康診断を受ける場合、受診者の負担はありません。

第2章

人事の仕事の基本と
事務手続き

人事の仕事

「人」という資源を教育・供給する仕事である

● どんな仕事なのか

人事の仕事とは、文字どおり「人に関わる仕事」で、企業の人材と広く関わることを前提とした仕事です。人事の仕事内容としては、採用・退職、教育、社会保険に関する業務、管理統制といった機能がおもなものです。

採用・退職では、会社の規模や業績になどに合わせて、会社の人員数についての計画を立てます。その年度の退職者数（定年退職者数、自己都合退職者数）を推定し、次年度の新規採用人数などを決定したり、採用計画の策定などを行います。これと同時に退職に関する業務も行います。このことから考えると人事の仕事では、従業員の入社から退職まで、その企業でのスタートからすべてを担うともいえます。

教育では、新規採用の人材へ研修を行い、スキルアップをめざします。研修内容そのものの計画立案を行い、研修を通して質の高い従業員を育てるための教育を実施します。また、新規人材への教育だけに限らず、会社の経営方針などをふまえた上で、従業員のスキルアップをめざすための人材開発も担当します。

社会保険に関わる業務では、健康保険や年金、雇用保険などの各種保険制度についての管理、保険料の支払業務なども行います。

管理統制では、従業員への評価を行うにあたっての基準や就業規則などの策定・改定を行います。労働環境を整備したり改善したりすることも業務のひとつです。そして、人事の仕事として重要なものとして、従業員一人ひとりの給与や賞与、退職時の退職金などの支払額の決定や管理などがあります。給与や賞与の額については、それぞれの部署の業績や個人の成績などの評価に基づいて決定します。なお、総務部と人事部を兼ねている企業もあります。

● 人事部の特徴とは

企業で働く人材のスキルや質が、そのまま企業の業績へと結びつくと言われる現代では、いかに従業員のスキルを伸ばしていくのかが重要です。そのすべてを担うのが人事部といっても過言ではありません。企業の事業業績を伸ばすために必要な「人」という資源を教育、供給していくことが人事部の特徴といえます。

人事部は企業の行う事業自体に直接参入する部門ではありませんが、他部門の従業員の向こう側には必ず顧客がいるということを忘れてはいけません。

自社の提供するサービスや商品を把握することが、そこで働く従業員の質を高めるための第一歩なのです。人事部の仕事も、最終的には顧客へつながっていく仕事ということができます。

● どんな人が向いているのか

　人を育てていくという仕事に携わるということは、人との関わりを持つ中で仕事を進めるということが大前提となります。従業員を適正に、かつ公平に評価をするために、人事部で働く社員には「人を見る力」が要求されます。従業員の経歴や学歴からだけの判断ではなく、従業員の特徴や才能、モチベーションなど、さまざまなことを加味した上で配属先の部署を決定したり、人材開発のための研修を行ったりする必要があります。

　従業員の能力などの的確な見極めとその評価能力は、人事部で働く社員にとっては基本ともいえる資質です。また、会社経営の方針やトップの意見などをきちんとくみとり、それに沿っての人材採用・開発をする資質も必要となります。さらに、自社の商品やサービスについての知識や、その業界全体の動向なども把握している必要があります。

　このように見てみると、人事部での仕事にとって重要なことは情報収集です。部署や従業員一人ひとりの業績や能力、自社の関わる業界についての動

向など、ありとあらゆる情報を得ていることが大切です。各従業員についての情報を積極的に収集し、それらの情報を活かす術を見極められる人が人事の仕事に向いているといえます。人事部の成果は会社全体の成果に結びつくと言っても過言ではないものです。オールラウンドに、そしてプロフェッショナルとしての意識を持った人材が求められる時代です。

● おもな仕事とスケジュール

　人事部における仕事は、年度初めの新規採用から始まります。

　４月には、配属先の決定や研修の実施、５〜６月には給与額や賞与額の決定・支払いや、給与額などの決定のための評価システムの構築とその実施、10月の新規採用内定に向けた会社説明会の実施、２〜３月の新人社員研修立案、定期異動関連事務、次年度計画書の作成・発表などを行います。その他にも社会保険の手続き、社内規程・就業規則などの決定・整備、退職関連の諸手続きなど、仕事内容は多岐に渡ります。

　企業やその事業によって、人事の仕事内容にも若干の違いはありますが、年間を通しての社内における実務、事務関連の業務はだいたいどの会社も共通しているといえるでしょう。

2 要員計画・要員管理
人材確保とコントロールは人事部の重要な業務である

● 人材確保の計画を推進すること

　会社の事業計画と経営方針に基づいた業務を遂行するのにどの程度の人数が必要か、またどこからどのように人材を確保するか、などを計画し（要員計画）、その計画を推進していくのが要員管理であり、人事部の重要な仕事です。採用、配置・異動、出向・転籍、退職といった一連の流れに関する計画を立て、滞りなく実行していきます。

　これらの活動は、会社内だけに目を向けて、現状分析、把握するのではなく、労働市場の動向を見すえつつ、関係法令も遵守するという立場に立って行われなければなりません。

　たとえば、男女雇用機会均等法では、従業員の募集・採用、配置、昇格・昇進などすべての行程において、一定の男女均等の基準が義務付けられています。形式的には男女平等に募集するように見えても、事実上片方の応募を排除するような募集形態（たとえば一定の身長・体重を募集の条件とする）も禁止されています。

　また、要員管理は必要な人材を確保できれば万事完了というわけではありません。確保した人材が法令や社内ルールを遵守するように、会社として社内教育を行う必要があるのです。

　一度計画を立てた後も、事業の進捗に合わせ、適宜人員計画の見直しを行い、最適な要員計画へアップデートを行うことも重要です。

● 要員計画は人材の調節

　会社の事業計画に基づいて、会社の労働力となる人材を調節するのが要員計画です。最近では就業形態が多様化していますので、自社の正社員だけでなく、派遣社員やアルバイト、外注スタッフなども数に入れて、近い将来の企業のスタイルに合うように、自社の求める人物像を把握し、人員をコントロールしていかなければなりません。また、企業をとりまく社会情勢や時代の流れも考え合わせ、会社の経営方針と現状の問題点を明確にした上で、要員計画を立てることも重要です。

　もっとも、採用以外にも、要員コントロールの方法として、人手が余っている部門から適切な人数を選出し、研修などの再教育を行い、配置転換をするという手段もあります。

　人材不足も仕事の効率低下を招きますが、労働力が余ってしまうことは企業としてムダなコストをかけることになりますので、要員計画はトータルで考えていかなければなりません。

3 人員計画・採用計画

必要な人員を判断して採用計画を立てる

●人員計画について

要員管理の骨格をなす人員計画作成の流れとしては、まず、長期事業計画や長期収益計画、労働市場の長期展望を見すえて、その会社の基本方針（長期人員計画）を策定します。

その後に、長期人員計画に基づいて、比較的見通しの立てやすい中期計画を作成します。現状の経営課題や問題点を洗い出し、分析を行い、労働力の質と量の面から、採用、配置・異動などを計画していきます。この段階で、長期計画が本当に実現可能なものかどうかの見直しも行えますし、同時に、中期人員計画は、具体的な実行計画となる単年度計画の指針として機能します。

また、労働力となる人材が能力を発揮し、会社に貢献できるようになるまでにある程度の年月を要します。そこで、中期的な視野に立って計画を立て、実行して行くことは非常に重要です。

●採用計画について

会社の経営方針や事業計画をふまえ、現労働力では業務がまかないきれないと判断された場合に、外部から人員を補充するのが採用です。採用する人数を決定する方法としては、各部門や部署の必要人員を合算していく積み上げ方式と、人件費の総額や事業計画などの経営意思から、必要人員を算出する総粋方式があります。

人員計画の一部である採用計画は、中期計画と単年度計画を作成します。単年度採用計画を作成する際は、採用目的に沿って、学歴別、新卒・既卒別、職業別、雇用形態別に募集対象を決定します。その後に、採用スケジュールの立案、募集手続きと資料の配布、採用試験要領の検討、採用コスト算出などを進めていきます。

●配置・異動について

従業員の配置と異動は、当然、会社の人員計画に沿って、従業員の就業意欲を損なうようなことがないように、配慮して行う必要があります。

最近では、社長や上司命令のような一方的な異動ではなく、空きのあるポジションに応募を行う社内公募制や、希望するポジションを応募する社内FA（フリー・エージェント）制度なども導入されています。

特に、同じ環境で同じ仕事を長期間続けさせることは、マンネリ化という弊害の危険性があるので、適切な異動や昇格で、新たなスキル、経験を積めるようにすることは有効といえます。

望ましい採用のかたち

焦って採用しない勇気も必要

● 自社にあった人材を確保する

　人を採用するにあたって、会社が確保したいのは、会社の利益向上に貢献してくれるような人材です。利益向上に貢献というと、たとえば「営業活動で大きな仕事を取ってくる」「他社とのプレゼン競争に勝てるような企画を立案できる」「特別な技能を持っている」といったことを思い浮かべますが、単に履歴書の経歴や業界の評価といったもので採用を決めるのではなく、自社にあった人材かどうかを検討することが不可欠だといえるでしょう。

● どんな人材が必要なのかを考える

　自社にとって必要であり、かつ合う人材を採用するためには、それがどういう人材なのかということを知らなければなりません。そのための手段として、自社に足りないのはどんな人材なのかという条件を具体的に洗い出すということが挙げられます。このとき、表面的な条件だけでなく、社内の実情をしっかりと見直すという作業が必要となります。

　たとえば経理を担当していた3人の社員のうち、1人が急病で退職することになったとします。このような場合、「1人辞めてしまうのだから、すぐに

その穴埋めができる経理経験者が必要な人材だ」と判断することが多いかもしれません。しかし、実際には「どうしても3人いなければならない」と思い込んでいるだけで、仕事を整理したり、新しいコンピュータソフトを導入すれば、今いる2人の社員だけでも仕事を回せるとしたらどうでしょうか。そのことが事前にわかっていれば、採用は必要ないという結論に達します。

　また、実際に人手を必要としている部署から、仕事の具体的な内容や採用する人材に求める技術、能力、人柄といったことの詳細を確認することも重要です。

　たとえば経理の担当者が辞めるからと、人事課の独断で経理の経験者を募集したとします。ところが経理課では退職した人の仕事は今いる人に担当してもらい、新しい人にはコンピュータ操作を担当してもらいたいと考えていたとしたらどうでしょうか。採用した人はせっかくの経理経験が生かせない上、新たにコンピュータ操作のできる人を配属し直さなければならないかもしれません。

　条件に合わない人を採用することのないよう、募集活動を行う前に十分に検討するようにしましょう。

●採用試験の方法を検討する

　必要な人材についての方針がまとまったら、今度は求める人材を確保するための採用方法を考えなければなりません。自社に合う人材は、一般的な適性検査だけでは見つけられない可能性もありますので、手間を惜しまずできるだけいろいろな手段を用意しておくとよいでしょう。

　たとえば業務においてパソコンの操作が必要な場合でも、Excelの基本的な操作ができればよい場合と、マクロや関数の使用などより高度な技術が必要な場合があります。求人広告に「Excel操作ができること」と条件を記載しておけば、その技能を持った人が応募してくれるはずですが、履歴書に「Excel操作ができる」「マイクロソフトの認定資格所持」などと書いてあっ

ても、それが自社の業務に活用できる程度の技能かどうかがはっきりわからないこともあります。そのような場合には、既存の資料を手直しして例題を出し、実際に表作成をしてもらうというのも一つの方法です。

　また、いくら能力的に問題がなくても、どうしても社内の雰囲気になれなかったり、仕事になじめないこともあります。このような場合、1週間程度アルバイトなどの形で勤務してもらう「プレ入社」「仮入社」という手段を用い、様子を見る会社もあります。

　採用試験の方法に、決まり事はありません。その会社独自の試験を受けることによって、応募者もある程度会社の仕事や実情を知ることができますので、必要に応じて工夫した試験をつくってみるとよいでしょう。

条件にあわない人を採用するデメリット

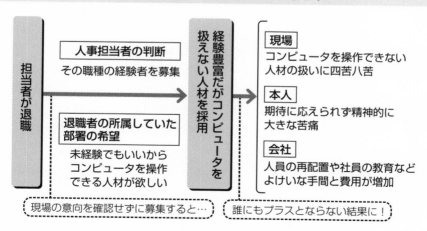

5 将来を想定した採用
採用担当者の教育も大切

●採用は時間をかけてじっくりと

　採用は、「欲しい人が来るまで合格を出さない」というくらいの覚悟を持ち、じっくりと腰を据えて行うのが理想的です。これまで、人手がないから早く補充したくて、応募してきた人をすぐに採用したり、何人かの応募者の中から「ここがちょっと問題があるが、このぐらいの人ならいいだろう」と妥協して採用したという経験を持つ会社も多いかもしれません。

　しかし、妥協による採用は、会社にとっても、採用された人にとっても不幸です。会社側が間違った採用によって人件費など多くの損失を被る可能性があることは前述しましたが、過度の期待をかけられた上に、一方的に失望されてしまう社員も、精神的に大きな苦痛を強いられることになるのです。その意味でも、妥協して性急な採用をするようなことは避けたいところです。回り道のようですが、必要な人材の洗い出し、採用のための条件設定、採用試験の方法決定といった事前準備をきちんとしておく方が、会社・応募者双方にとってムダがありません。

　ただ、どうしても人手が足りないということも現実問題としてはあるでしょう。その場合は、「繁忙期の3か月間だけ一時的に」などのように期間を区切って採用したり、「派遣会社を利用する」「別の会社に仕事の一部を外注する」という方法もあります。人手不足を解消する方法は採用だけではないということを念頭に置いた上で検討するようにしましょう。

●採用する際には3年後、5年後を見据える

　採用をするためにはまず、さまざまな準備をしなければなりません。そして準備のためにはたくさんの労力と経費がかかります。さらに、給与を支払っていくわけですから、会社側としては採用したら一日も早くその投資分を回収できるぐらいの結果を出してほしい、というのが本音でしょう。

　しかし、前述したように、どんなに優秀な人材でも、すぐに会社の利益を生むような活躍ができるようにはなりません。人を採用したら、ある程度の研修や教育の期間が必要だということを十分理解しておいてください。なかなか期待どおりの働きをしてくれない、などと会社側が不満を高まらせていると、その社員は居づらくなってすぐ辞めてしまうかもしれません。これではかえって不要なコストがかかることに

なります。

　新卒者はもちろん、経験者を採用する場合であっても、教育の仕方や会社が与える仕事によってその人の能力が大きく変化する可能性があります。採用して3年後、5年後、その人にどのような存在として会社にいてほしいかを考えた上で採用し、必要な教育をすることができるような体制を整えておくことが重要です。

　また、ある程度仕事ができるようになってくると、「正当に評価されたい」「もっと充実した仕事がしたい」といった希望を持つなどして、転職してしまうこともあります。せっかく育てた人材を他社にとられるようなことにならないよう、評価制度を整えたり、常に新しい仕事にチャレンジできるような会社づくりを心がけたいものです。

●採用担当者の教育に力を入れる

　せっかく採用のためにさまざまな体制を整え、準備をしたとしても、面接や採用試験を直接担当する人が応募者の力を見きわめる能力を持っていなければ意味がありません。「必要な資格を持っている」「経験者である」「採用試験をトップで通過した」などといったことだけを採用基準とするならば、誰にでもできる仕事かもしれませんが、そのような情報だけではその人の人となりや隠れた能力といったことまではわかりません。最後には採用担当者の「目」が非常に重要な役割を果たすのです。

　優秀な採用担当者の存在が、その会社の将来を担っていると言っても過言ではありませんので、その能力向上には力を惜しまないようにしてください。

人手不足を解消する方法

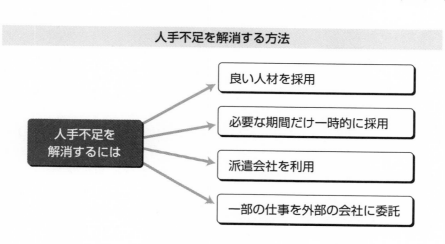

人手不足を解消するには
- 良い人材を採用
- 必要な期間だけ一時的に採用
- 派遣会社を利用
- 一部の仕事を外部の会社に委託

6 会社説明会の開催と採用選考の開始

質の高い学生を集めるため、熱意をもって選考を行う

● 会社説明会の開き方

　会社説明会は、求職者の関心を引いて会社をよく知ってもらうために開くのですが、一番の目的は、応募者を増やすことにあります。応募者にとっても、興味を抱いている会社の実態を自分の目や耳で確認できるという利点があります。会社説明会は、双方にとってメリットの多いものといえるのです。

　会社説明会の内容は、求職者の会社に対するイメージや志望動機に大きく影響を与えます。会社の採用活動においても重要なポイントとなるイベントといえます。人事担当者は入社してほしい人材を明確にし、きちんとした採用計画を立てた上で開催するようにすべきでしょう。

　会社説明会を開催する際に、まず気をつけなければならないことは、「自社の特徴がきちんと求職者に伝わるようにする」ということです。アトラクションなどを多用して楽しいイベントになっても、会社の内容自体がうまく伝わっていなければ、説明会を開く意味はありません。説明会では、まず会社の概要を説明し、会社の経営理念を理解してもらわなければなりません。その上で、実際の仕事の内容について詳しく説明し、会社の求める人物像や

労働条件を伝えていくようにします。

　また、説明会以後の採用選考スケジュールについても知らせておくことを忘れないようにしましょう。

　説明会では、質疑応答の時間をとれるようにすることも大事です。会社側からの一方的な説明に終始すると、求職者側が会社に対してどのようなことを求め、疑問に思っているのかがわからないからです。

　ただ、会社としての知名度がそれほど高くない場合、個別説明会ではリクルーティングが難しいかもしれません。そこで、中小企業の場合は多数の企業が集まって開催される合同説明会に出展するのがよいでしょう。

　合同説明会に参加する場合には、学生や求職者が訪れやすいブースづくりを心がけることが大切です。具体的には、学生と比較的年齢が近い社員を配置する、自社のポスター・チラシを掲示するといった取り組みをして、より多くの人材が実際に応募してくれるように自社の魅力をアピールします。

● 採用選考時の注意点

　採用選考の実施にあたって、企業側が最も気をつけなければならないことは「公正な」採用選考を行うというこ

とです。言いかえれば、雇用条件・採用基準に合ったすべての人が応募できるように、門戸を広げることが大切です。逆に、応募書類に家族状況や生活環境といった応募者の適性・能力とは関係ない事柄を記入させて門前払いすることは避けなければなりません。

また、提出する書類の中に作文があれば、その課題にできないテーマもあるので注意してください。出生地や家庭環境、住宅状況、支持政党、宗教、思想信条などは就職差別につながるおそれがあるため、課題として避ける必要があります。

応募者の公平を図り、適性や能力を基準とした書類選考をするためには、決まった期日の前に関係書類を提出させたり、選考を行ってはいけません。また、提出書類として戸籍抄本や住民票を求めることはできないので注意してください。

最近では、インターネット上で応募者を登録させる会社が増えてきていますが、そのエントリーシートの中の項目についても就職差別の項目がないかを注意しなければなりません。

就職差別の問題とともに注意しなければならないのが、個人情報保護の問題です。個人情報とは、ある個人について、それが特定の個人であると識別できる情報のことです。個人情報保護法により、個人情報を集めるときは、本人から直接もらうか本人の同意を得た上で本人以外の者から集めなければならないとされています。

また、採用担当者は、求職者の個人情報について、その業務の目的の達成に必要な範囲内で収集・保管・使用しなければならないと定められています。応募者からその個人情報を集めるときも、適正で公正な手段で集めるようにしなければなりません。

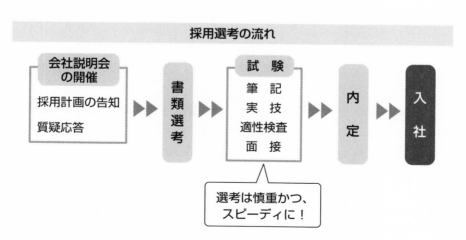

採用選考の流れ

会社説明会の開催
採用計画の告知
質疑応答

▶▶ 書類選考 ▶▶

試　験
筆　記
実　技
適性検査
面　接

▶▶ 内　定 ▶▶ 入　社

選考は慎重かつ、スピーディに！

7 適性試験の実施
費用に見合うだけの効果は得られる

● 適性試験について

　書類選考と同様に、導入するメリットが多いものとして、適性試験が挙げられます。

　適性試験を導入すると、面接や書類選考では判断できない情報を得ることができます。具体的には、その候補者の知能指数や教養、言語能力、非言語能力、性格、ストレス耐性などです。このような情報については、本人が提出した書類をもとに判断するのは客観性に欠けますし、面接官が判断するとしても正確に把握できる場合は少ないといえます。その点、試験の場合は候補者が同一の条件で行うものですから、ある程度の指標とすることはできます。

　もちろん、適性試験の結果だけをもとにして採否を決めるのは危険です。適性試験の有効な使い方としては、書類選考や面接を経て採用担当者が最終的な見極めを行う際に、候補者の持つ潜在的な能力や性格を加味する方法です。つまり、書類選考や面接では判断のつかない事項について、適性試験の結果を参考にするという方法です。

　適性試験を実施する際には、書類選考を通過した者を対象として面接前に自社で行う方法の他に、事前にインターネットで受験してもらう方法もあります。いずれも、書類選考後の候補者を対象とすれば、費用をムダに使わずにすみます。適性試験はいくつかの会社が提供していますから、必要と思われる事項が含まれているものを選択すればよいでしょう。

● 面接だけではわからないこともある

　特に中途採用などの場合、履歴書と面接だけで採否を決定することも多いようですが、それだけでは把握しきれないこともあります。試用期間を設けて様子を見るというのも一つの方法ですが、経費も時間もかかりますので、できれば採用時点で判断したいところです。具体的には次のようなことが考えられます。面接時にその可能性を示唆するだけでも、求職者の反応を見ることができますので効果はあります。

① 筆記試験・実技試験

　実際の業務に即した筆記試験や実技試験を実施します。

② 配属される予定の部署のメンバーとの面談

　配属される予定の部署のメンバーと面談し、ざっくばらんに話をしてもらいます。これにより能力だけでなく、在職者とのコミュニケーションの仕方なども見ることができます。

8 面接の実施

面接のノウハウは次回に活かせるようにする

● 面接について

　面接は、すでに実施した書類選考や適性試験を通過した応募者を相手に行うものですから、それまでに得られた情報を最大限に活用して、採用すべき人材であるかどうかを見極めることになります。

　一人ひとり面接していたのでは対応しきれないほどの人数の候補者が面接の段階でも残っていた場合には、グループ面接を行う方法も有効です。実際、大企業では、採用担当者の負担や費用、時間を減らすためにグループ面接を行っています。

　ただ、グループ面接を行った場合、その性質上、グループ間での偏りが生じてしまう可能性があります。つまり2人を採用する予定で、Aグループに良い人材が4名、Bグループに1名、Cグループに3名いた場合、A・B・Cの各グループから1名を選出し、その3名に対して個別の面接を実施し、最終的に2名を選出する、という方式をとると、採用すべき人材を採用できない可能性がある、ということです。

　本来であれば、Aグループの4名とBグループの1名、Cグループの3名の中からさらに最も良いと思われる人材2名に絞り込まなければならないの

ですが、この方式だと、仮にAグループの2名が最も求める人材としてふさわしかったとしても、そうすることができなくなってしまいます。グループ面接を実施する場合には、グループごとの合格者数にはこだわらず、同一の基準で選考するようにしましょう。

　個別で面接を行う際には、事前に得た情報をもとにして、応募者に質問をします。回答からさらに尋ねたいことがある場合には質問を重ねていき、面接で知っておきたいことを尋ね終えたら、最後に応募者からの質問を受け付けるようにします。

● 次回の採用に生かす

　会社は原則としてずっと存続するものですから、会社が存続する限り、採用活動も繰り返されることになります。採用活動が一度限りのものではない以上、過去の採用活動を振り返って、改善すべき点を見つけ、対策を考えて、次の採用活動に活かすことは非常に重要なことです。採用活動の過程で応募者から得られる情報を常に把握し、次の採用活動につなげられるようにする、という視点で、取り組むようにしましょう。

面接官のチェックポイント

面接官の態度しだいで会社の印象も変わる

●事前に何を聞くかをまとめておく

　面接は書類選考を経てから行われるのが通常ですが、せっかく書類を入手していても、書類選考でふるいにかけた後、書類を放置したまま面接当日を迎えるようでは、書類選考を導入した意義が半減してしまいます。必ず、書類選考で得た情報を元に、面接で何を質問するのかを事前にまとめておきましょう。

　その際、応募者全員に対して行う質問事項をあらかじめリストアップしておくようにします。そして、面接当日にはそのリストを見てチェックしながら質問することで、質問漏れを防ぐようにします。

　応募者全員に質問をするのは、客観的に応募者の能力を判断するためには同じ質問をしておく必要があるからです。全員に行う質問の内容は、おもに、応募者が会社の価値観にあうかどうかを判断するために行うもの、企業理念に共感しているか、行動指針を理解し実行できる見込みがあるか、といった全職種共通で知る必要のある内容のものです。それ以外にも、なぜ自社の業界で働きたいと思ったのか、業界の中でどうして自社を選んだのか、といった質問も職種に関係なく全応募者に聞

いておくべきでしょう。

　なお、全員に行うオーソドックスな質問事項とともに、そこから派生する質問内容もあらかじめ想定してまとめておくと、他社にはない自社ならではの質問となり、また有意義な回答を得られる可能性が高くなります。また、事前に入手した書類からその応募者ならではの質問事項も浮かんでくるものです。こうした個々の応募者に対する質問も、応募者ごとにリストアップしておくようにしましょう。

●事前準備を怠ると面接は失敗に終わる

　事前に質問する内容をまとめたら、すぐに面接の段取りに進みたくなるかもしれませんが、まだやっておくべきことがあります。

　それは、質問事項をまとめた内容を含めた面接進行表とも言うべきシートを作成することと、その表に従って実際に模擬面接を行うことです。ここでは模擬面接の重要性についてとりあげてみます。

　面接官は事前に得られた情報をもとに、応募者が求める人材であるかを見極める必要があります。ここでは簡単に「見極める」と表現しましたが、面

接の段取りや質問の仕方などをいちいち確認しているようでは、これを実行することは難しいでしょう。目の前の応募者が自社にふさわしいかどうかを見極めるためには、面接を実際に体験していて、段取りなども頭に入っていることが前提となります。一度も練習をしないでいきなり本番となってしまっては、スケジュール通りに進めることで精一杯となってしまい、肝心の相手の態度や第一印象など、後に選考の段階で必要となる情報を見落としてしまうことにもなりかねません。態度や第一印象というのは、面接の場にいた者しかわかりません。後でいくら書類を見返しても手がかりが残っていなければ、情報としてとどめておくことは難しくなりますから、注意しましょう。

面接官が実際に応募者の見極めに集中できるようにするためには、最低でも３回は模擬面接を行う必要があります。その段階で、思うように質問できなかったり、時間通りに進めることができなかった場合には、実際の面接の前に改善しておくようにしましょう。

面接官に求められること

面接方法・内容の決定
問題点・反省点のチェックと改善
今回の求人固有のポイントを確認

↓

面接方法・内容の書類から質問事項をピックアップ
・前回の求人のフィードバック
・書類選考時に得た情報
　　　　　を参考にする

↓

質問事項のリストアップ
・全体への質問事項
・掘り下げた質問事項
・個別の質問事項

↓

面接進行表の作成
面接時のチェックポイントを記した面接用のシートも作成しておく

→

模擬面接の実施
・段取りを頭に入れる
・問題点がないかを確認する

↑

問題点のチェックと改善
・うまくいかなかった点のチェックと改善
・「模擬面接の実施・問題点の洗い出し・改善」を３回くらいはやっておく

↑

面接の実施
・会社の顔としてふるまう
・言動に気をつける
・応募者の第一印象・態度をメモしておく

↑

最終選考
・採否の決定
・質問事項・段取り等の反省

10 面接でのトラブルを防ぐためのポイント

セクハラやプライバシーの侵害には気をつける

●面接官が聞いてはいけないこととは

事前準備をしていないと、応募者に聞いてはいけない内容を質問してしまうおそれもあります。応募者に聞いてはいけない内容とは、おもに応募者自身ではどうすることもできない事柄や、思想の自由を妨げるような内容です。

応募者自身ではどうすることもできない事柄とは、たとえば、国籍や出身地、応募者の家族についての情報などです。また、応募者の家庭環境や生活環境、居住環境なども質問しないように注意しましょう。

一方、応募者の思想の自由を妨げるような内容とは、おもに応募者が支持する政党や宗教、社会運動の活動歴や活動の有無などです。購読新聞・雑誌や愛読書、尊敬する人物なども場合によっては思想の自由を妨げる可能性があるため、聞かない方が無難です。ただし、業務内容を説明した上で、業務上必要となるような考え方について質問することは問題ありません。

こうした事項とは別に、一般的にセクシュアルハラスメントにあたるとされている質問事項も差し控えるようにしましょう。たとえば、恋人の有無や結婚・出産の予定を質問することは、応募者の適性や能力には関係がないた

め、セクシャルハラスメントなどの人権侵害と受け取られる可能性があります。公正な採用選考を行うために、十分注意してください。

●面接時のポイント

面接の準備段階でやっておくべきこととして、模擬面接の実施以外には、面接シートを作成することが挙げられます。面接シートには、前述の質問すべき内容をまとめた事項の他に、面接の段取り、採用基準、面接終了前の確認事項などを盛り込みます。また、応募者の第一印象や態度などについても項目を作っておき、面接時に書き込めるようにしておきます。

事前準備が終わり、いざ面接に入ったら、会社を代表する者として、応募者に対しては丁寧に失礼のないように接するようにしましょう。

しかし、遠慮して聞きたいことも聞けないようでは面接をしている意味がありません。応募者に自己紹介をしてもらったら、さっそく質問を進めていきましょう。自己紹介時の応募者の態度や第一印象などはその場でメモしておくようにします。

質問を始める際には、いきなり変化球を投げるようなことはせずに、まず

はオーソドックスな質問を投げかけて相手の緊張を解いてあげるようにしましょう。そのときの応募者の対応から緊張が解けたようであれば回答ごとに準備してある質問や個々の応募者用に準備した質問に移行してもよいでしょう。まだ緊張が解けないようであれば、もうしばらくオーソドックスな質問を続けて様子をみる、といった臨機応変な対応も必要です。

時間内に与えられた裁量内で、という限定的な状況下ではありますが、面接官の腕の見せ所でもありますから、応募者の実際の能力や性格など、採用の判断材料となりそうな情報を面接シートに従いながら引き出すようにするとよいでしょう。

なお、この面接シートですが、ファイルやバインダーに挟み込むなど一工夫して直接応募者の目に触れないよう

に注意しましょう。面接シートにメモをとる際にも、さりげなく行うようにして、応募者の集中力が削がれることのないように注意する必要があります。もし複数の面接官で面接を行っている場合には、質問者以外の者がメモをとるようにするとよいでしょう。

面接時には面接シートだけでなく応募者が提出した書類にも目を通すことになります。応募者が提出した書類にはメモなどはしないのがマナーです。特に履歴書などは本人に返却する場合もありますから、記入しないようにしましょう。

また、転勤や部署の異動の可否を尋ね忘れたまま採用し、転勤を命じたら本人に転勤できない事情があった、というケースもあります。こうした場合もトラブルに発展しやすいので、注意しましょう。

重要な事項を説明するタイミング

面接の3ステップ

導入部	面接のコア部分	締めくくり

実行内容（実行目的）	応募者をリラックスさせる	やりとりがスムーズにできるようになったら… 採否の判断につながる重要事項を質問する	質疑応答採否の連絡について
応募者の見極め（観察内容）	応募者の第一印象・態度・身だしなみをチェック	応募者の受け答え・態度をチェックする	最後まで気を抜かずに態度・言動などをチェックする

11 内定・内々定
採用するために必要な手続きを知っておく

●内定（採用内定）とは

　内定（採用内定ともいます）とは、企業から候補者に対し、入社予定日を定めて労働契約の締結の意思表示をすることをいいます。一般的に、企業は候補者に内定通知を出し、候補者が内定承諾書を提出することにより、労働契約が成立します。

　内定によって成立する労働契約は、始期付きの解約権留保付きの労働契約であると言われています。「始期付き」とは、入社予定日を就労の開始時期とすることであり、「解約権留保付き」とは、入社するまでの間に、学校を卒業できない場合や健康状態の悪化により労働できなくなった場合など、一定の事情がある場合には企業が内定を取り消すことができるということです。

　内定通知を出す際には、会社への提出書類や、内定取消しをすることができる事由を記載した「内定通知書」を作成し、内定者に郵送しましょう。

　一般的な内定の取消事由としては、学校の卒業や免許の取得等、採用の前提となる条件が達成されなかった場合や、入社日までに健康状態が著しく悪化し、就労することが困難であると会社が判断した場合、犯罪や社会的な信用を失墜するような行為を行ったこと

が判明した場合、内定時には予測できなかった会社の経営環境の悪化、などが挙げられます。後日、内定取消しを行った場合に、内定者との間でトラブルとならないように、内定通知を出す時点で、内定取消しができる具体的な事由を内定者に示しておくことが重要です。

　また、内定者が内定を承諾したことの書面として、「内定承諾書」も作成して同封しましょう。

●内々定とは

　企業によっては、内定の前に内々定を出す場合もあります。採用担当者などが、学生に対して、「もう他の会社を受けなくてもいいですよ」などと、明確な形をとらずに、暗に採用の通知を行うものです。

　内定の場合には、すでに労働契約が成立しているため、会社が内定を取り消すことは労働契約の解約にあたります。

　一方、内々定の場合は、労働契約は成立していないという違いがあります。

　内々定を出す場合にも、「内々定通知書」を作成するとよいでしょう。

令和　年　月　日

氏名：△△　△△　様

株式会社○○○
代表取締役○○　○○

内定通知書

　厳正な審査の結果、貴殿を採用することを内定しましたので、通知します。
　つきましては、○月○日までに、同封の必要書類に記入・記名押印の上、当社総務部へご郵送ください。

　なお、下記のいずれかの自由に該当する場合、採用の内定を取り消すことがありますので、あらかじめご了承ください。

1. 採用の前提となる条件（卒業等）が達成されなかった場合。
2. 入社日までに健康状態が著しく悪化し、就労することが困難であると会社が判断した場合。

（以下省略）

令和　年　月　日

株式会社○○○
代表取締役○○　○○

内定承諾書

　この度、私は貴社からの令和○年○月○日付の内定通知書を受領いたしました。つきましては、令和○年○月○日付で、貴社に入社することを承諾いたします。

令和　年　月　日

現住所

保証人氏名　　　　　　　　　　　印

本人氏名　　　　　　　　　　　　印

第2章　人事の仕事の基本と事務手続き

61

12 内定の取消しをめぐる問題点

内定は自由に取り消すことができるものではない

●内定の取消しができる場合とは

会社は、内定者への内定を取り消すことがありますが、どのような場合に内定の取消しが認められるのでしょうか。

内定の取消しは、労働契約の解約であり、内定者への不利益が大きいものであるため、解雇に準じて扱われ、内定取消しの理由が客観的に合理的で社会通念上相当といえるものである場合に限って内定を取り消すことができ、それ以外の場合には内定を取り消すことはできません。

たとえば、会社と内定者との間の信頼関係を破壊するような事実が内定者に起こった場合には、内定取消しが認められます。履歴書に事実と違うことを書いても、それが仕事の適格性とまったく関係なければ、それを理由に内定を取り消すことはできないとされます。逆に、外国語の文書を扱う部署で語学力をあてにして採用するときのように、その人の特殊な技能を見込んで採用したのに、その技能についての経歴がまったくのウソであった場合には、内定を取り消すことができるといえます。

では、内定当時より景気が悪くなったことを理由として内定を取り消すことはできるのでしょうか。

そもそも内定後の短い期間に景気が悪くなったとすると、経営者の景気予測に誤りがあったことになります。よって、予測できない著しい景気変動がない限り、内定者の内定を取り消すことは違法・無効だと考えられています。

最高裁判所の判例も、大学生が卒業の直前に内定を取り消された事案について、採用の内定によって解約権留保付きの労働契約が成立したものであって、内定取消事由は内定当時知ることができなかった事実であることを要し、合理的な理由があって、社会通念（社会常識）上相当と認められる場合の他は、内定を取り消すことはできないとしています。

●違法な内定取消しが行われた場合

内定取消しの理由が客観的に合理的で社会通念上相当といえるものでない場合、内定取消しは違法となります。このような違法な内定取消しが行われた場合の内定者は、法的手段としてどのようなものをとることができるのでしょうか。

内定は、入社前であっても雇用関係が成立している状態ですので、内定者は、違法な内定の取消しに対して、従業員としての地位の確認請求をするこ

とができます。そのため、違法な内定取消しが行われた場合、まずは会社に対し、撤回するよう求めるべきしょう。

また、内定の取消しに至る経緯などによっては、誠実義務違反としての債務不履行や期待権の侵害としての不法行為に基づき、内定者には会社に対する損害賠償請求が認められます。

●内定取消しに対する行政上の措置

厚生労働大臣は、内定取消しが以下のいずれかにあたる場合には、会社からの内定取消しの報告内容を公表することができます。

① 2年以上連続して行われた場合
② 同一年度内で10名以上に対して行われた場合
③ 事業活動の縮小を余儀なくされているとは明らかにいえない場合
④ 内定取消しの対象者に対して理由を十分に説明していない場合、または就職先の確保に向けた支援を行わなかった場合

●内定辞退について

内定者が、入社の直前になって内定を辞退することもあります。

労働者は、民法の原則によれば、2週間前に申し出れば自由に辞職することができるとされており（民法627条1項）、内定の辞退も同様に考えられます。そのため、内定者は2週間の予告期間をおけば自由に内定を辞退することができると考えられています。

しかし、会社としては、内定者に内定を出すまでに多大なコストを費やしており、内定辞退によってそれがムダになるだけではなく、予定採用者数に欠けるときは、中途採用などのための新たな経費が必要になります。会社は、会社が被ったこのような経済的損害を、内定辞退者に対して損害賠償請求をすることができるのでしょうか。

この問題について近時の裁判例は、内定者が、会社に不利益を与える目的で行ったなど、会社との信頼関係を破壊するようなやり方で内定の辞退をした場合には、会社による損害賠償請求が認められる可能性があるとしています。

内定の取消しと内定辞退に関する問題

内定の取消し	内定取消しの理由が客観的に合理的で社会通念上相当といえるものである場合に限り、内定を取り消すことができる
内定辞退	会社との信頼関係を破壊するような態様での内定の辞退に対しては、会社は内定者に対して損害賠償請求することができる

○入社時の提出書類

入社時に会社に提出する書類の例として、以下のものがあります。

・身上届

社員の家族に関する情報などの個人情報を記入し提出します。なお、履歴書で代用されるケースもあります。

・住民票記載事項証明書

住所を記した公的な文書であり、本籍の記載がなく個人情報も保護されています。

・誓約書

会社の就業規則やその他の規則を守って業務に専念することを約束する書類です。①上司の指示や命令に従うこと、②同僚と協力して職場の秩序を守ること、③配置転換やその他の人事異動に従うこと、④業務上知り得た秘密を漏らさないこと、なども内容に盛り込まれていたりします。文字どおり、社員に、会社組織の一員として企業目的の遂行のために一生懸命に働くことを誓わせる文書でもあるのです。

・身元保証書

社員の保証人と会社の間で交わされ、会社に、その相手が社員として適性があると推薦すると同時に、会社に損害を与えた場合には本人とともに損害賠償責任を行うことを約束するものです。

なお、身元保証書には有効期間が設けてあり、更新の手続きを行わないと、以後は無効になります。有効期間を定める場合は上限5年、定めない場合は3年間となります。自動更新はできません。

・通勤経路図

・社員証に貼る顔写真

・給与振込依頼書

・最終学歴の卒業証明書

中退者の場合は成績証明書を提出します。

・その他の書類

新入社員が転職者の場合は、入社日に年金手帳や雇用保険被保険者証、前の会社の源泉徴収票を持参します。

資格を所持している証明となる「資格証明書」などの提出が必要な場合もあります。

また、マイナンバー制度により、正社員、パートなど雇用形態に関係なく、すべての従業員について、社会保障や税分野の書類提出には、個人番号・法人番号の記載が必須とされています。したがって、従業員などの採用時には、個人番号カードや個人番号通知カードにより、マイナンバーを取得しておく必要があります。

14 インターンシップ・入社前研修
インターンシップはさまざまな目的で行われる

● インターンシップとは

　インターンシップは、学生の側からすると、実務経験を積み、職業意識を高めるための企業内研修ということになります。一方、企業側のメリットとしては、企業イメージの向上の他、新入社員教育への応用、就労後の企業と学生のミスマッチの回避などがあります。

　インターンシップはさまざまな観点から分類することができ、たとえば、以下の4つのタイプに分けることができます。

① 企業PRタイプ

　インターンシップ受入企業として、企業の認知度を高め、企業のイメージのアップを図るために行うものです。

② 実務実習タイプ

　医療・福祉関係の大学で行われている実際の現場での教員免許取得のための実習、研究・開発の実習などがあります。

③ 職場体験タイプ

　実際の職場での体験を通じて、学生たちの職業観の確立を支援します。

④ 採用活動タイプ

　インターンシップ自体が採用活動につながっているものです。

● 入社前研修とは

　会社によっては、内定者に対し、内定後に入社前研修に参加するよう求める場合があります。特に、学生の新卒採用において行われるものであり、一般的に、内定から入社までは数か月から半年ほどの時間があるため、入社前研修はこの期間を利用して実施されます。入社前研修の内容は、会社によってさまざまですが、名刺の渡し方や電話の取り方などの基本的なビジネスマナーを身に着けさせることを目的とするものや、内定者が入社前にもつ不安を払拭し内定辞退を防止することを目的とするものなどがあります。

　注意しなければならないのは、会社は、内定者に対して入社前研修を受けるよう義務付けることはできず、あくまでも内定者の同意を得て行うものであるという点です。入社前研修に参加しない内定者の内定を取り消すという措置は許されません。また、入社前研修が新卒者の学業を阻害することのないように配慮する必要もあります。

　さらに、新人研修の内容によっては、労務の提供またはこれに準じるものであるとみなされて、会社には、新人研修に参加した内定者に対して、賃金相当額を支払う義務が発生する可能性もあります。

15 新人社員研修
企業人としての自覚を持たせるためのもの

●社会人としての自覚を芽生えさせる

採用した新入社員に、1日でも早く会社の一員として活躍してもらうためには、新入社員研修が欠かせません。

新入社員研修は、入社時に数日間を費やして集合教育として行うのが一般的です。研修の行い方は、実務を通じて行うOJT方式と集合教育で行うOFF-JT方式があります。研修のテーマを社会人としての自覚、ビジネスルールなど一般的なものに絞るのであれば、外部の講師を招いての研修でもよいのです。

しかし、会社独自のルールや仕事の進め方などを覚えてもらうためには、社内で講師を決めて行う方が合理的です。

研修のプログラムを組むときは、研修後の配属先の部署において研修での訓練が活かされるように、部署ごとの工夫も必要になります。

また、研修はプログラムを修了すれば終わりということではなく、研修後のフォローも含めて取り組まなければなりません。

●研修のテーマの決め方

研修のテーマは、会社によって独自のものもありますが、たいてい、社会人として必要最低限身につけなければならないこと、自分の会社・配属される部署についての知識などをテーマとすることが多いでしょう。

社会人として身につけておくべきこととしては、学生と社会人の違い、働くことの目的、社会人としてのルール、などの社会人としての意識を高める具体的テーマがよいでしょう。また、服装や身だしなみ、あいさつや敬語の使い方、名刺交換、電話への応対・接遇応対、などがビジネスマナーの具体的テーマとして挙げられます。

また、会社に勤めるビジネスパーソンになるのですから、就業規則、人事制度、福利厚生など、会社生活の基本となる事柄や自社の経営理念、自社商品の概要、各部門の業務と役割、など自社についての基本知識が具体的テーマとして挙げられます。

他にも、実践的なビジネス知識として必要な、指示・命令の受け方、仕事の計画・サイクル、報告・連絡・相談、ビジネス用語の基礎、ビジネス文書の作成、報告書の書き方、基本的な伝票類・帳簿類の書き方、OA機器の使い方などをテーマとするのがよいでしょう。

16 教育研修
企業の業績向上のためには必要なスキルの養成が大切

● 教育研修について

　教育研修は、企業が従業員に対して行うもので、企業の業績アップのために、従業員のスキルや能力を向上させるための教育が行われます。教育研修の種類には、OJT（On the Job Training）、OFF-JT（Off the Job Training）、自己啓発などがあります。研修というと、対象者は新人のように聞こえがちですが、一定の能力が形成された後、階層別研修が用意されていることもあります。

　研修の中で、広く一般的に採用されている研修方法はOJTです。その他の2つの研修は、OJTの補助的なものとして行われることが多くなっています。

　企業の教育研修の内容や方法は、その業態や事業内容によってさまざまですが、共通する目的は人材の教育と育成をはかり、企業の実績に結びつけることです。企業の実績はそこで働く人材の質や能力によって決まります。優秀な人材の確保はさることながら、その人材をいかに教育し、さらに質を高めることができるかは企業が行う教育研修にかかっているともいえます。人事部の仕事のひとつとしての教育研修内容の立案や実施は、企業における重要な役割を担っているといえます。自

社の商品やサービス、その業界の動向を把握し、その上で自社の社員を教育していくことが必要です。

　また、企業の経営方針や理念を的確に捉え、それに沿った人材開発の教育手法、プログラムを考える必要があります。さらに、その部門の業績や人的資源の見極め、その人材活用の方法を的確に把握する能力も求められます。

　教育研修には、職場以外の場所での研修もあるので（特にOFF-JT）、講師も外部に委託することもあります。そのコーディネイトも大切な仕事となります。

　教育研修の実施においては、研修の実施だけで終了させず、社員からの研修に対するレポートの提出を義務付けたり、研修内容を長期的な業務戦略に活かすための展望レポートを提出させたりすることも有効です。教育研修の実施と合わせたこれら業務の実施は、その後の社員に対する評価基準を決定する判断材料にもなります。

　そのため、研修を定期的に実施し、研修内容と実施した研修実績についてはきちんとフィードバックや考察を行い、長期的な人材育成の指針として、企業の業績向上のために役立てていく必要があります。

17 試用期間
試用期間中でも労働契約は成立している

● 試用期間とは

正規従業員（正社員）を採用する際に、入社後の一定の期間を、労働者の能力や適性を評価して本採用するか否かを判断するための期間とすることがあります。これを試用期間といいます。

試用期間の長さについては、法律上特に規制はありませんが、3か月とする会社が一番多く、次に多いのが6か月です。あまりにも長い試用期間を設定すると社員の地位が不安定になるため、裁判例からすると、試用期間は1年以内でなければならないと考えられます。

試用期間を設ける場合、「試用期間中は、会社は社員として不適格と認めたときは解雇をすることができる」など、会社の解約権が明示されるのが一般的です。

このように、試用期間は労働者の適格性判定のための期間であり、試用期間中は、解約権留保付きの労働契約が成立していると考えられています。

● 試用期間中の解雇（本採用拒否）

労働基準法は、試用期間が14日を経過するまでは、その者を解雇（本採用を拒否）しても解雇予告や解雇予告手当は不要であるとしています。試用期間が14日を経過した従業員を解雇する場合には、解雇予告や解雇予告手当が必要となります。つまり、試用期間開始から14日以内の解雇は、通常の解雇として扱わないということです。

なお、この「14日」は労働者の労働日や出勤日ではなく、暦日でカウントしますので、休日や祝日も含めることになります。

● 試用期間は原則として延長できない

会社が一方的に試用期間を延長することは、労働者を長い期間不安定な状況におくものであるため、原則として認められません。

ただし、①労働者が試用期間の大半を病欠したなどの不可抗力によって試用期間の目的を達成することができなかった場合や、②正社員として不適格であると判断し、本採用を拒否することができる者に対して本採用拒否を猶予して適格性判定の再度の機会を与える場合など、例外的に、合理的な範囲での試用期間の延長が認められることもあります。

会社が試用期間を延長することがあり得る場合は、その旨を就業規則などに明確に定めておく必要があります。

●試用期間以外の方法もある

「試しに雇用してミスマッチを防ぎたい」という場合に採る手段としては、契約を2回締結するということが考えられます。たとえば、まず3か月など短期間の契約で実際に職場に入ってもらい、実務に対する能力やコミュニケーション能力といったことを見きわめます。その期間の満了後に改めて本採用するかどうかを判断するわけです。この場合の短期間契約の種類としては、次のようなものがあります。

① 有期雇用契約

求職者と会社が直接、短期の雇用契約を締結し、本採用する際に再度期間の定めのない雇用契約を締結する方法です。

② 紹介予定派遣

紹介予定派遣とは、派遣された労働者が派遣先の会社の労働者として雇用されることを予定して実施される派遣労働です。派遣会社に登録された人を6か月以内の一定期間派遣してもらい、派遣期間の終了時に本人と会社双方で話し合って直接雇用をするかどうかを決めることになります。この場合、最初は派遣会社と会社の間で派遣契約を締結し、直接雇用の段階になって本人と会社が雇用契約を締結することになります。

③ トライアル雇用

就職が困難な求職者を、ハローワーク・紹介事業者等の紹介により雇い入れて試行雇用（トライアル雇用）する制度です。試行雇用期間は原則として3か月です。要件を満たすトライアル雇用を実施した事業主に対しては、奨励金（トライアル雇用助成金）が支給されます。

④ インターンシップ

入社後のミスマッチがないようにするために、インターンシップによってあらかじめ学生の能力や適性を判断することもあります。

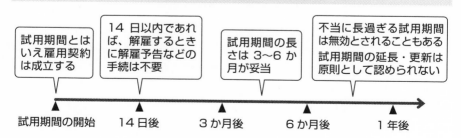

試用期間を設定する上での注意点

試用期間とはいえ雇用契約は成立する	14日以内であれば、解雇するときに解雇予告などの手続は不要	試用期間の長さは3〜6か月が妥当	不当に長過ぎる試用期間は無効とされることもある 試用期間の延長・更新は原則として認められない

試用期間の開始　　14日後　　3か月後　　6か月後　　1年後

18 人事考課

客観的・具体的事実に基づいて行うことが重要

● 評価・教育制度と人事考課

人事考課は、たとえば社員の昇進や配転といった人事上の決定をする上で必要な情報を把握するために行われる評定のことです。特に人事考課が就業規則で制度化されている場合には、使用者は、権利として、人事考課の評価内容などに関して、比較的広く裁量が認められます。人事上の決定事項の具体的な内容としては、次のようなものが挙げられます。

① 昇進・昇格

どちらも社内の序列システムです。実際には、昇格が先行し、その資格を前提に役職を昇進させることが多いようです。

② 配置転換

人事考課で得られた社員の能力や状況など総合的な情報を活用し、適正な人材の配置を行うことです。

③ 昇給・賞与

職能資格制度では、資格等級に職能給の賃金表がリンクしています。昇格すれば自動的に昇給することになります。

④ 教育訓練

社員に効果的な教育を行うために、教育訓練のニーズを把握します。

● 考課項目の具体的な内容と評価の仕方

人事考課を行う場合には、能力考課、業績考課、態度意欲考課の3つの内容に照らし合わせながら客観的に行うようにします。

① 能力考課

知識・技能、判断力、企画力、行動力、折衝力、指導力などを評価するもの

② 業績考課

仕事の量・質・成果・難易度、達成度、部下育成といった内容を評価するもの

③ 態度意欲考課

責任性、協調性、積極性、規律性など、仕事に取り組む姿勢や意欲などを評価するもの

なお、考課項目は社員の階層や目的によって置かれるウエイトが異なります。人事考課は、一次考課から始まり、数次の考課が行われるのが普通です。一次考課では、直属の上司が絶対評価で査定し、二次考課では、部門長が相対評価の観点から調整していきます。その後、人事部あるいは役員を含めた委員会などがそれらの評価結果を検証して調整され、全労働者の処遇について、適切な配分がなされます。また、人事考課の結果は本人にきちんとフィードバックされることが重要です。

19 人事異動の種類

会社の都合だけで社員を一方的に異動させることはできない

●人事異動には4種類ある

　社員の職種や勤務地を変える人事異動は、効率的な人員配置をするために行われます。人事異動には大きく分けると、社内異動と労務の提供先が変わる社外異動があります。

　社内異動としては配転（配置転換）や転勤があります。配転とは、同じ使用者の下で、職種や職務内容、所属部署が変更される人事異動をいいます。使用者が同じで勤務地が変わる転勤も配転のひとつです。配転命令が権利の濫用にあたる場合には社員は転勤を拒否することもできます。

　これに対して、社外異動として出向や転籍があります。出向は、元の使用者の社員としての地位を維持したまま

で、異なる使用者の指揮命令に従うこととなる人事異動を指します。転籍は、元の会社の社員としての地位も失う人事異動をいいます。この他、応援（所属事業場に在籍のまま、通常勤務する以外の事業場の兼務を応援するために勤務すること）や派遣も広い意味では人事異動といえます。

　なお、人事異動をきっかけに昇進・昇格が行われることもあります。昇進・昇格はどちらも社内の序列システムで、重要なポストを条件に「栄転」として人事異動が行われる場合があります。昇進・昇格を伴う人事異動は、給料と通勤手当の両方に変更が生じる可能性があるため、注意が必要です。

第2章　人事の仕事の基本と事務手続き

人事異動のしくみ

```
                              ┌─ 配 転 ─┐
              ┌─ 社内異動 ─┤          ├─ 元の使用者の
              │              └─ 転 勤 ─┘    社員としての
  人事                                         地位維持
  異動 ─┤
              │              ┌─ 出 向 ─┐
              └─ 社外異動 ─┤          ├─ 元の使用者の
               （別の使用者の  └─ 転 籍 ─┘    社員としての
                指揮命令に従う）              地位喪失
```

71

20 配転（配置転換）命令の有効性
業務上の必要性と労働者の不利益などを考慮する

● 配転命令とは

　配置転換とは、使用者が労働者の職場を移したり、職務を変更することであり、配置換えともいいます。一般的には「配転」と略称されます。配転のうち、勤務地の変更を伴うものを特に「転勤」といいます。配転は労働者やその家族に大きな影響を与えることもありますが、会社には人事権があるため、原則として必要性があれば配転を命じること（配転命令）ができます。

　ただし、労働基準法による国籍・社会的身分・信条による差別、男女雇用機会均等法の性別による差別、労働組合法の不当労働行為などに違反する配転命令は認められません。つまり、使用者が労働者を差別的に取り扱ったり、労働組合の正当な活動を不当に侵害したりするために配転命令権を行使することは許されないということです。

　なお、配転命令については、従来、配転命令権は使用者の労務管理上の人事権の行使として一方的決定や裁量に委ねられていると解釈されていました。たとえば、「会社は、業務上必要がある場合は、労働者の就業する場所または従事する業務の変更を命ずることがある」と就業規則に一般条項を定めている場合、使用者は一方的に配転命令

権を行使できました。

　ただし、配転命令権の行使が労働契約の範囲を超える場合は、使用者側から労働契約の内容を変更する申し出をしたものととらえ、労働者の同意がない限り、配転は成立しないと考える立場が有力です。労働契約の内容の変更に該当するかどうかは、配転による勤務地または職種の変更の程度によって判断されます。

　配転が行われる目的は、人事を活性化させて、社員を適材適所に配置することで、会社の業務の効率を向上させることにあると考えられています。その他にも、新事業に人材を配置する場合や、職務能力の開発・育成を行う手段として、配置転換が行われる場合もあります。さらに配置転換により、会社内の各部署の力の過不足を調整することも可能です。

● 勤務場所の限定

　たとえば、新規学卒者（特に大学以上の卒業者）は社員と会社との間で勤務地を限定する旨の合意がある場合は別ですが、全国的な転勤を予定して採用されるのが一般的だといえます。この場合は、住居の変更を伴う配転命令であっても、使用者は業務上必要な人

事権として行使することができます。

これに対して、現地採用者やパート社員などのように採用時に勤務地が限定されている場合は、本人の同意なく一方的に出された配転命令は無効とされます。また、勤務地が労働契約で定まっていない場合の配転命令は、業務上の必要性や労働者の不利益を考慮した上で有効性が判断されます。

◉ 職種の限定と配転命令

採用時の労働契約や、労働契約の締結の過程で職種を限定する合意がある場合、原則として他の職種への配転には労働者の承諾が必要になります。

たとえば、医師、弁護士、公認会計士、看護師、ボイラー技師などの特殊な技術・技能・資格をもつ者の場合、採用時の労働契約で職種の限定の合意

があると見るのが通常です。

このような場合、労働者の合意を得ずに出された一般事務などの他の職種への配転命令は無効とされます。

また、厳密な職種の概念が定義されていない職場でも、職種の範囲を事務職系の範囲内に限定して採用した場合は、職種のまったく異なる現場や営業職への配転は同様に解釈することができます。実際の裁判例では、語学を必要とする社長秘書業務から警備業務へ職種を変更する配転命令を無効としたケースがあります。その一方で、昨今のように不況の時期には、整理解雇を防止するために新規事業を立ち上げて異動させることもあります。単に同一の職種に長年継続して従事してきただけでは、職種限定の合意があったとは認められにくいといえます。

転勤の有効性についての判例の立場

転勤に伴う家庭生活上の不利益は原則として甘受すべき

●全国に支店や支社、工場などがあり、毎年定期的に社員を転勤させるような会社の社員	原則として配転命令を拒否することはできない
●共稼ぎのため、転勤すると単身赴任をしなければならない	権利の濫用がない限り労働者は配転命令を拒否できない
●新婚間もない夫婦が月平均2回ぐらいしか会えない	転勤命令は無効となり得る
●老父母や病人など介護が必要な家族を抱えているケース	一緒に転居する事が困難な家庭で他に介護など面倒をみる人がいないような事情があれば労働者は転勤命令を拒否できる

21 配転命令の効力の争い方

配転命令は拒否するのが難しいことが多い

● 配転命令を拒否した場合

使用者が配転命令を出す場合、労働契約の中で労働者が配転命令を受け入れることに合意していることが前提であり、合意がなければ配転命令は無効です。就業規則の中で「労働者は配転命令に応じなければならない」と規定されていれば、配転命令に応じる内容の労働契約が存在すると一般に考えられています。ただし、配転は労働者の生活に重大な影響を与えることがありますから、配転命令の受け入れについて合意している場合でも正当な理由があれば配転命令を拒否できることがあります。たとえば、老いた両親の介護を自分がしなければならないといった場合です。

労働者が配転や出向の命令拒否したい場合、最終的には裁判所に判断を委ねるしかありませんが、判決が出るまでには長い期間がかかってしまいます。そのため、判決と比べて早く結論が出る仮処分（判決が確定するまでの間、仮の地位や状態を定めること）を申し立てるのが通常です。申立ての内容としては、配転命令は無効であり、配転先で勤務すべき義務のないことを求めるのが一般的です。

ただし、労働者は裁判で争っている間でも、仮処分が認められるまでは命じられた配転や出向に応じない限り、業務命令に違反したという理由で懲戒解雇されることが予想されます。それを防ぐため、労働者としては配転命令を争いつつも、とりあえず命じられた業務につくという方法をとるケースも見られます。

● 権利の濫用とされる場合もある

必要な時に、必要な部署に、自由に労働者を配転できるのが経営合理化のために望ましいといえます。ただし、当初の労働契約で労働者の勤務場所や職種を限定しているにもかかわらず、使用者が一方的に配転命令を命じることはできません。

配転命令をめぐり、労働者とトラブルが生じた場合には、各都道府県にある労働委員会や労働基準監督署などに相談するのがよいでしょう。労働者の場合には労働組合に相談するのも一つの方法です。嫌がらせがあった場合には不当労働行為（公正な労使関係の秩序に違反するような使用者の行為）となりますので、労働者は都道府県の労働委員会や中央労働委員会に対して、救済を申し立てることもできます。

22 出向命令とその要件

労働者の同意を得るようにする

●出向の種類

「出向」には2種類あります。ひとつは、労働者が雇用元企業に身分（籍）を残したまま一定期間、他の企業で勤務するもので、在籍出向といいます。単に出向といった場合は、この在籍出向を指すことが多いといえます。在籍出向では、通常、出向期間終了後は出向元へ戻ることになります。もうひとつは、雇用元企業から他の企業に完全に籍を移して勤務するもので、移籍出向または「転籍」と言われます。

●在籍出向命令の有効性

労働者にとっては、労働契約を締結しているのは雇用元、つまり出向元の企業ですので、労働契約の相手方でない別の企業の指揮命令下で労働することは、労働契約の重要な要素の変更ということになります。そのため、出向命令を下すためには労働者の同意が必要とされています。

ただし、就業規則、労働協約に在籍出向についての具体的な規定（出向義務、出向先の範囲、出向中の労働条件、出向期間など）があり、それが労働者にあらかじめ周知されている場合は、労働者の包括的な同意があったものとされます。

たとえば、就業規則に「労働者は、正当な理由なしに転勤、出向または職場の変更を拒んではならない」などの条項がある場合、これが出向命令の根拠規定となり、労働者に周知されていれば包括的な同意があったことになります。そのため、企業は出向について、労働者の個々の同意を得ることは必要ありません。ただし、裁判例では、出向規定の整備、出向の必要性、労働条件の比較、職場慣行などを総合的に考慮して労働者の同意があったかどうかを判断しています。

●人事権の濫用に該当しないことが必要

在籍出向について、労働者の包括的な同意があったとしても、無制限に出向命令が有効となるわけではありません。出向の命令が、その必要性や対象労働者の選定についての事情から判断して、権利を濫用したものと認められる場合には、その出向命令は無効となります（労働契約法14条）。

そのため、有効な出向命令として認められるためには、労働者の同意の存在と具体的出向命令が人事権の濫用にあたるような不当なものでないことが必要といえます。

労働者の個別、かつ明確な同意

「転籍」は、雇用元企業から他の企業に身分（籍）を移して勤務するもので移籍出向とも言われます。タイプとしては、現在の労働契約を解約して新たな労働契約を締結するものと、労働契約上の使用者の地位を第三者に譲渡するもの（債権債務の包括的譲渡）があります。最近では、企業組織再編が頻繁に行われており、これに伴って、地位の譲渡による転籍も少なくありません。

長期出張、社外勤務、移籍、応援派遣、休職派遣、などと社内的には固有の名称を使用していても、「転籍」は、従来の雇用元企業との労働関係を終了させるものであり、この点が「在籍出向」と大きく異なります。

転籍では、労働契約の当事者は労働者本人と転籍先企業になります。したがって、労働時間・休日・休暇・賃金などの労働条件は当然に転籍先で新たに決定されることになります。

転籍条項の有効性

こうしたことから、転籍を行うにあたっては労働者の個別的な同意が必要と考えられています。就業規則や労働協約の転籍条項を根拠に包括的な同意があるとすることは認められていません。そのため、労働者が転籍命令を拒否した場合でも懲戒処分を行うことはできません。

ただし、転籍条項について、①労働者が具体的に熟知していること、②転籍によって労働条件が不利益にならないこと、③実質的には企業の他部門への配転と同様の事情があること、のすべての要件を満たせば、個別的な同意がなくても転籍命令を有効とする判例も見られますが、極めて異例です。

転籍の法律関係

出向元 ← 労働契約は終了する → 労働者 ← 新たな労働契約 → 出向先

24 昇進・昇格・降格

昇進決定は人事権の行使

● 昇進と昇格

「昇進」は、役職制度において、部長、課長、係長など、組織上の上位の役職に進むことをいいます。つまり、会社での自分のポジションが上がることを意味します。一方、「昇格」は職能資格制度における資格等級の上昇をいいます。

役職制度は、役職者以上の指揮命令の序列であるのに対して、職能資格制度は、すべての労働者の職務遂行能力の発揮度や伸長度によって格差を設けた賃金の序列です。日本企業では、このように社内のランキングシステムが二本立てになっており、ある程度対応関係にあるのが一般的です。

● 昇進について

昇進は、組織の指揮命令の序列を決めるものであり、企業経営を大きく左右します。また、供給ポストにも限りがあります。

したがって、昇進決定は人事権の行使として、使用者の一方的決定や裁量に委ねられています。ただし、無制限に一方的な行使が許されるわけではありません。労働基準法、男女雇用機会均等法、労働組合法による一定の制約があります。つまり、国籍・社会的身分・信条による差別的取扱いや、性別による差別的取扱いによって昇進に格差をつけることは許されていませんし、労働組合の正当な活動を不当に侵害するために昇進で差別するなどの行為は禁止されています。もっとも、企業の人事権である以上、裁判で昇進をめぐる争いが生じた場合、企業の判断が尊重されることが多いようです。

● 降格について

降格とは、昇進の反対措置である役職や職位を引き下げる場合、または資格・等級を低下させる場合をいいます。降格は、就業規則等に規定がなくても、使用者の裁量的判断によって行うことができます。人事権の濫用とされる場合もあります。懲戒処分による場合は、客観的、合理的理由を欠き、社会通念上相当と是認できない場合には権利の濫用になるとされています。

職能資格の降格については、すでに認定した職務遂行能力を引き下げる結果になり、本来想定されていません。したがって、職務内容が従来のままで降格することは、単に賃金を下げることに他ならないため、労働者との合意によって行う以外は、就業規則などにおける明確な根拠と相当な理由が必要であるとされています。

25 懲戒処分の種類と制約

使用者が自由に懲戒処分できるわけではない

● 秩序を保つためのペナルティ

たとえば、経理部員が会社のお金を使い込んでいたことが発覚した場合、会社がその人を懲戒解雇するというようなことがあります。このように、労働者が会社のルールを破って職場の秩序を乱した場合、使用者は会社の秩序を維持するために、労働者にペナルティ（制裁）を科すことがあります。これを懲戒処分といいます。

懲戒処分の種類には、処分が軽い順に、①戒告・けん責、②減給、③出勤停止、④降格、⑤諭旨解雇または諭旨退職、⑥懲戒解雇などがあります。具体的な懲戒事由や懲戒手続き、懲戒処分の内容は、就業規則に記載する必要があります。懲戒処分として就業規則に規定されていないものは科すことができません。

懲戒処分のしくみ

問題発生

就業規則に定められた
懲戒事由にあたるか → あたらないときは
懲戒できない

＜懲戒事由＞

①重要な経歴の詐称、②勤務成績の不良、③業務命令違反
④事業所内外での非行
⑤会社の機密情報・営業上の秘密の漏えい　など

労働者の非行の程度と処分のバランスを比較検討

労働者の弁解を聞く機会を設ける

懲戒処分の決定

内部告発

内部告発者を保護する法律がある

●内部告発とは

ある組織に属する人間が、組織内で行われている（行われようとしている）不正行為について、行政機関等に通報することを内部告発といいます。

従業員が会社の不祥事などについて内部告発をすることで、会社から報復的な措置を受けてしまうということになると、従業員は違法行為を察知しても通報することを控えてしまうことになりかねません。そこで、不正行為を通報した従業員が、会社から人事上の不利益な取扱い等を受けることを防止するため、公益通報者保護法が制定されています。

公益通報とは、事業者の内部から国民の生命等に関わる法令違反行為を通報することです。公益通報者保護法により、公益通報を行ったことを理由とする解雇、降格や減給などの人事上の不利益な扱いは禁止されます。通報先は、①事業所内部、②監督官庁や警察などの行政機関、③マスコミ（報道機関）や消費者団体などの事業者外部となっています。ただし、③の事業者外部への通報が保護されるためには、証拠隠滅のおそれがある、または人の生命や身体に危害が及ぶ状況にあるなど、クリアすべき条件があります。

●差別的な取扱いと裁判所の評価

不正行為が表面化すると、会社は社会的信用を失い、倒産の危機にさらされます。このため、会社の経営陣はもちろん、同僚たちも内部告発者に対し、閑職や遠方に異動させる、正当な評価をせず昇進させない、仕事を与えない、部署内で孤立させる、といった差別的な取扱いをすることがあります。このような差別的な取扱いについて、内部告発者が会社を相手取り、損害賠償請求訴訟を起こした際の裁判例では、公益通報者保護法の保護対象となる事案だけでなく、その内部告発が保護対象の要件を満たしていなくても、総合的に見て会社側の対応に違法性があると判断される場合には、内部告発者の損害賠償請求を認めています。

公益通報者保護法は内部告発者の保護を目的とした法律ですが、取引先や退職した元従業員、役員など、部外者は保護の対象とされていません。なお、令和2年度の法改正により、退職1年以内の従業員、役員が対象に加えられます。

さらに、将来的には、企業が公益通報を適切に受け止める窓口や通報を行いやすくする等の法改正も予定されています。

27 障害者の雇用管理

職業訓練や助成金など、公的支援を利用する

●一般企業の障害者雇用率は2.3%以上

　健常者と障害を持つ人とが同じように生活できる社会を作ることは、現代社会の大切な課題です。そこで、民間企業は、従業員数の2.3％以上の障害者を雇用することが義務付けられています。つまり、従業員数43.5人以上の会社は、必ず1人以上の障害者を雇い入れなければならないことになります。

　もし達成できない場合、常用労働者が101人以上の会社については、不足している障害者1人につき月額5万円の障害者雇用納付金を納めなければなりません。逆に、必要な人数以上に障害者を雇用している事業主には調整金が支給されます。なお、この障害者雇用率は段階的に引き上げられ、2026年には2.7％となる予定です。

　対象となる障害者は、身体障害者、知的障害者または精神障害者（精神障害者保健福祉手帳の交付を受けた者に限る）です。また、短時間労働者は0.5人、重度の障害者は2人としてカウントします。

●障害の状況に合った配慮が必要

　会社は、毎年、障害者の雇用状況をハローワークに報告しなければならず、障害者を解雇する場合は、ハローワーク所長に届出を出した上でなされなければなりません。

　しかし、その他の雇用上のルールは、ほぼ一般の社員に対するものと変わりありません。業務上の負傷や疾病で休業する期間や、その後30日間の解雇制限以外は特に解雇制限は設けられていません。

　障害者を雇用する上で、事業主が特に意識しなければならないことは火事や地震などの災害があった時の対策です。障害のある社員が決して逃げ遅れることのないように誘導措置を行うことも必要になります。そのためには、日頃から緊急時の対応について社内規程を整備して緊急時のマニュアルを社内に周知させておく必要があります。

　また、ハローワークでは障害者雇用が促進されるように、障害者試行雇用（トライアル雇用）、職場適応援助者（ジョブコーチ）による支援、職場適応訓練といったさまざまな支援が行われています。障害者雇用を検討している事業主は、これらの制度を活用することができます。

第3章

労務の仕事の基本と
事務手続き

就業規則と作成上の注意点

事業場内のルールブックである

●労働者10人以上のときに必要

　就業規則とは、会社（使用者）が、労働者に遵守させる職場の規律や労働条件などについて作成するルールブックのことです。就業規則には、労働者の待遇、採用、退職、解雇など人事の取扱いや服務規定（労働者がその会社の一員として日常の業務を行う上で守るべきルール、倫理、姿勢などについて定めた規定）、福利厚生その他の内容を定めます。

　就業規則は、労働者が常時10人以上いる事業場（事務所、店舗、工場、支社など、一定の場所で組織上、ある程度独立し会社の業務が行われている場所）では、就業規則の作成、所轄労働基準監督署への届出、労働者への周知が義務付けられます（労働基準法89、106条1項）。この作成・届出義務に違反すると、30万円以下の罰金が科せられます。

　ここでいう「労働者」には正社員だけでなく、契約社員、パートやアルバイト従業員も含みます。

　なお、労働者が常時10人未満の会社であっても、使用者の裁量で就業規則を作成することができます。

●労働者代表との意見調整

　労働基準法では、就業規則の作成にあたり、①当該事業場に労働者の過半数で組織する労働組合（過半数組合）がある場合にはその労働組合、過半数組合がない場合には労働者の過半数を代表する者（過半数代表者）の意見を聴くこと、②就業規則の届出の際には、労働者の意見を記した書面（意見書）を添付することを義務付けています。

　①の際に反対意見が出ても、それに合わせて就業規則を変更する法律上の義務はありません。ただし、従業員のやる気をそぎ、円滑な事業活動に支障をきたすことになる可能性もありますので、ある程度の意見調整は必要です。

●規定が無効になることもある

　就業規則は、当該事業場において労働者が守らなければならないルールですが、その内容は労働基準法等の法令や労使間で結んだ労働協約に反した内容で作成することはできません。

　たとえば、1日8時間労働する従業員に対し、「休憩時間を設けない」とする就業規則を作成した場合、休憩時間の付与を義務付けている労働基準法34条に違反しますので、その規定は無効になります。そのため、従業員は就

業規則の当該規定に従う必要はありません。

　また、使用者と従業員が直接締結する労働契約において、就業規則で定める基準に達しない労働条件を定めた場合は、その部分の労働条件は無効となり、無効となった部分は就業規則の基準によることになります。

●就業規則の変更

　就業規則を変更する場合も、就業規則の作成のときと同様の手続きが必要です。つまり、常時10人以上の労働者を使用する事業場では、①条文を変更した就業規則の文書や電子データを作成する、②事業場の過半数組合（過半数組合がない場合は過半数代表者）の意見を聴き、意見書を作成する、③意見書を添付して就業規則を所轄の労働基準監督署に届け出る、という段階を踏むことが必要です。

　なお、使用者が労働者との合意によらずに就業規則を変更して労働条件を労働者の不利益に変更することは、原則として許されません。例外的に、変更後の就業規則が周知され、かつ内容が合理的なものである場合には、変更後の就業規則によって労働条件が規律されることになります。ただし、労働契約で使用者と労働者が就業規則の変更によっては変更されない労働条件として合意していた部分は、この合意していた部分が優先します。

●就業規則が膨大になる場合

　就業規則にルールのすべてを記載しようとすると、就業規則の本体が膨大な量になり使いづらくなることもあります。そこで、就業規則の本則とは別に、ある特定の事項だけを別途記載した別規程（社内規程）を作るという形をとるケースが多くあります。

　もっとも、別規程を就業規則の本則と切り分けて別にするのは、あくまでも便宜上のことで、内容が就業規則に記載すべきものであるときは、就業規則と一体のものとして扱われます。そのため、労働基準監督署への届出の際には就業規則の本則と別規程を一緒に提出することになります。

就業規則とは	
作成義務	常時10人以上の労働者を使用している事業場で作成義務がある
意見聴取義務	作成・変更に際しては、過半数組合（過半数組合がない場合は過半数代表者）の意見を聴かなければならない
周知義務	労働者に周知させなければならない
規範的効力	就業規則で定める基準に達しない労働契約は、その部分につき無効となり、無効部分は就業規則で定めた基準による

2 就業規則の記載事項

絶対的必要記載事項が欠けていると罰金が科せられる

● 3種類の記載事項がある

労働基準法は、就業規則の作成・届出と、労働者への周知を義務付けるとともに、就業規則の記載事項に明記する事項として、絶対的必要記載事項、相対的必要記載事項、任意的記載事項の3種類に分けて規定しています。

● 絶対的必要記載事項

就業規則に必ず記載しなければならない事項です。一つでも記載がないと30万円以下の罰金に処せられます（労働基準法120条1号）。この場合の就業規則の効力は他の要件を備えている限り有効です。

・労働時間等に関する事項

具体的には、①始業・終業の時刻、②休憩時間、③休日・休暇、④労働者を2組以上に分けて交替に就業させる場合における就業時転換に関する事項です。

①は単に「1日8時間、週40時間」と定めるだけでは不十分です。②は休憩の長さ・付与時刻・与え方など具体的に規定する必要があります。③には休日の日数・与え方・振替休日などを定めます。

・賃金に関する事項

具体的には、①賃金の決定、計算・支払の方法、②賃金の締切・支払の時期、③昇給に関する事項です。なお、退職手当（退職金）や臨時の賃金等は相対的必要記載事項になるため、ここでの「賃金」からは除きます。

・退職に関する事項

解雇・定年・契約期間の満了など、退職に関するすべての事項を記載しなければなりません。さらに、解雇の事由についても明記が必要です。

なお、退職手当に関する事項は、相対的必要記載事項にあたります。

● 相対的必要記載事項

就業規則に記載することが義務付けられてはいませんが、該当する制度を設ける場合は、必ず就業規則に記載しなければならない事項です。具体的には、以下の8項目（次ページ図）が定められています。

① 退職手当の適用される労働者の範囲、退職手当の決定・計算・支払方法・支払時期に関する事項

② 臨時の賃金等・最低賃金額に関する事項

③ 労働者に負担させる食費・作業用品その他の負担に関する事項

④ 安全・衛生に関する事項

⑤ 職業訓練に関する事項

⑥ 災害補償・業務外の傷病扶助に関する事項

⑦ 表彰・制裁（制裁とは労基法上の表現で懲戒のこと）の種類・程度に関する事項

⑧ その他当該事業場の労働者のすべてに適用される定めに関する事項

　注意すべき点は「どのような違反をしたら、どのような内容の制裁が加えられるか」ということを就業規則に明確に明示しておく⑦の制裁（懲戒）についての規定です。制裁についての規定は就業規則の相対的必要記載事項と位置付けられているため、減給や出勤

停止といった制裁内容は、就業規則内にルール化しなければなりません。

　また、相対的必要記載事項については、これらの規定を新設する場合だけでなく、社内にすでに慣行として存在する事項も明記が求められます。

●就業規則の任意的記載事項

　就業規則に記載するか否かが使用者の自由とされている事項です。たとえば、就業規則制定の目的や趣旨、用語の定義、従業員の心得、採用、職種や職階などが該当します。

就業規則の記載事項

絶対的必要記載事項

労働時間等	始業・終業の時刻、休憩時間、休日・休暇、交替勤務の要領
賃　　金	決定・計算・支払の方法、締切・支払の時期、昇給について
退　　職	身分の喪失に関する事項…任意退職、解雇、定年など

相対的必要記載事項

退職手当	退職金・退職年金が適用となる労働者の範囲、決定・計算・支払方法・支払時期
臨時の賃金等	臨時の賃金等の支給条件と時期、最低賃金額
食事・作業用品などの負担	
安全・衛生	
職業訓練	
災害補償、業務外の傷病扶助	就業規則に規定しないと懲戒できない
表彰・制裁	
その事業場の労働者すべてに適用する定めを作る場合は、その事項（たとえば、服務規律、配置転換・転勤・出向・転籍に関する事項）	

任意的記載事項

労働基準法に定められていない事項でも記載するのが望ましいもの 企業の理念や目的、採用に関する事項、など

3 労働者の募集と労働契約

虚偽求人の禁止や労働条件の明示などのルールが労働者を守る

● 労働者の募集・求人に関するルール

令和4年10月1日に施行された改正職業安定法によって、労働者の募集や求人を行う際のルールが変更され、求人企業に対して、求人情報や自社に関する情報の的確な表示が義務付けられました。つまり、求人票などに、虚偽の表示や誤解を生むような表示をすることは禁止され、また、求人情報を正確かつ最新の内容に保つことが義務付けられることになりました。

● 求人票を受理しない場合もある

景気が回復していくと、中小企業では労働力の確保に苦労することがあります。企業の知名度、イメージ、福利厚生といった面ではなかなか大企業には太刀打ちできません。さらには給与水準も大企業より低くなっているのが一般的です。中小企業の人事担当者は創意工夫を凝らして求人票を作成しているようです。しかし、その内容に虚偽があると、特に採用してからトラブルになります。

最近増えているのが、固定残業手当を基本給に合算して表示するケースです。会社側からすると、毎月定額を支払うので、基本給と同じ感覚になるのはわかります。

しかし、応募者は、見込まれる残業時間から、毎月の給与が残業手当を含めていくらくらいになるのか、それで生活できるのかということも考えて応募しています。実際に1か月働いて、求人票に書いてあった給与より低い場合はトラブルになり、ハローワークに通報される場合もあります。

ハローワークではこのような通報を受けると、事実関係を確認し、法違反が認められると求人票を受理してもらえなくなりますので、注意が必要です。

固定残業手当は、基本給と明確に分けて表示し、何時間分の残業を含んでいるかを明確にしなければなりません。なお、固定残業手当に含まれる残業時間を超過して残業をさせた場合は別途残業手当を支給しなければなりません。

● 労働契約では一定の事項について書面での明示が必要

労働契約とは、労働者（被雇用者）が使用者に労務の提供をすることを約し、使用者がその対価として賃金を支払う契約です。ただ、お互いが合意さえすれば、どんな内容の労働契約を結んでもよいというわけではありません。

労働契約はさまざまな法令などの制約を受けます。その中でおもな基準と

なるのは、労働契約法、労働基準法、労働協約、就業規則です。労働契約は、これらに違反しない範囲で有効になります。たとえば、労働契約法は、労働契約は労働者と使用者が対等の立場で締結し又は変更すべきだとし（3条1項）、労働者を保護するために、就業規則で定める基準に達しない労働条件を定める労働契約は、その部分については無効とし、無効となった部分は就業規則で定める基準によるとしています（13条）。

さらに、労働基準法は、使用者に対し、労働者を雇い入れる（労働契約を締結する）際に、労働契約の期間や就業場所、始業・就業の時刻、賃金などの重要な労働条件を原則として書面（労働条件通知書）によって労働者に明示することを義務付けています。これによって明示された労働条件が事実と相違する場合には、労働者は、即時に労働契約を解除することができます。

書面による明示が義務付けられていない事項については、口頭での明示でもかまいませんが、文書によって労働者に明示することが望ましいといえるでしょう。なお、労働者本人が希望した場合には、書面に代わってＦＡＸや電子メール等による明示も認められます。

労働者に明示しなければならない労働条件

書面で明示しなければならない労働条件	●労働契約の期間に関する事項 ●期間の定めのある労働契約を更新する場合の基準に関する事項 ●就業場所、従事すべき業務に関する事項 ●始業・終業の時刻、所定労働時間を超える労働の有無、休憩時間、休日、休暇、交替勤務制の場合の交替に関する事項 ●賃金(※)の決定・計算・支払の方法、賃金の締切・支払の時期、昇給に関する事項 ●退職・解雇に関する事項
使用者が定めている場合には明示しなければならない労働条件	●退職手当の定めが適用される労働者の範囲、退職手当の決定・計算・支払の方法、退職手当の支払の時期に関する事項 ●臨時に支払われる賃金（退職手当を除く）、賞与・賞与に準ずる賃金、最低賃金に関する事項 ●労働者の負担となる食費、作業用品などに関する事項 ●安全、衛生に関する事項　●職業訓練に関する事項 ●災害補償、業務外の傷病扶助に関する事項　●表彰、制裁に関する事項 ●休職に関する事項

※　退職手当、臨時に支払われる賃金、賞与などを除く

4 高年齢者雇用安定法と継続雇用制度

継続雇用制度として再雇用制度の導入等が可能である

● 高年齢者雇用安定法とは

　かつては、60歳が仕事を退職する節目の年齢とされていました。しかし、60歳になっても健康で、まだ働きたいという意欲を持っている人は多くいます。また、少子高齢化が進み人口が減少する状況の中で、会社としては、まだまだ元気な60歳以降の高年齢者を活用したい、と考えるのは当然でしょう。

　そこで、働く意欲がある高年齢者がその能力を十分に発揮して高年齢者が活躍できる環境を整備するために、高年齢者雇用安定法（高年齢者等の雇用の安定等に関する法律）が定められています。この法律は、定年の引上げや継続雇用制度の導入等による高年齢者の安定した雇用の確保の促進や、高年齢者等の再就職の促進、定年退職者等に対する就業の確保等の措置等について定めています。

　具体的には、労働者の定年を60歳未満にすることを禁止しています。さらに、65歳未満の定年制を採用している事業主に対し、雇用確保措置として、①65歳までの定年の引上げ、②65歳までの継続雇用制度（高年齢者が希望するときは定年後も引き続き雇用する制度）の導入、③定年制の廃止、のいずれかを導入する義務を課しています。企業の実態として、雇用確保措置

のうち、多くの企業が採用しているのが、②65歳までの継続雇用制度です。

　また、高年齢者雇用安定法の一部改正により、令和3年4月1日からは、70歳までの就業確保を支援することが企業の努力義務となりました。具体的な措置として、①～③に加えて、④継続的に業務委託契約する制度や、⑤社会貢献活動に継続的に従事できる制度を導入して70歳までの雇用を支援することも追加されました。④と⑤は、65歳以降については高齢者の健康や生活環境も配慮して必ずしも雇用という形態に縛られずに働きたいという高齢者のニーズをくみ取ったものといえます。

● 定年制の廃止、定年の引上げ

　令和4年「高年齢者雇用状況報告」（厚生労働省）によると、65歳を定年としている企業の割合は22.2％、定年を廃止している企業の割合は3.9％で、近年、増加傾向にあります。

　定年の廃止や定年年齢を引き上げるメリットは、それまでの職務の中で培ったノウハウを活用し、仕事の効率化ができることです。また、高年齢者を積極的に活用する企業に対する評価が高まることで、人材採用で有利になることもあります。

一方で、デメリットは、比較的、賃金の高い労働者が増えて、人件費負担によって会社の利益が圧迫されることです。

また、定年を廃止すると、従業員が退職を申し出ない限り、いくつになっても働き続けることが可能となります。そのため、年齢の代わりとなる、退職・解雇の基準を明確にしておく必要があるでしょう。

●継続雇用制度とは

継続雇用制度とは、雇用している高年齢者を、本人が希望すれば定年後も引き続いて雇用する、「再雇用制度」などの制度です。

令和4年「高年齢者雇用状況報告」（厚生労働省）によると、高年齢者雇用確保措置を継続雇用制度の導入によって実施している企業は70.6％であり、大部分の企業がこの制度を導入しています。

継続雇用制度の具体的な内容は法令で定められているわけではなく、65歳まで雇用する条件については、高年齢者雇用安定法の趣旨および各種労働関係法令に違反しない範囲で、各企業で自由に定めることができます。そのため、労働条件の引下げがまったく認められないわけでありません。たとえば、「57歳以降は労働条件を一定の範囲で引き下げた上で65歳まで雇用する」という制度も継続雇用制度として認められます。

しかし、定年になる前と比べて職務内容や配置などがほとんど変わっていないのに、賃金が大きく低下するなどという場合には、同一労働同一賃金の原則に基づき、不合理な労働条件として継続雇用制度の下で締結された契約が違法・無効と判断されるケースもあります。

その一方で、継続雇用制度の下で、以前とはまったく異なる職務や部署に配置することは、労働者自身にとっても負担であると同時に、会社にとって

経過措置の対象年齢引上げスケジュール

	年金の支給開始年齢	経過措置の適用が認められない労働者の範囲
平成25年4月1日から平成28年3月31日	61歳以降	60歳から61歳未満
平成28年4月1日から平成31年3月31日	62歳以降	60歳から62歳未満
平成31年4月1日から令和4年3月31日	63歳以降	60歳から63歳未満
令和4年4月1日から令和7年3月31日	64歳以降	60歳から64歳未満
令和7年4月1日以降	65歳以降	60歳から65歳未満

※ 年金の支給開始年齢欄の年齢は男性が受給する場合の年齢を記載

も生産性の低下などを招くおそれがあ
ります。明らかに合理性を欠く配置転
換には訴訟リスクが伴うため、適切な
処遇が求められるといえます。

継続雇用制度の類型としては、再雇
用制度と勤務延長制度の2つがあります。

① 再雇用制度

再雇用制度とは、定年になった労働
者を退職させた後に、もう一度雇用す
る制度です。雇用形態は正社員、契約
社員、パート社員などを問いません。再
雇用を行う場合には、労働契約の期間
を1年間として、1年ごとに労働契約を
更新することも可能ですが、契約更新
の条件として65歳を下回る上限年齢が
設定されていないことなどが必要です。

再雇用制度導入の手続きには、特に
決まった形式があるわけではありませ
ん。就業規則の変更を届け出ることや、
労働協約を結ぶなどして、再雇用制度
を導入することが必要です。労働者と
企業とが定年後に雇用契約を締結する
というシステムを導入することが、再
雇用制度導入の手続きになります。

② 勤務延長制度

勤務延長制度とは、定年になった労
働者を退職させず、引き続き定年前と
同じ条件で雇用する制度です。再雇用
制度と継続雇用制度とは、定年に達し
た労働者を雇用する点では共通してい
ます。再雇用制度は、雇用契約を一度
解消してから労働者と改めて雇用契約
を締結するのに対して、勤務延長制度

では今までの雇用契約が引き継がれる
点で、両者の違いがあります。

勤務延長制度導入の手続きについて
も、特に決まった形式があるわけでは
ありません。就業規則の変更や労働協
約の締結などによって、労働者と企業
との間の労働契約を60歳以降も延長す
るというシステムを導入することが、
勤務延長制度導入の手続きになります。

◉ 継続雇用制度の対象者を限定することは可能か

継続雇用制度を導入する場合には、
希望者全員を対象としなければなりま
せん。ただ、「事業主が講じるべき高年
齢者の雇用確保の実施と運用について」
という指針では、就業規則に定める解
雇事由や退職事由に該当する者（心身
の故障のために業務を遂行できないと
認められる者、勤務状況が著しく悪く
従業員としての職責を果たし得ない者
など）については、継続雇用をしない
ことが認められています（次ページ図）。

また、高年齢者雇用安定法が改正さ
れる平成25年4月1日以前から定めら
れた労使協定による経過措置に該当す
る者は、65歳までの継続雇用の対象外
とすることができます（前ページ図）。

この経過措置は、年金の支給開始年
齢に合わせて徐々に年齢が引き上げら
れており、令和7年4月2日以降は、
65歳まで継続雇用制度の対象としなけ
ればなりません。

● 異なる企業での再雇用も認められる

高年齢者雇用安定法では、一定の条件を満たした場合には、定年まで労働者が雇用されていた企業（元の事業主）以外の企業で雇用することも可能です。その条件とは、定年まで労働者が雇用されていた企業と定年後に労働者が雇用されることになる企業とが実質的に一体と見ることができ、労働者が確実に65歳まで雇用されるというものです。

具体的には、①元の事業主の子法人等、②元の事業主の親法人等、③元の事業主の親法人等の子法人等（兄弟会社）、④元の事業主の関連法人等、⑤元の事業主の親法人等の関連法人等で雇用することが認められます。①～⑤を特殊関係事業主（グループ会社）といいます。

他社を自己の子法人等とする要件は、その他社の意思決定機関を支配しているといえることです。たとえば親法人が子法人の株主総会の議決権の50％超を保有している場合、その子法人は①に該当し、親法人を定年退職した労働者をその子法人で再雇用すれば、雇用

確保措置として認められます。

● 再雇用後の雇用形態は企業によってさまざま

継続雇用制度の中でも、再雇用を実施している企業は多くあります。再雇用のメリットは、定年前と異なる労働条件や雇用形態で雇用契約を締結できる点にあります。不合理な待遇差の判断方法には「その他の事情」という考慮要素があり、定年後の再雇用も考慮されると考えられています。

再雇用後の雇用形態は、契約社員制度が最も多く活用されます。雇用契約期間を有期契約にした上で、労働時間、仕事内容を変更する場合などが該当します。

契約期間を設ける場合であっても、原則として、契約更新をすることによって65歳まで雇用する義務はあります。ただし、高年齢者の年齢以外の勤務状況や能力といった要素を考慮して、労働者が65歳になる前に雇用契約の更新を行わないとする措置をとることは可能です。

継続雇用制度の対象者の限定

継続雇用する労働者の限定	就業規則に定める解雇事由や退職事由に該当する場合 ・心身の故障のために業務を遂行できない ・勤務状況が著しく悪く従業員としての職責を果たせない ・労働者の勤務状況が著しく悪い　　　　　　　　　　　など
	平成25年3月までに締結した労使協定で、継続雇用制度の対象者を限定する基準を定めていた場合

パートタイマーを雇う際の注意点

パートタイマーの保護を目的とした法律もある

●パートタイマーとは

パートタイム・有期雇用労働法（短時間労働者及び有期雇用労働者の雇用管理の改善等に関する法律）は、パートタイマー（パートタイム労働者または短時間労働者、パート社員ともいう）とは、「1週間の所定労働時間が同一の事業主に雇用される通常の労働者の1週間の所定労働時間に比し短い労働者」と定義されています。

●労働基準法などによる規律

労働基準法の「労働者」とは、職業の種類を問わず、事業または事務所に使用される者で、賃金を支払われる者のことです。パートタイマーも労働者に含まれますから、労働基準法の適用を受けます。また、労働基準法だけでなく、労働契約法、労働組合法、最低賃金法、労働安全衛生法、労災保険法、男女雇用機会均等法など労働者に関する他の法律も適用されます。

特に重要な事項として以下のものが挙げられます。

① 年次有給休暇

パートタイマーにも年次有給休暇が与えられます。ただし、パートタイマーの所定労働日数が通常の労働者に比べて相当程度少ない場合、年次有給休暇は比例付与になります。

休暇に関する事項は、就業規則の絶対的必要記載事項ですので、年次有給休暇に関する条項をパート用就業規則に定めなければなりません。就業規則には比例付与の表を載せるか、単に年次有給休暇は労働基準法に従って付与すると規定するだけでもよいと考えられます。

② 労働時間

所定労働時間を超える労働の有無は、労働契約の締結の際に書面（労働条件通知書）で明示しなければなりません。パートタイマーに時間外・休日労働を要請する際は、そのつど事情を説明の上、個別的な同意を求める方法をとることが望まれます。

③ 健康診断

以下のいずれかにあたらない限り、常時使用される労働者とはいえず、一般健康診断を実施する義務はありません。

ⓐ 期間の定めのない労働契約により使用される者（期間の定めがある労働契約であっても、当該契約の更新により1年以上使用されることが予定されている者および当該労働契約の更新により1年以上引き続き使用されている者を含む）

ⓑ 1週間の労働時間数が当該事業場

において同種の業務に従事する通常の労働者の1週間の所定労働時間の4分の3以上であること

●パートタイマー就業規則の作成

正社員やパートタイマーといった雇用形態にかかわらず、常時10人以上の従業員を抱える会社は、就業規則を作成する必要があります。就業規則の具体的な内容については、法令や労働協約に反しない範囲内であれば、各事業所の事情に沿って自由に定めることができます。パートタイマーについて、正社員とは異なる特別の規則を定める場合は、パートタイマー用の就業規則を作成します。

パートタイマー用就業規則を作成する際に注意すべき点としては、以下のようなものがあります。

① 対象者を明確にする

就業規則を複数作成する場合は、その就業規則を遵守すべき労働者が誰なのかを明確にしておく必要があります。雇用形態の違う労働者それぞれについて、別個の就業規則を作成する義務は

ないため、似たような労働条件である労働者については、同じ就業規則を使ってもかまいません。

しかし、正社員とパートタイマーは労働時間や賃金体系が異なるのが一般的なため、正社員用就業規則とは別に、パートタイマー用就業規則を作成し、労働条件の違いを明記しておくことは、トラブルの未然防止にもつながります。

② 正社員との均衡を考慮する

パートタイマーという雇用形態でも、正社員と「仕事内容・責任の程度・配置転換の範囲など」が同等の場合は、賃金等も同等の待遇としなければなりませんので、十分注意しましょう。

③ パートタイマーの意見を聴く

パートタイマーが労働組合に加入していない場合や、その人数が少ない場合においても、パートタイマーの意見を反映するため、パートタイマーを対象とする就業規則を作成・変更しようとする際に、事業主は、事業所で雇用するパートタイマーの過半数を代表する人の意見を聴かなければなりません。

パートタイマーとは

パートタイム・有期雇用労働法による定義

1週間の所定労働時間が同一の事業所に雇用される通常の労働者の1週間の所定労働時間に比べて短い労働者

例
・スーパーのレジ係
・工場の工員
・ファミレスの店員等

6 有期雇用労働者を雇う際の注意点

契約期間、労働条件、更新についての原則と例外をおさえておく

● 労働契約の期間には上限がある

　有期労働契約とは、契約期間に定めのある労働契約です。

　有期労働契約を結ぶときには、まず、労働契約の期間について制限があります。労働契約の期間の上限は、原則として３年以内とされています。雇用契約期間を６か月や１年と定めているケースが多くありますが、それよりも長く設定しようと考える場合には上限があることに注意が必要です。

　契約期間の定めのない労働契約の場合、当事者は、原則として、いつでも、一方的に解約することができます。これに対し、有期労働契約の場合は、やむを得ない理由や使用者が任意に同意した場合などを除いて、原則として途中で退職をすることができません。そのため、不当に長い契約を結ぶと退職できないまま長期的にその会社との契約を結び続けなければならないという不都合を避けるために、契約期間に上限が設けられているのです。

　ただし、専門的な知識等を有する労働者、満60歳以上の労働者との労働契約については、上限が５年とされています。専門的な知識等を有する労働者とは、博士の学位を有する者、弁護士などの資格を有する者、システムエン

ジニアで年収が1,075万円以上の者などをいいます。

　また、一定の事業の完了に必要な期間を定める労働契約の場合は、その期間を契約期間とすることができます。たとえば、ダム建設の工期が終了するまでの４年間を契約期間として定める場合が該当します。

　逆に、極端に短い契約期間を定めないように配慮する必要もあります。１か月ごとに雇用契約を更新することは、労働者の生活が安定しないなどの不利益が生じる可能性があるためです。

● その他の法規制

　労働契約の締結に際して、使用者は、労働者に対して労働条件の明示義務を負っています。この義務の一内容として、使用者は、労働者に対して、労働契約の期間に関する事項について、書面で明示しなければなりません。

　次に、労働条件についても注意が必要です。労働契約は、労働者と使用者が合意をすれば自由に内容を決定することができます。しかし、労働基準法や就業規則に定める労働条件よりも下回ることはできません。たとえば、有期雇用労働者だからという理由で、年次有給休暇がない、割増賃金が支払わ

れない、という労働条件は無効となります。また、就業規則で、有期労働契約者にも休職制度や特別休暇制度を適用している場合には、個別に制度を利用できないように契約を結ぶことはできません。

● 労働契約の変更、更新についても気をつける

労働者と使用者が合意の下で労働条件を変更することはできます。ただし、前述したように労働基準法や就業規則の定めを下回ることはできません。

また、使用者が一方的に就業規則を変更しても、労働条件を労働者に不利益に変更することはできません。しかし、変更の内容が合理的で、労働者への周知が行われている場合は例外的に認められることがあります。

また、有期労働契約において、契約期間の満了後に更新される可能性がある労働者との契約を締結する場合には、使用者には、更新する場合の基準に関する事項について、有期雇用労働者に対して書面で明示する義務があります。

有期労働契約者を期間途中で解雇するときは、客観的に合理的な理由を欠き、社会通念上相当であると認められない場合、解雇権濫用として無効となります。

やむを得ず解雇を行う場合でも30日前に予告するか、解雇予告手当（30日分以上の平均賃金）を支払うことが必要です。

有期労働契約締結の注意点

契約期間 ：（原則）上限３年

（例外）専門的な知識等を有する労働者
満60歳以上の労働者 ｝ 上限５年

一定の事業の完了に必要な期間を定める労働契約の場合
… その期間

労働条件 ：（原則）自由に決定できる

（例外）労働基準法、就業規則に定める労働条件よりも下回ることはできない。

→労働条件の変更時も同様。不利益変更に注意する。

契約更新 ：雇止めに注意する

契約締結時に更新の有無を明示せず、更新を労働者が期待している場合
労働契約が反復更新され、実質的に無期雇用と変わらない場合
３回以上契約更新された労働者　　　　など

7 有期雇用労働者の雇止め
有期雇用契約満了の際には気をつける

●「雇止め」とは

　期間の定めのある労働契約（有期労働契約）において、契約期間の満了をもって労働契約の更新を拒否することを「雇止め」といいます。雇止めについては、更新による雇用継続を期待させる使用者の言動が認められたり、更新の手続きが形式的に行われていたような場合には、労働者に更新期待権が発生すると考えられ、更新拒否が解雇権の濫用と同視されることがあります。解雇権の濫用と同視されることを防ぐためには、厚生労働省が示す以下の基準を満たさなければなりません。

① 労働契約締結時に、更新の有無や更新の判断基準を明示すること
② 有期労働契約が3回以上更新されているか、1年を超えて継続勤務している従業員を雇止めするには、少なくとも30日前にその予告をすること
③ 雇止めの理由を明示するよう請求があった場合は、遅滞なく証明書を交付すること

　①については、有期労働契約の雇止めのトラブル防止のため、契約締結時に更新の有無や更新する場合の判断基準を明らかにしておくことが大切です。
　たとえば、更新の有無については、ⓐ自動的に更新する、ⓑ更新する場合があり得る、ⓒ契約の更新はしない、と雇用契約書に明示することが一般的です。
　また、ⓑの更新する場合があり得る、とした場合には、その判断基準も合わせて雇用契約書に明示しておく必要があります。次のような判断基準の記載が考えられます。

・契約期間満了時の業務量
・労働者の勤務成績、勤務態度
・労働者の能力
・会社の経営状況
・従事している業務の進捗状況

●「雇止め」に該当する場合とは

　有期労働契約を更新した後に雇止めをすることによる紛争が多いため、有期労働契約の更新について「雇止め法理」というルールが置かれています。
　具体的には、①有期労働契約が過去に反復して更新されたことがあり、雇止めをすることが、解雇によって期間の定めのない労働契約を終了させることと社会通念上同視できる場合、又は、②有期雇用労働者が有期労働契約が更新されると期待することに合理的な理由がある場合において、有期雇用労働者が契約期間満了日までに契約更新の申込みをし、又は期間満了後に遅滞なく有期労働契約の締結の申込みをした

場合であって、使用者がこの申込みを拒絶することが客観的に合理的な理由を欠き、社会通念上相当であると認められないときは、使用者は、従前の労働条件と同一の労働条件で当該申込みを承諾したものとみなされます（労働契約法19条）。

●不更新特約がある場合

会社は、労働者と有期労働契約を締結する際、契約期間や契約更新の回数を5年以内となるように定めた条件で契約することがあります。このような条件を不更新特約や不更新条項と呼びます。この場合、契約書等の文言で契約内容が明らかにされていると考えられ、労働契約法19条の雇止め法理の適用を受けることなく、5年以内の契約終了が可能になります。

しかし、入社時に不更新特約を盛り込んだ有期労働契約を交わすことで、会社は無期労働契約への転換義務を回避できる場合があります。

実務上、単に契約書等で前述した不更新特約を設けただけでは、必ずしも雇止めが有効になるとは限りませんので注意が必要です。

このように、不更新特約による不利益な労働契約を締結せざるを得ない状況にあったと認められると、雇止めは客観的に合理性を欠くと判断され、裁判所等で否定されることになります。

一方、5年が経過した後に、労働者が無期労働契約への転換を申し込まないことを条件に、契約更新をすることや、無期労働契約に転換するよう求める権利をあらかじめ放棄させておいた上で、労働契約を結ぶことはできません。

そのため、あらかじめ不更新特約について十分に説明し、継続的に相談に応じることなどの配慮をする必要があります。また、不更新特約を盛り込んだ労働契約自体が有効としても、新たな就職のあっせんや、慰労金の支払い、年休残日数への配慮を行うなど、会社は労働者に真摯に向き合い、無用のトラブルを防止することが重要です。

有期雇用労働者の雇止めの整理

有期労働契約の契約期間満了に伴い、労働契約の更新を拒否 → 契約期間の満了とともに雇用関係終了

過去に何度かの更新あり
・期間の定めなしと同視できる場合
・契約更新への期待が合理的な場合

雇止め →
・雇止めとして規制を受ける（30日前までに予告）
・雇止め法理により雇止めが無効とされる場合がある

8 パートタイマーの公正な待遇の実現

正社員と比較して不合理な差別とならないようにする必要がある

● 雇用環境の整備

パートタイマーについては、公正な待遇を実現するためのさまざまな法規制が存在します。パートタイム・有期雇用労働法は、正社員と同視される短時間労働者についてその者が有期雇用契約であっても待遇の差別的取扱いを禁止しています。正社員との待遇に差を設ける場合も、不合理な差とならないように短時間労働者の待遇の原則が設けられています。さらに、短時間労働者の雇用管理の改善等について、短時間労働者からの相談に応じる体制を整備すべきことも規定されています。

また、一定の要件に該当すれば、パートタイマーも労働保険や社会保険に加入する必要があります（下図）。労災保険は、事業所単位で強制加入で

すので、パートタイマーも当然に適用対象です。雇用保険は、1週間の労働時間が20時間以上であるなどの要件を満たした労働者が被保険者になります。

社会保険は、原則として1週間の労働日数と1か月の労働時間が正社員の4分の3以上の労働者が被保険者になります。これに加えて、従業員が常時101人以上の企業では、①1週の労働時間20時間以上、②月額賃金8.8万円以上（年収106万円以上）、③勤務期間1年以上（見込みを含む）、④学生でない、という要件をすべて満たす労働者も被保険者になります。

パートタイマーを多く雇用する企業は、社会保険の法改正をふまえた社内体制を構築する必要があります。

パートタイマーと労働保険・社会保険の適用

保険の種類		加入するための要件
労働保険	労災保険	なし（無条件で加入できる）
	雇用保険	31日以上引き続いて雇用される見込みがあり、かつ、1週間の労働時間が20時間以上であること
社会保険	健康保険	1週間の所定労働時間および1か月の所定労働日数が正社員の4分の3以上であること
	厚生年金保険	※従業員数が常時101人以上の企業では加入条件が緩和されている（本文参照）

パートタイマーの所得調整・年末調整
配偶者控除の制度改正に注意する必要がある

●配偶者控除は制度改正に注意

　たとえば、パートタイマーが会社員の妻である場合、年収103万円以下になるように労働時間を調整する場合があります。その理由は、年収103万円以下であれば本人の所得税が課税されず、夫の控除対象配偶者にもなれるからです。給与収入から控除される給与所得控除額は、令和2年分からは最低55万円（令和元年分以前は最低65万円）、すべての人が対象となる基礎控除額が令和2年分からは48万円（令和元年分以前は38万円）であるため、年収103万円以下であれば所得が「ゼロ」になり、所得税が課税されないというしくみです。

　なお、妻（パートタイマー）の年収が103万円を超えても、夫（会社員）は配偶者特別控除が受けられる可能性があります。ただし、合計所得金額が1,000万円（年収1,220万円）を超える所得者については、配偶者控除および配偶者特別控控除は適用を受けられません。また、配偶者特別控除の対象となる配偶者の合計所得金額は、令和2年分からは、48万円超133万円以下（収入103万円超201万円以下）となっています。

●パートタイマーと年末調整

　パートタイマーであっても、所得税を源泉徴収されていた場合、年末調整（1年間に源泉徴収した所得税の合計額と本来の所得税額を一致させる手続）を行うことにより、源泉所得税の還付を受けることができます。

税金や社会保険に関する収入要件

	対象	制限の内容
100万円を超えると	住民税	保育園や公営住宅の優先入所、医療費助成などの自治体のサービスの一部が制限される場合がある
103万円を超えると	所得税	所得税の配偶者控除を受けられなくなる ※「150万円以下」の場合は同額の配偶者特別控除を受けられる
130万円を超えると	社会保険	健康保険など被扶養者にはなれない ※常時101人以上の企業では「年収106万円以上」となる

10 労働時間のルールと管理

週40時間、1日8時間が労働時間の原則である

● 労働時間とは

労働時間とは、労働基準法上、休憩時間を除いて、現実に労働させている時間のことをいいます。労働時間は、労働者が使用者の指揮命令の下に置かれたものといえるかどうかによって客観的に定まります。

● 法定労働時間についての規制

使用者は労働者に対して無制限に残業をさせることができるわけではありません。労働基準法は、原則として、「法定労働時間（週40時間、1日8時間）を超えて働かせてはならない」としています（労働基準法32条）。これに違反した場合には刑事罰（6か月以下の懲役または30万円以下の罰金）が科されます。

ただし、この法定労働時間についての規制には、次のような例外があります。

① 1か月単位での平均が1週あたりの法定労働時間を超えない定めをした場合に、労使協定や就業規則などにより、特定の週または日に法定労働時間を超えて労働する場合（労働基準法32条の2）

② 労使協定かつ就業規則などにより、始業・就業時間をその労働者に委ねる場合（フレックスタイム制、労働

基準法32条の3）

③ 労使協定により、1週あたりの法定労働時間を超えない範囲内で、1か月超〜1年以内を対象期間とする場合（労働基準法32条の4）

④ 日ごとの業務に繁閑の差が生じることが多い事業の場合（労働基準法32条の5）

これらの例外が適用されるためにはさまざまな要件がありますが、いずれも労働者側と使用者とが、事業の実情にあわせて労働時間を集中または分散できるようにするために定められたものです。労働時間の算定が困難な業種については、裁量労働制という働き方も認められています。事業内容、会社規模などによる例外もあります。

● 法定内残業と時間外労働

割増賃金を支払わなければならない「時間外労働」は、法定労働時間（週40時間、1日8時間）を超える労働時間です。

たとえば、ある会社が午前9時始業、午後5時終業で、昼休み1時間として労働者に労働させたのであれば、労働時間は7時間です。そこで午後6時まで残業したとしても、法定労働時間の8時間の枠は超えていませんから、時

間外労働にはなりません。このような残業を法定内残業といいます。法定内残業は時間外労働ではありませんから、使用者は割増賃金ではなく、通常の賃金を支払えばよいわけです。

●変動的給与計算のための時間管理

会社が労働者に給与を支給するときは、一定のルールに従って支給額を計算することになります。

給与は固定的給与と変動的給与に分かれます。固定的給与とは、原則として毎月決まって同じ額が支給される給与のことで、たとえば、基本給・役職手当・住宅手当・家族手当・通勤手当などがこれにあたります。これに対して、変動的給与とは、支給されるごとに支給額が異なる給与です。時間外手当・休日労働手当・深夜労働手当などの残業手当や、精皆勤手当などがこれにあたります。

固定的給与は、原則として就業規則

（賃金規程）であらかじめ毎月の支給額が決まっているため、月中での入退社や休職からの復帰、欠勤や遅刻・早退などがない限り、改めて計算する必要はありません。

一方、変動的給与は、毎日の出退勤状況や残業時間に応じて、給与を支給するたびに金額が異なるため、支給額を計算する必要があります。そこで、変動的給与を計算するために、それぞれの労働者について、日々の出勤・欠勤の状況、労働時間・残業時間などのデータが必要になります。データ収集のために一般的に利用されるのが出勤簿やタイムカードです。サービス残業などをさせると、残業代不払いとして法的な問題になりますから、会社としては労働時間管理表を作成し、労働時間を適正に管理することが必要です。なお、出勤簿、タイムカード、賃金台帳は、最後に記入した日から３年間、事業所に保存しておく必要があります。

割増賃金を支払う義務が生じる場合

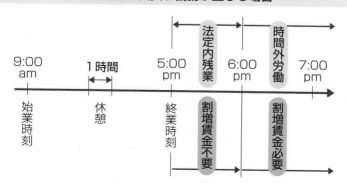

11 勤務間インターバル制度
終業時刻から翌日の始業時刻までの休息時間を確保する制度

● どんな制度なのか

　勤務間インターバル制度とは、労働者が、1日の勤務が終了して（終業時刻）から翌日の勤務が開始する（始業時刻）までの間に、一定時間以上の間隔（インターバル）を確保する制度です。長時間労働を改善して労働者の生活時間や睡眠時間を確保し、労働者の心身の健康を守ることが目的です。

　たとえば、始業時刻が午前9時の企業が「11時間」の勤務間インターバルを定めている場合、始業時刻に労働者が勤務するためには、終業時刻を午後10時までとしなければなりません。

　勤務間インターバル制度を導入している企業では、一定の時刻に達すると、それ以後、労働者は残業ができなくるということになります。これにより、労働者が生活時間や十分な睡眠時間を確保できるようになり、労働者の健康保持や過重労働の防止が図られ、ワークライフバランスの均衡を保つことが推進されます。

● 事業主は制度を導入する努力義務を負っている

　働き方改革の一環として、2019年4月以降、事業主は勤務間インターバル制度を導入する努力義務を負うことに

なりました。制度の導入が強制されているわけではないので、違反しても罰則が科されることはありません。しかし、将来的に導入が義務付けられる可能性がありますので、今のうちから導入を検討することが望ましいといえます。

● 制度導入の際の注意点

　勤務間インターバル制度によって始業時刻が繰り下げられた場合、繰り下げられた時刻に相当する時間の賃金に関する問題があります。

　たとえば、繰り下げられた時間については、労働免除とするという方法が考えられます。労働免除が認められると、繰り下げられた時間分については、労働者は賃金を控除されることがありません。しかし、企業には、労働者ごとに労働時間の繰り下げなどの管理を適切に行う必要があるとともに、労働者同士の公平性にも配慮しなければならないという負担がかかります。

　このように、勤務間インターバル制度は、労働者の健康や安全を確保するのに役立つ制度である一方で、労働者にとって重大な関心事である賃金に対して影響を与えるおそれがあるため、その導入に際しては、労使間で事前に明確な合意に至っている必要があります。

●制度導入に際しては就業規則等に規定する

　企業が勤務間インターバル制度を導入する場合には、就業規則等などに明確に規定を置き、特に繰り下げた時間に相当する賃金の問題などについて、明確にしておくことが望まれます。

　厚生労働省は、勤務間インターバル制度を導入する場合について、以下のような規定例を公開しています。

【その1　休息時間と翌所定労働時間が重複する部分を労働とみなす場合】

第○条　いかなる場合も、労働者ごとに1日の勤務終了後、次の勤務の開始までに少なくとも、○時間の継続した休息時間を与える。

2　前項の休息時間の満了時刻が、次の勤務の所定始業時刻以降に及ぶ場

合、当該始業時刻から満了時刻までの時間は労働したものとみなす。

【その2　始業時刻を繰り下げる場合】

第○条　いかなる場合も、労働者ごとに1日の勤務終了後、次の勤務の開始までに少なくとも、○時間の継続した休息時間を与える。

2　前項の休息時間の満了時刻が、次の勤務の所定始業時刻以降に及ぶ場合、翌日の始業時間は、前項の休息時間の満了時刻まで繰り下げる。

【その3　災害その他避けることができない場合に対応するための例外】

　（その1またはその2の第1項に次の規定を追加する）。

　ただし、災害その他避けることができない場合は、その限りではない。

第3章　労務の仕事の基本と事務手続き

勤務間インターバルとは

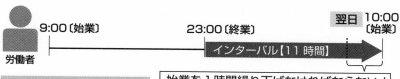

勤務間インターバル ➡ 労働者が1日の終業時刻から翌日の始業時刻までに、一定時間以上経過しなければならないという制度

（例）勤務間インターバルが『11時間』の場合

9:00〔始業〕　　22:00〔終業〕　　翌日 9:00〔始業〕

インターバル【11時間】

∴翌日9:00始業のためには22:00には終業しなければならない

9:00〔始業〕　　23:00〔終業〕　　翌日10:00〔始業〕

労働者

インターバル【11時間】

勤務間インターバルの効果　➡　①長時間労働の解決　②労働者の生活時間や十分な睡眠時間の確保

始業を1時間繰り下げなければならない！

103

12 休憩時間
休憩時間は労働時間の途中に一斉に与える

休憩時間に関する規制

労働基準法には、休憩時間について、使用者は労働者に対し、労働時間が6時間を超える場合は45分以上、8時間を超える場合は1時間以上の休憩時間を、労働時間の途中に与えなければならないとしています。

また、休憩時間は事業場の労働者に対して一斉に与えなければなりません（一斉付与の原則）。ただし、労使協定に基づき交替で休憩させる場合や、サービス業などの一定の事業などでは、例外が認められます。

多くの会社では、まとまった休憩時間を昼食時に設定しています。一斉に与えなければならないのは、バラバラに休憩をとると、休憩がとれなかったり、休憩時間が短くなったりする労働者が出ることを防ぐためです。

使用者がこの休憩時間の付与義務に違反した場合には刑事罰（6か月以下の懲役または30万円以下の罰金）が科されます。

休憩時間自由利用の原則と例外

使用者は、休憩時間を労働者に自由に利用させなければならないのが原則です（休憩時間自由利用の原則）。そのため、原則として、使用者が休憩時間中の労働者の行動を制約することはできません。以下、休憩時間中の労働者の活動などについてさまざまなケースを説明します。

① **外出**

労働者は休憩時間中、自由に外出できるのが原則です。ただし、事業場の中で自由に休憩できるのであれば、外出について所属長などの許可を必要とする許可制をとることも認められます。

② **自主的な勉強会**

労働者が自主的に休憩時間中に勉強会を開いている場合は問題ないのですが、使用者が参加を強制している場合（事実上の強制も含みます）は、休憩時間自由利用の原則に反します。

③ **電話番**

電話番をさせるのは、休憩室で自由に休憩しながらであっても、労働から解放したものとはいえないので、休憩時間自由利用の原則に反します。

④ **組合活動**

労働者が休憩時間を利用して組合活動を行うことは自由です。組合活動は憲法で保障された権利だからです。

⑤ **政治活動**

職場内における政治活動を禁止する定めは合理的であるという判例が出ています。

13 変形労働時間制

必要に応じて合理的な労働時間を設定できる

● 変形労働時間制には３類型ある

会社の業種の中には、時期や季節によって繁閑の差が激しい業種もあります。このような業種の場合、忙しいときは労働時間を長くして、逆に暇なときは労働時間を短くしたり、休日にしたりする方が合理的といえます。そこで考えられたのが変形労働時間制です。

変形労働時間制とは、一定の期間について、週あたり労働時間数の平均が１週間の法定労働時間（１週40時間）の範囲内に収まっていれば、特定の日や特定の週に法定労働時間（１日８時間、１週40時間）を超えて労働させてもよいとする制度です。

変形労働時間制には、「１か月単位」「１年単位」「１週間単位」の３種類があります。

なお、１か月単位の変形労働時間制を導入する事業場は、特例措置対象事業場に該当すれば、平均して「１週44時間」の範囲内とすることができます。

変形労働時間制のメリットは、前述のように、業種に合わせた合理的な労働時間を設定できることに加えて、労働時間が法定労働時間に収まる範囲が広がるので、会社側が残業代を削減できるのも大きなメリットといえます。

一方、デメリットとしては、従業員ごとに労働時間が異なるため、会社としての一体性を保つことが困難になる場合があります。また、会社の人事担当者などが、複雑な労働時間の管理等の手続を行わなければならなくなるのもデメリットといえるでしょう。

変形労働時間制と時間外労働

【原　則】法定労働時間 ⇒１日８時間・１週40時間

∴４週間（１か月）では … 40時間×４週間 ＝ 160時間

【変形時間労働時間制】（例）単位を４週間（１か月）として月末に忙しい商店の場合

【第１週】	【第２週】	【第３週】	【第４週】
⇒40時間	⇒40時間	⇒32時間	⇒ 48時間

４週間（１か月）を通じて
〈 40時間＋40時間＋32時間＋48時間＝160時間 〉

∴時間外労働にあたる労働時間は発生しないと扱われる！

14 フレックスタイム制

就業規則などに制度を定めて、労使協定を結ぶ

●労働者が始終業時刻を決定できる

　会社における業務内容によっては、労働者が自分の判断で各日の始業と終業の時刻を決めることが適している場合があります。このような場合にとられる制度がフレックスタイム制です。

　フレックスタイム制は、3か月以内の一定期間（清算期間）に勤務する総労働時間を定めておいて、その範囲内で各日の始業と終業の時刻を個々の労働者の決定に委ねる制度です。これにより、労働者自身が始業、終業時刻を決定することができるため、子どもの保育園の送迎や親の介護など、家庭の情況に応じて、仕事との両立を可能となります。柔軟な労働時間制度のひとつとして、近年、日本でも導入する企業が増えつつあります。

　フレックスタイム制を導入する場合、事業所の労働者全員が必ず労働しなければならない時間帯を設けるのが一般的です。この時間帯をコアタイムといいます。コアタイムの前後の一定の範囲で、労働者が自由に始業時刻と終業時刻を選択できる時間帯をフレキシブルタイムといいます。

　フレックスタイム制を導入した場合、清算期間を平均して1週間あたりの労働時間が法定労働時間（原則は40時間、

44時間の特例あり）の枠を超えなければ、1週間または1日の法定労働時間を超えて労働させても割増賃金を支払う必要はありません。一方、法定労働時間の枠を超過して働いている労働者に対しては、超過分については割増賃金を支払う必要があります。

　なお、清算期間における実際の労働時間が「総労働時間」（労使協定で定めた総枠）を上回っていた場合、超過した部分の賃金は、その期間の賃金支払日に支払わなければなりません。支払いを翌月に繰り越すことは賃金の全額払いの原則に反する違法行為になります。逆に、清算期間における実際の労働時間が総労働時間を下回っていた場合、その期間の賃金を支払った上で、不足している労働時間を次の期間に繰り越す（不足分を加えた翌月の総労働時間が法定労働時間の枠の範囲内であることが必要）こともできますし、その期間内で不足している労働時間分に相当する賃金をカットして支払うこともできます。

●導入する場合の注意点

　フレックスタイム制を導入するためには、労使協定で、①フレックスタイム制が適用される労働者の範囲、②清算期間（3か月以内）、③清算期間内

の総労働時間、④標準となる１日の労働時間、⑤コアタイムを定める場合はその時間帯、⑥フレキシブルタイムを定める場合はその時間帯、について定めておくことが必要です。③の総労働時間は１か月単位の変形労働時間制と同じ計算方法によって求めます。

なお、清算期間が１か月を超える場合には労使協定を所轄労働基準監督署に提出する必要があります。

フレックスタイム制により、労働者は自分の都合で働くことができますが、必ずしも業務の繁閑にあわせて勤務するとは限りません。さらに、会社としては、フレックスタイム制が適用される労働者に対して、コアタイム以外の時間帯に出社時刻や退社時刻を指示できないという点にも注意が必要です。

また、フレックスタイム制を導入すること自体が適切ではない業種または職種があります。業種や職種によっては、フレックスタイム制を導入すると日常の業務に支障が生じてしまうケースもあり得ます。つまり、フレックスタイム制では、コアタイム以外に、労働者の全員が集合する機会が少なくなりますが、日常の業務が労働者の協同体制によって成り立つ業種や職種では、労働者が連携することによって業務を行っていくことが前提になるため、フレックスタイム制の導入は業務に大きな支障を与えかねないものとなってしまいます。会社の側としてもフレックスタイム制を活用しようというインセンティブが生まれにくい状況にあります。

その他にも、業務の量が一定ではなく、不定期に業務の量が膨大となるような職場においては、フレックスタイム制を導入すると、かえって業務を適切に処理することが難しくなってしまうおそれがあります。業務の増減について見通しを立たることが困難な場合には、コアタイムを明確に定めておくことも困難でしょう。

フレックスタイム制度の例

労働時間帯

標準労働時間帯

| 7:00 | 9:00 | 10:00 | 12:00 | 13:00 | 16:00 | 17:00 | 19:00 |

フレキシブルタイム	コアタイム	休憩	コアタイム	フレキシブルタイム
いつ出勤してもよい時間帯	必ず労働しなければならない時間帯			いつ退社してもよい時間帯

15 事業場外みなし労働時間制
労働時間の算定が難しい場合に活用できる

● 外勤労働者の労働時間について

営業担当者などの外勤に従事する労働者の労働時間についても実際に働いた時間を計算するのが、労働基準法の考え方の基本です。

もっとも、外勤に従事する労働者について、労働基準法は、「労働時間の全部又は一部について事業場外（事業場施設の外）で業務に従事した場合において、労働時間を算定しがたいときは、所定労働時間労働したものとみなす」と規定しています。つまり、外勤に従事する労働者につき、労働時間の算定が難しいときは、就業規則などで定める所定労働時間（始業時刻から終業時刻までの間）を労働したとみなします。これを事業場外労働のみなし労働時間制といいます。

この制度に関しては、「当該業務を遂行するためには通常所定労働時間を超えて労働することが必要となる場合においては、当該業務に関しては、当該業務の遂行に通常必要とされる時間（通常必要時間）労働したものとみなす」との規定もあります。つまり、通常は所定労働時間に終了できない仕事に従事したときは、その仕事の通常必要時間を労働したとみなします。そして、この規定が適用される仕事に従事

した労働者は、「事業場外のみなし労働時間制が適用されない業務（事業場内の業務など）の労働時間（ゼロの場合もある）＋その業務の通常必要時間」が1日の労働時間として扱われます。

● 適用されないケースが多い

外勤に従事する労働者でも「労働時間を算定しがたい」とはいえず、事業場外のみなし労働時間制が適用されない場合があります。たとえば、上司と同行して外出する際、その中に労働時間を管理する立場の上司がいる場合、その上司は、部下の始業時刻・終業時刻を把握し、記録する必要があります。つまり、会社が「労働時間を算定しがたい」とはいえない状況です。

労働時間の管理は、会社が設置したタイムカードに打刻することだけではありません。会社によっては、外勤に従事する労働者に会社所有の携帯電話を貸与する場合もあります。この場合、上司が労働者に随時連絡をとり、具体的指示をすることが可能ですから、基本的には労働時間を管理できる状況にあると解釈されます。携帯電話を貸与されていなくても、出社して上司から訪問先や帰社時刻などに関する当日の具体的指示を受け、それに従い業務に従事した

後に帰社する場合も、同様に労働時間を管理できる状況にあると解釈されます。

これらの場合、事業場外のみなし労働時間制は適用されず、実際に働いた時間を計算して労働時間とします。事業場外のみなし労働時間制の適用に関する行政通達は昭和63年に出されたもので、その後に通信技術が大幅に進化しています。事業場外のみなし労働時間制の適用の余地は狭まっています。

●事業場外労働と残業代の支給の有無

事業場外労働のみなし労働時間制は、事業場外労働がある場合において「所定労働時間」または「通常必要時間（この制度が適用されない業務の労働時間があれば、それを加算する）」を労働したとみなす制度です。特に通常必要時間については、できるだけ労使協定を締結して、その業務を行うのに通常どの程度の労働時間が必要であるかをあらかじめ決めて、その時間を労働時間とするとよいでしょう。

また、事業場外労働のみなし労働時間制によっても、残業代（時間外労働手当）を支払わなくてよいわけではありません。たとえば、ある業務に関する通常必要時間が10時間の場合、労働者がその業務に従事すれば1日の労働時間が8時間超とみなされますから、その日は2時間分の残業代の支給が必要です。

労使協定で通常必要時間を定める場合、それが8時間以内であれば労使協定の締結だけでよいのですが、8時間を超える場合は労使協定を労働基準監督署に届け出なければなりません。また、通常必要時間を労使協定で定めるか否かを問わず、通常必要時間を含めた1日の労働時間が8時間を超える場合には、別途、三六協定の締結と届出が必要であることに注意しなければなりません。

なお、営業担当者の事業所外労働の労働時間は管理できないので、営業手当を支給し、残業代も営業手当に含むとする会社もあるようです。しかし、通常必要時間を含めて8時間を超える場合は、月に何回事業所外労働があるかを把握し、「営業手当は○時間分の残業代を含む」などと規定しなければ、別途残業代の支払いが必要です。

午後から外回りに出た場合の労働時間の算定

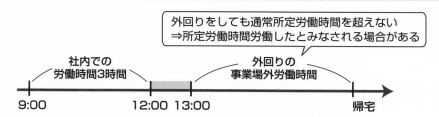

外回りをしても通常所定労働時間を超えない
⇒所定労働時間労働したとみなされる場合がある

社内での
労働時間3時間

外回りの
事業場外労働時間

9:00　　　　　12:00　13:00　　　　　　　　　帰宅

16 裁量労働制
労使協定により定めた時間を労働したものとみなす制度

● どんな制度なのか

　業務の性質上、その遂行方法を労働者の裁量に委ねており、そのために実労働時間の算定が適切でない場合には、一定の要件の下で、特別な労働時間の算定方法がとられます。これを裁量労働制（裁量労働のみなし労働時間制）といいます。裁量労働制には、厚生労働省令で定める専門業務に就く労働者について導入可能な専門業務型裁量労働制と、企業の本社などで企画、立案、調査や分析を行う労働者が対象の企画業務型裁量労働制の2種類があります。

● 専門業務型裁量労働制とは

　「専門業務」には、新商品や新技術の研究開発、人文科学・社会科学に関する研究の業務、情報処理システムの分析・設計、新聞・出版や放送番組の制作の取材・編集、デザイン考案、放送番組・映画等のプロデューサー・ディレクター、コピーライター、システムコンサルタント、インテリアコーディネーター、ゲーム用ソフトウェアの創作、大学教授、公認会計士、弁護士、建築士、不動産鑑定士、弁理士、税理士、中小企業診断士などの業務があります。

　導入する際には、労使協定で一定の事項を定めなければなりません（下表を参照）。

　対象となる業務の範囲は、厚生労働省令で定められています。社内ルールで「専門」と考えても、厚生労働省令

専門業務型裁量労働制を導入する際に労使協定で定める事項

1	対象業務の内容
2	1日のみなし労働時間数
3	業務の遂行方法、時間配分などについて、従事する労働者に具体的な指示をしないこと
4	労使協定の有効期間（3年以内が望ましい）
5	対象業務に従事する労働者の労働時間の状況の把握と、それに応じて実施する健康・福祉確保措置
6	対象労働者の苦情処理に関する措置
7	⑤と⑥の措置に関する労働者ごとの記録を有効期間中と当該有効期間後3年間保存すること

で定める業務に該当しなければ、裁量労働制は適用されません。

　１日のみなし労働時間は、たとえば、専門的な業務に従事する労働者について、所定労働時間を「７時間」と規定しておくと、実際には所定労働時間よりも短く働いた場合（５時間など）であっても、所定労働時間の労働に従事した（７時間働いた）ものと扱うということです。

●企画業務型裁量労働制とは

　「企画業務」とは、①経営企画を担当する部署における業務のうち、経営状態・経営環境などについて調査や分析を行い、経営に関する計画を策定する業務や、②人事・労務を担当する部署における業務のうち現行の人事制度の問題点やそのあり方などについて調査や分析を行い、新たな人事制度を策定する業務などを指します。労働時間については、専門業務型裁量労働制と同様で、「みなし労働時間」を採用することを認めています。

　企画業務型の裁量労働制の場合、労働者と使用者の代表で構成する労使委員会を設置して、委員の多数（５分の４以上）の同意を得て、対象業務や対象労働者の範囲を定める必要があります。労使委員会の決議は、労働基準監督署に届け出なければなりません。届出によって、対象労働者が、労使委員会の決議で定めた時間に労働したとみなすことができる制度です。

企画業務型裁量労働制の要件

1	対象事業場	②の対象業務が存在する事業場（本社・本店等に限る）
2	対象業務	企業等の運営に関する事項についての企画、立案、調査及び分析の業務であって、業務の遂行方法等に関し使用者が具体的な指示をしないこととするもの 【例】経営状態・経営環境等について調査・分析を行い、経営に関する計画を策定する業務
3	対象労働者	②の対象業務を適切に遂行するための知識・経験等を有し、対象業務に常態として従事する労働者（本人の同意が必要）
4	労使委員会	委員の半数は過半数組合（ない場合は過半数代表者）に任期を定めて指名されていることが必要
5	決議要件	委員の５分の４以上の多数による合意
6	定期報告事項	対象労働者の労働時間の状況に応じた健康・福祉を確保する措置について報告
7	決議の有効期間	３年以内とすることが望ましい

17 妊娠中、産前産後の保護制度

働く女性すべてに認められる権利

● 労働基準法の保護規定

労働基準法は、妊産婦（妊娠中の女性と産後1年を経過しない女性）および胎児の心身の健康を守り、出産後の母体の健康回復や育児などを考慮した職場環境づくりのため、以下のような規定を置いています。

・解雇の禁止

産前産後の休業期間と、その後30日間は解雇が禁止されます。妊娠・出産に伴い職場を失うことを防止するためです。

・危険有害業務などの就業制限

妊産婦が危険有害業務などに就業することによって、流産の危険が増し、また健康回復を害するおそれも高まることから、一定の業務への就業が制限されています。たとえば、トンネル内での工事などの坑内業務については、申し出の有無を問わず、妊娠中の女性を従事させることができません。また、産後1年を経過しない女性が申し出れば、その女性を坑内業務に従事させることはできません。さらに、重量物を取り扱う業務や有毒ガスが発生する場所での業務など、妊娠・出産・保育に悪影響を及ぼす危険有害業務については、妊産婦の女性を従事させることができません。

・軽易な業務への転換

妊娠中の女性が請求した場合、使用者は、その女性を現在の業務より軽易な業務に転換させなければなりません。ただし、社内に適当な「軽易な業務」がない場合は、一部の業務を免除するなどの対応をすれば足ります。

・労働時間や休日などの制限

妊産婦が請求した場合、会社が変形労働時間制（105ページ）を採用していても、法定労働時間（1日8時間、1週40時間が原則）を超える労働をさせることはできません。同じく妊産婦が請求した場合、使用者は、時間外労働や休日労働をさせることや、深夜業に就業させることもできません。

・産前産後休業

産前産後の休業は、母体の保護と次世代を担う労働力の保護という観点から設けられた制度です。6週間（双子などの多胎妊娠の場合は14週間）以内に出産することが予定されている女性が産前休業を請求した場合、使用者は、その女性を就業させてはいけません。

その一方で、産後休業は出産日の翌日から8週間です。出産後8週間を経過するまで、使用者は、女性からの請求の有無にかかわらず就業させてはなりません。ただし、産後6週間を経過

した女性については、女性が就労したいと請求し、医師が支障ないと認めた業務に就業させることはできます。そして、産後休業に続く育児のための休業が育児休業と位置付けられます。

・育児時間

　生後１年に達しない生児を育てる女性は、１日２回各々少なくとも30分、法定の休憩時間とは別に、生児を育てるための時間（育児時間）を請求できます。これは女性が授乳などの世話のため、作業から離脱できる時間を法定の休憩時間とは別に与えるものです。もっとも、女性が請求した時に、はじめて会社に育児時間を与える義務が発生します。

　１日につき２回という回数も、本人が希望すれば１回でもかまいません。時間についても「少なくとも30分」とありますので、使用者の方でそれ以上の時間を与えることはかまいませんし、労使協定を結んだ場合は、まとめて１日１回60分（育児時間を連続２回取得したものと扱う）とすることも可能です。

　通常の休憩時間と異なり、育児時間を就業時間の開始時や終了時に与えることもできます。１日のどの時間帯で育児時間を与えるかは、労働者と使用者が話し合って決めることになりますが、基本的には本人の請求した時間に与えるのが望ましいといえます。育児時間は正社員だけでなく、パートタイマーやアルバイトにも与えられます。

　ただし、１日の労働時間が４時間以内の女性従業員から請求があった場合は、１日１回少なくとも30分の育児時間を与えればよいとされています。また、育児時間中を有給とすることは義務付けられていません。

産前休業と産後休業

予定日　出産日

←―――― ６週間 ――――→　←―――― ６週間 ――――→　←２週間→

↓ 産前休業

↓ 産後休業

・労働者（妊婦）の意思で働くことはできる
・労働者が休業を請求した場合には就業させてはいけない
・出産（予定）日は、産前休業に含む

・産後６週間については、出産した労働者が「働きたい」と言っても就業させてはいけない
・産後７〜８週間の２週間については、労働者が請求し、かつ、医師が支障がないと認めた業務に就業させることができる

113

子が3歳到達までの期間の労働時間の配慮
勤務時間の短縮、所定外労働の免除が義務付けられた

● 所定労働時間の短縮等ができる

　基本的な生活習慣が身につく3歳くらいまでは、子の養育に手がかかるため、限られた時間の中で仕事と子育てが両立できる環境が必要です。そこで、育児・介護休業法は、3歳未満の子を養育する労働者であって育児休業の取得中でない者の申し出により、事業主（企業）は、以下のような短時間勤務等の措置を講じなければならない旨を規定しています。

① 　所定労働時間（会社の就業規則などで定められた労働時間のこと）の短縮（短時間勤務制度）
② 　所定外労働（所定労働時間を超えて行う労働のこと）の免除
③ 　フレックスタイム制
④ 　始業・終業時刻の繰上げ・繰下げ（時差出勤制度）
⑤ 　託児施設の設置運営
⑥ 　⑤に準ずる便宜の供与
⑦ 　育児休業制度に準ずる措置（子どもが1歳から3歳未満の場合）

　①〜⑦の措置のうち、①②の措置はすべての事業主に義務付けられているのに対し、③〜⑦の措置は努力義務（遵守するように努めなければならないが、違反しても罰則などが科せられない義務のこと）となっています。

　これにより、3歳未満の子どもを養育している労働者であれば、申し出により、1日の所定労働時間を原則6時間とする①の措置を講じなければなりません。ただし、日雇い労働者や1日の所定労働時間が6時間以下の者は、この短時間勤務等の措置の対象とはなりません。また、短時間勤務等の措置が適用されない労働者を定める労使協定を結ぶことによって、次の者を対象外とすることができます。

ⓐ 　継続雇用期間が1年未満の者
ⓑ 　1週間の所定労働日数が2日以下の者
ⓒ 　業務の性質または業務の実施体制に照らして、短時間勤務の措置を講ずることが困難な者

　なお、上記のⓒに該当する者に対して短時間勤務の措置を講じない場合には、事業主は、③〜⑦のいずれかの措置を講じなければなりません。

● 所定労働時間を超えてはいけない

　所定労働時間の短縮と同様に、事業主には、所定外労働の免除（前述した②の措置）を講ずることが義務付けられています。つまり、3歳未満の子を養育している労働者であって育児休業の取得中でない者から請求があった場

合、すべての事業主は、事業の正常な運営を妨げる場合を除き、その労働者に所定労働時間を超える労働（残業）をさせることができません。

ただし、日雇い労働者は適用対象外です。また、ⓐ継続雇用期間が1年未満の労働者、ⓑ1週間の所定労働日数が2日以下の労働者については、労使協定を結ぶことによって、所定外労働の免除の適用対象外とすることができます。

◉標準報酬改定や標準報酬月額の特例

育児休業取得後に、職場復帰する労働者の労働条件が育児休業取得前と異なることもあります。取得前よりも報酬が低下した場合、育児をしている労働者の経済的な負担を少しでも軽くするため、標準報酬月額を改定する制度が認められています（育児休業等終了時改定）。子が1歳になるまでの育児休業だけでなく、3歳までの子を養育するために休業した場合も、標準報酬

の改定を利用することができます。

また、3歳未満の子を養育している労働者の将来の年金の受給が不利にならないようにするための「養育期間標準報酬月額の特例」という制度もあります。これらの手続きは事業主が行います。事業主は社会保険料の制度をふまえた上で、育児について雇用管理しなければなりません。

◉会社側が配慮すべきその他の事項

事業主は、雇用する労働者に対する転勤命令など、就業の場所の変更を伴う配置変更を行う場合、就業場所の変更により働きながら子を養育することが困難になる労働者がいるときは、子の養育の状況に配慮しなければなりません。また、事業主は、所定外労働の制限、所定労働時間の短縮措置、時間外労働の制限、深夜業の制限などの申し出や取得を理由として、その労働者に対して、解雇などの不利益な取扱いをすることは認められません。

所定外労働の免除と例外

3歳までの子どもを養育している労働者 ──所定外労働の免除を請求→ 事業主

【原則】請求者（労働者）に所定外労働（残業）をさせることはできない
【例外】事業主は「事業の正常な運営を妨げる場合」には拒むことができる
⇒「その労働者の担当する業務の内容、代替要員の配置の難しさなどを考慮して」客観的に判断される

●三六協定とは

使用者が労働者に時間外労働（残業）や休日労働を行わせるためには、労使間で労使協定を結ぶ必要があります。この労使協定は、労働基準法36条に由来することから三六協定といいます。同じ会社であっても、残業や休日労働の必要性は事業場ごとに異なりますから、三六協定は事業場ごとに締結しなければなりません。三六協定は、事業場の労働者の過半数で組織する労働組合（過半数組合がないときは労働者の過半数を代表する者）と書面によって締結し、これを労働基準監督署に届ける必要があります。

労働組合がなく労働者の過半数を代表する者と締結する場合は、その選出方法にも注意が必要です。選出に関して証拠や記録がない場合、代表者の正当性が否定され、三六協定自体が無効となる可能性があります。そのため、選挙で選出する場合は、投票の記録や過半数の労働者の委任状があると、後にトラブルが発生することを防ぐことができます。

なお、管理監督者は労働者の過半数代表者になることができません。もし管理監督者を過半数代表者として選任して三六協定を締結しても、その協定は無効となる、つまり事業場に三六協定が存在しないとみなされることに注意が必要です。

三六協定は労働基準監督署に届け出ることではじめて有効になります。届出をする際は原本とコピーを提出し、コピーの方に受付印をもらい会社で保管します。労働基準監督署の調査が入った際に提示を求められることがあります。また、三六協定の有効期限は１年が望ましいとされています。

三六協定は、個々の労働者に残業を義務付けるものではなく、「残業をさせても使用者は刑事罰が科されなくなる」（免罰的効果）というだけの消極的な意味しかありません。使用者が残業を命じるためには、三六協定を結んだ上で、労働協約、就業規則または労働契約の中で、業務上の必要性がある場合に三六協定の範囲内で時間外労働を命令できることを明確に定めておくことが必要です。

使用者は時間外労働について通常の労働時間の賃金の計算額の25％以上の割増率で計算した割増賃金を支払わなければなりません（月60時間超の例外あり）。三六協定を締結せずに残業させた場合は違法な残業となりますが、違法な残業についても割増賃金の支払いは必要ですので注意しなければなり

ません。

　なお、三六協定で定めた労働時間の上限を超えて労働者を働かせた者は、6か月以下の懲役または30万円以下の罰金が科されることになります（労働基準法119条1号）。

●就業規則の内容に合理性が必要

　最高裁判所の判例は、以下のように、三六協定に従い時間外労働をさせることができる旨の就業規則がある場合には、その就業規則の内容が合理的なものである限り、それが労働契約の内容となるため、労働者は時間外労働の義務を負うとしています。

・三六協定の届出をしていること
・就業規則が当該三六協定の範囲内で労働者に時間外労働をさせる旨について定めていること

　そのため、就業規則に従って残業などの業務命令が出された場合には、労働者は正当な理由がない限り、残業を拒否することはできません。これに従わない労働者は業務命令違反として懲戒処分の対象になることもあります。

　ただし、前述したように、三六協定は会社が労働者に残業をさせても法律違反にならない、という免罰的効果しかなく、三六協定の締結だけでは労働者に残業義務は発生しません。就業規則などに残業を命令できる旨の規定がなければ、正当な理由もなく残業を拒否されても、懲戒の対象にはできませんので注意が必要です。

　なお、会社として残業を削減したい場合や、残業代未払いなどのトラブルを防ぎたい場合には、時間外労働命令書・申請書、時間外・深夜勤務届出書などの書面を利用して、労働時間を管理するのがよいでしょう。また、残業が定例的に発生すると、残業代が含まれた給与に慣れてしまいます。その金額を前提にライフサイクルができあがると、残業がなくなると困るので、仕事が少なくても残業する社員が出てくることがあります。そのような事態を防ぐためにも、会社からの命令か事前申請と許可がなければ残業をさせないという毅然とした態度も必要です。

時間外労働をさせるために必要な手続き

20 三六協定②

限度時間を超えた時間外労働を設定できる特別条項付き三六協定もある

● 三六協定の締結方法

　三六協定で締結しておくべき事項は、①時間外・休日労働をさせる（残業命令を出す）ことができる労働者の範囲（業務の種類、労働者の数）、②対象期間（起算日から1年間）、③時間外・休日労働をさせることができる場合（具体的な事由）、④「1日」「1か月」「1年間」の各期間について、労働時間を延長させることができる時間（限度時間）または労働させることができる休日の日数などです。

　④の限度時間については一定の違反行為には罰則が科されます。1日の時間外労働の限度時間は定められていませんが、1年単位の変形労働時間制を採用している場合を除き、原則として1か月45時間、1年360時間を超える時間外労働をさせることは、後述する特別条項付き協定がない限り、労働基準法違反になります。

　三六協定には②の対象期間とは別に有効期間の定めをしなければなりませんが、その長さについては労使の自主的な判断に任せています。ただし、対象期間は1年間ですので、有効期間は原則として最低1年間となります。もっとも、定期的に見直しをする必要がありますので、1年ごとに労使協定を結び、有効期間が始まる前までに届出をするのがよいでしょう。

　労使協定の中には、労使間で「締結」をすれば労働基準監督署へ「届出」をしなくても免罰的効果が生じるものもありますが、三六協定については「締結」だけでなく「届出」をしてはじめて免罰的効果が発生するため、必ず届け出ることが必要です。

● 特別条項付き三六協定とは

　労働者の時間外・休日労働については、労働基準法の規制に従った上で、三六協定により時間外労働や休日労働をさせることができる上限（限度時間）が決められます。しかし、実際の事業活動の中では、時間外・休日労働の限度時間を超過することもあります。そのような「特別な事情」に備えて特別条項付きの時間外・休日労働に関する協定（特別条項付き協定）を締結しておけば、限度時間を超えて時間外・休日労働をさせることができます。平成30年成立の労働基準法改正により、特別条項付き協定による時間外・休日労働の上限などが労働基準法で明記されました。

　特別条項付き協定が可能となる「特別な事情」とは、「事業場における通常予見することのできない業務量の大

幅な増加等に伴い臨時的に限度時間を超えて労働させる必要がある場合」（労働基準法36条5項）です。

そして、長時間労働を抑制するため、①1か月間における時間外・休日労働は100時間未満、②1年間における時間外労働は720時間以内、③2〜6か月間における1か月平均の時間外・休日労働はそれぞれ80時間以内、④1か月間における時間外労働が45時間を超える月は1年間に6か月以内でなければなりません。これらの長時間労働規制を満たさないときは、刑事罰の対象となります（6か月以下の懲役または30万円以下の罰金）。

● 上限規制の適用が猶予・除外される事業・業務がある

平成30年成立の労働基準法改正によ

り平成31年（2019年）4月1日から長時間労働規制が導入されましたが（中小企業は令和2年4月1日から導入）、以下の事業・業務は、原則として令和6年（2024年）3月31日までは、上限規制は適用されません。

・建設事業（災害の復旧・復興の事業を除く）
・自動車運転の業務
・医師

また、新技術・新商品等の研究開発業務については、上限規制の適用が除外されています。新技術・新商品等の研究開発業務については、1週間あたり40時間を超えて労働した時間が月100時間を超えた労働者に対しては、医師の面接指導が義務付けられます。

特別条項付き協定

 原則　三六協定に基づく時間外労働の限度時間は月45時間・年360時間

1年につき6か月を上限として限度時間を超えた時間外・休日労働の時間を設定できる

特別条項付き協定

【特別な事情（一時的・突発的な臨時の事情）】が必要
① 予算・決算業務
② ボーナス商戦に伴う業務の繁忙
③ 納期がひっ迫している場合
④ 大規模なクレームへの対応が必要な場合

【長時間労働の抑止】
※1か月につき100時間未満で時間外・休日労働をさせることができる時間を設定
※1年につき720時間以内で時間外労働をさせることができる時間を設定

21 休日と休暇

労働基準法は少なくとも毎週1日の休日を与えることを義付けている

● 「週1日の休日」が原則

　労働基準法は、使用者に対し、労働者に毎週少なくとも1回の休日を与えなければならない旨を定めています。

　労働基準法は、休日とする曜日を特定することまでは求めていませんが、実際にはほとんどの企業が休日とする曜日を特定しています。また、労働基準法は週休1日制を定めるのみであり、週休2日制にしなければならないとは規定していませんが、現在では多くの企業が週休2日制を採用しています。

● 変形休日制とは

　労働基準法では、週休1日が原則ですが、「4週間を通じて4日以上の休日を与える」という制度をとることもできます。これを変形休日制（変形週休制）といいます。変形休日制を採用している場合、週休1日の原則は適用されません。

　変形休日制では休日のない週があってもよく、また、どの週のどの日を休日にするということを具体的に就業規則等で決めておく必要もありません。結果として労働者に4週で4日の休日が与えられていればよいというものです。たとえば第1週1日、第2週ゼロ、第3週2日、第4週1日というような

変形休日制を採用することができます。

● 法定休日の労働は禁止されている

　法定休日とは、「週1日の休日」または「4週4日の休日」（変形休日制を採用している場合）のことです。労働基準法は、法定休日における労働を原則として禁止しています。法定休日は、労働者が人間らしい生活をするために最低限必要なものだからです。

　そのため、使用者は、法定休日に労働させた場合には、労働基準法上、その労働者に35％以上の割増賃金を支払わなければならないとされています。

　なお、週休2日制を採用している場合、2日の休みのうち1日は労働基準法上の休日である「法定休日」ではありませんから、2日の休みのうちどちらかの日に労働をさせても、法定休日労働にはなりません。たとえば、土曜と日曜の週休2日制を採用している企業の場合、いずれか一方の休日が法定休日となりますが、就業規則で日曜日を法定休日と定めているのであれば、土曜日は法定休日ではなく「法定外休日」となります。そのため、土曜日に出勤させて労働させたとしても、法定休日労働における35％の割増賃金を支払う必要はありません。

●休暇とは

　休日以外の休みのことを休暇といいます。慶弔休暇、夏期休暇、年末年始休暇などのことです。

　これらの休暇は、就業規則で定めることになっています。労働基準法で規定しているのは、年次有給休暇（年休、有休）です（124ページ）。

　また、近年、大企業を中心に導入され始めている休暇制度として、「裁判員休暇」があります。裁判員休暇とは、平成21年5月に開始された裁判員制度に伴い、企業が裁判員裁判の裁判員として参加する従業員に対して休暇を与える制度です。

　裁判員は、公判などに出席するため、3～5日程度裁判所に行かなければなりません。裁判員裁判は、平日の午前から午後にかけて行われますから、会社員の場合は会社を休む必要があるわけです。

　裁判員休暇は、労働者が気兼ねなく、裁判員としての職務に取り組むことができるようにすることを目的とした休暇だといえます。

　裁判員休暇を有給とするか無休とするかについては、法律上の定めはありません。そのため、使用者には、裁判員休暇を取得した従業員に対し、裁判員休暇の期間中、賃金を支給する義務はありません。

　ただし、国は、裁判員休暇について有給休暇制度を設けるよう、各経済団体や企業などに働きかけをしています。これを受けて、裁判員休暇については就業規則上、有給とする規定を設けている企業もあります。

第3章　労務の仕事の基本と事務手続き

休日についてのルール

休日の定め

①週1回以上の休日を与えなければならない → 例外として、4週を通じて4日以上の休日を与えることもできる（変形週休制）

②法定休日の労働を命じることはできない → 例外として、災害などの避けられない事情によって臨時の必要がある場合や、三六協定を結んだ場合は、休日労働が許される（116ページ）

※法定休日とは「週1日の休日」または「4週4日の休日」（変形週休制を採用する場合）のこと。

ただし、割増賃金を支払わなければならない

振替休日と代休

代金には割増賃金の支払義務がある

● 休日労働が許される場合もある

使用者が、労働者に休日労働を命じることができるのは、災害などの避けられない理由によって臨時の必要がある場合、または三六協定（116ページ）の締結・届出をした場合です。休日労働については、使用者は35%以上の割増率を加えた割増賃金を支払わなければなりません。公務員については、「公務のため臨時の必要がある場合」にも休日労働・時間外労働をさせることができます（労働基準法33条3項）。この場合は三六協定も割増賃金の支払いも不要です。

● 代休と振替休日の違い

たとえば、使用者が「日曜に出勤してほしい。その代わり翌月曜日は休んでよい」という命令を出すとしましょう。この場合、月曜日が振替休日なのであれば割増賃金の支払義務が生じないのに対して、代休であれば義務が生じます。振替休日とは、就業規則などで休日があらかじめ決まっている場合に、事前に休日を他の労働日と入れ替え、休日と定められていた日に労働し、代わりに他の労働日を休日とすることです。元々の休日は労働日となるので、休日労働にはならないのです。

一方、代休は、法定休日に労働させたことが前提になり、もともとの休日に出勤させ、使用者がその代償として事後に与える休日です。したがって、割増賃金の支払義務が生じるわけです。その代わり、使用者は代休を与える義務は法的にはありません（代休を与えたとしたらそれは恩恵的なものです）。

多くの会社では、土曜日と日曜日を休日と定めて（週休2日制）、日曜日を法定休日としていますが、たとえば、あらかじめ日曜日を出勤日にする代わりに、木曜日を休日にするという事前交換を、使用者と労働者との間で取り決めておいたとします。この場合、休日になる木曜日は、振替休日ということになります。振替休日においては、出勤日になる日曜日は、通常の労働日と変わりがありませんので、通常の賃金が支払われます。

たとえば、1時間あたり1,000円の賃金を得る労働者が、8時間労働した場合、1,000円×8時間＝8,000円の賃金が支払われることになります。そして、休日になった木曜日は、本来の休日であった日曜日との交換に過ぎませんので、賃金は発生しません。したがって、振替休日において、賃金の上で特別考慮することはありません。

これに対して、事前の交換なく日曜日に出勤して、代わりに木曜日が休日になった場合は、日曜日の労働は休日労働として、割増賃金（35％増）が支払われます。そのため、1,000円×8時間×0.35＝10,800円が支払われることになります。

一方、本来の労働日である代休日の木曜日は、賃金が支払われませんので、－8,000円ということになります。結果として、10,800円－8,000円＝2,800円の差額が生じます。振替休日とするか代休にするかにより、労働者が手にする賃金において2,800円の差が生じます。

振替休日にするには、次の要件が必要です。①就業規則などに、「業務上必要が生じたときには、休日を他の日に振り替えることがある」旨の規定を設けること、②あらかじめ、休日を振り替える日を特定しておくこと、③遅くとも、前日の勤務時間終了までには、当該労働者に通知しておくこと、です。事前に休日の振替をしなかった場合は、休日に労働させた事実は消えません。使用者が振替命令を出すには、労働協約や就業規則に規定しているか、または労働者が事前に同意しているかのいずれかが必要です。さらに1週1日または4週4日の休日が確保されることも必要です。代休となる場合は、恩恵的な休日ですから、無給でもかまいませんが、就業規則で明確にしておくべきです。

なお、休日勤務は割増賃金の支払をめぐりトラブルになることがあるので、休日勤務届出書、代休請求願、振替休日通知書などの書面を利用して、労働日数の管理を徹底させるのがよいでしょう。

振替休日と代休の違い

	振替休日	代休
意味	あらかじめ休日と労働日を交換すること	・休日に労働させ、事後に代わりの休日を与えること ・使用者には代休を与える義務はない
賃金	休日労働にはならないので通常の賃金の支払いでよい	休日労働になるので割増賃金の支払いが必要
要件	・就業規則等に振替休日の規定をする ・振替日を事前に特定 ・振替日は原則として4週の範囲内 ・遅くとも前日の勤務時間終了までに通知	・特になし。ただし、制度として行う場合には就業規則などに具体的に記載が必要

23 年次有給休暇①

全労働日の8割以上出勤すると年次有給休暇を取得できる

● 年次有給休暇とは

年次有給休暇とは、一定期間勤続した労働者に対して、年間の一定日数の休暇を有給で保障する制度です。一般に「有給休暇」「年休」「有休」などと略して呼ばれます。労働基準法は年次有給休暇の積極的な活用を推進しています。

年次有給休暇の目的は、労働者が心身ともにリフレッシュし、新たな気持ちで仕事に向かっていけるようにすることにあります。有給休暇の取得は労働者の権利ですから、使用者(会社)は、労働者が安心して有給休暇を取得できるような職場環境を作らなければなりません。そして、使用者は、労働者が有給休暇を取得したことを理由にして、賃金や査定で労働者にとって不利な取扱いをしてはいけません。

有給休暇の権利(年休権)を得るには、いくつかの条件があります。①入社時から付与日まで継続して勤務していること、②付与日の直近1年(最初の有給休暇は入社時から6か月)の全労働日の8割以上出勤したことです。この2つの条件を満たせば、定められた日数の有給休暇が自動的に与えられます。

年次有給休暇は、労働者の継続勤務年数に応じて優遇されていく(日数が増えていく)システムになっています。

前述した①②の要件を満たすと、最初の6か月を経過した段階で10日間の年次有給休暇が与えられ、1年6か月を経過すると11日、2年6か月で12日となり、1日ずつ増えていきます。そして3年6か月経過した段階から2日ずつ加算され、最大20日間与えられます(次ページ図)。6年6か月を経過した時点で上限の20日に到達します。取得した有給休暇は、翌年に繰り越すことができますが、2年で時効消滅することに注意が必要です。なお、「全労働日の8割」を計算するにあたって、以下の場合は出勤したものとみなされます(労働基準法39条8項)。

① 業務上の負傷または疾病による療養のために休業した期間

② 産前産後の休業期間

③ 育児・介護休業法による育児休業・介護休業の期間

④ 有給休暇をとった日

● 半日、時間単位の有給休暇

年次有給休暇が単位としている「労働日」とは、原則として午前0時から午後12時までの暦日を意味します。使用者が有給休暇を与える場合は、時間

単位あるいは半日単位に細切れにして与えるのではなく、1日単位で与えるのが原則です。労働者が休息し、あるいは自由に何かをするためには、少なくとも1日単位の時間が必要だと考えられるからです。ただし、労働者から半日単位の休暇を請求した場合、使用者が認めることはできます。また、労使協定を結ぶことを要件として、5日以内に限り時間単位で有給休暇を付与する制度もあります。

●年休の買上げができる場合

年休（年次有給休暇）は、労働基準法に基づいて労働者に与えられた権利です。よって、使用者が年休を労働者から買い上げる（労働者に金銭を支払う）ことで、労働者が有給休暇を取得

したものとし、買い上げた分の年休の日数を減らして、労働者から請求された日数の有給休暇を取得させないことは、年休の制度趣旨に反しますから、労働基準法違反になります。有給休暇をとることで労働者が休養をとり、心身の疲労を回復させるという制度趣旨を妨げるからです。

ただし、以下の3つのケースについては、使用者が年休を買い上げたとしても、労働者にとって不利益が生じないので、例外的に許されます。

① 取得後2年が経過して時効消滅した日数分
② 退職する労働者が退職する時点で使い切っていない日数分
③ 法定外に付与した日数分

有給休暇取得日数

労働日数　　　　　　　　　　　継続勤務年数	0.5	1.5	2.5	3.5	4.5	5.5	6.5以上
①通常の労働者（週の所定労働時間が30時間以上の労働者）	10	11	12	14	16	18	20
②週の所定労働時間が30時間未満の労働者							
週の所定労働日数が4日または1年の所定労働日数が169日〜216日までの者	7	8	9	10	12	13	15
週の所定労働日数が3日または1年の所定労働日数が121日〜168日までの者	5	6	6	8	9	10	11
週の所定労働日数が2日または1年の所定労働日数が73日〜120日までの者	3	4	4	5	6	6	7
週の所定労働日数が1日または1年の所定労働日数が48日〜72日までの者	1	2	2	2	3	3	3

● 基準日の設定と分割付与

前項目で説明したように、年次有給休暇は、入社後6か月経過した時に、原則として10日付与し、その後1年を経過するごとに一定日数が付与されます。しかし、入社日は労働者ごとに異なることも多く、個々の労働者ごとに有給休暇の付与を行うと、付与日数や消化日数の管理が複雑になります。そのため、年休を付与する「基準日」を設定し、管理上の負担を軽減するという「斉一的取扱い」を取ることが認められています。実務上は、毎年4月1日または10月1日を基準日として、その基準日に全労働者に対して一斉に年休を付与する企業が多く見られます。

また、新入社員など初年度の労働者については、法定の年次有給休暇の付与日数を一括して与えずに、その日数の一部を法定基準日(労働基準法に規定に基づいて年休が付与される日)以前に付与することもできます(分割付与)。ただし、斉一的取扱いや分割付与をするためには、①年次有給休暇の付与要件である8割出勤の算定において、短縮された期間は全期間出勤したとみなすこと、②次年度以降の年次有給休暇の付与日も、初年度の付与日を法定基準日から繰り上げた期間と同じまたはそれ以上の期間を法定基準日より繰り上げること、という要件を満たすことが必要です。

また、前倒しで年休を付与する分、会社が全労働者に与える年休の日数が増えるので、斉一的取扱いや分割付与の導入は慎重に検討することが必要です。年次有給休暇の管理については、年次有給休暇記録・管理簿を作成し、付与日数、消化日数、残日数を記録しましょう。

また、使用者は、10日以上の年休が付与されている労働者に対して、法定基準日から1年以内に、時季を指定して5日以上の有給休暇を与えなければなりません(斉一的取扱いによる基準日を設定している場合は、その基準日から1年以内に5日以上の有給休暇を与えることが必要です)。ただし、労働者の時季指定による有給休暇の日数分や計画年休の日数分については、使用者の時季指定義務が発生しません。

● 使用者には時季変更権がある

使用者は、労働者が請求した時季に有給休暇を与えると事業の正常な運営に支障をきたす場合には、有給休暇を他の時季に振り替えて与えることができます(時季変更権)。

事業の正常な運営に支障をきたす場合かどうかは、労働者の所属する事業場を基準にして、事業の規模・内容、当該労働者の担当する作業の内容・性質、作業の繁忙、代行者の配置の難易、他の年休請求者の存在など、さまざまな状況を総合的に考慮して判断します。

判例の中には、会社の命令（時季変更命令）を無視して1か月の連続した有給休暇を取得した社員を解雇した事件で、会社の正当性を認め、解雇無効の訴えを退けたものがあります。ただし、単に人手不足である、業務が忙しいという理由だけで、会社が時季変更権を行使することは許されません。

●計画年休を導入する際の注意点

年休（年次有給休暇）は、労働者が自分の都合にあわせて休暇日を自由に指定できますが、例外的に年休のうち5日を超える分（たとえば、年休を13日取得する権利のある労働者は8日

間）について、使用者が労働者個人の意思にかかわらず、労使協定で有給休暇の日を定めることができます（年休の計画的付与・計画年休）。

計画年休の付与の方法は、①事業場全体の休業による一斉付与方式、②グループ別の付与方式、③年休付与計画表による個人別付与方式、の3つがあります。たとえば、①の一斉付与方式を利用すれば、ゴールデンウィークに一斉に有給休暇をとって会社全体で連続の休みにすることができます。

労使協定により年休の計画的付与を決めた場合には、労働者側・使用者側ともに、その決めた取得時季を変更することはできなくなります。

計画年休を導入するには、書面による労使協定（過半数組合がある場合にはその労働組合、過半数組合がない場合には労働者の過半数代表者との書面による協定）の締結が必要ですが、労使協定の届出は不要です。

計画年休制度

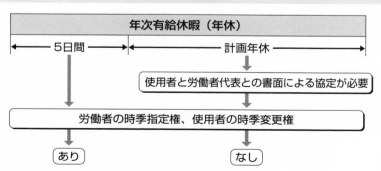

25 育児休業

労働者が子を養育するためにする休業制度

● どんな制度なのか

少子化が進む中、育児をしながら働く人が生活と仕事を両立できるように整備されたしくみのひとつが、育児・介護休業法が規定する育児休業制度です。労働者が育児休業を取得した場合、労働者は労務提供義務が一定期間免除され、事業主（使用者）はその期間の賃金支払義務が原則免除されます。

なお、育児休業期間中は、雇用保険の「育児休業給付金」により、育児休業開始時賃金月額の50％（休業開始180日間は67％）が支給されます。

● どんな場合に育児休業ができるのか

1歳未満の子を養育している労働者であれば、男女を問わず、原則として、事業主に申し出ることにより育児休業をすることができます。事業主は、育児休業の申し出を拒むことができません。育児・介護休業法に定める要件を満たす労働者は、雇用関係を維持しながら育児休業を取得できるのです。

なお、法律上の親子関係がある子（実子・養子）だけでなく、特別養子縁組の監護期間中の子や、養子縁組里親に委託されている子などを養育する場合にも、育児休業を取得することができます。

● 育児休業を与えなくてもよい場合

事業主は、日雇い労働者（日々雇い用れられる者）に対しては、育児休業を与える義務がありません。また、有期労働者については、令和4年4月1日施行の改正育児・介護休業法によって育児休業取得要件が緩和され、子が1歳6か月に達するまでの間に雇用契約がなくなることが明らかでないことという要件を満たせば、事業者に申し出ることによって育児休業を取得することができるようになりました。

また、事業主と労働者の間で取り交わす労使協定に基づき、以下に該当する労働者を育児休業の対象から除外することができます。

① 継続雇用期間が1年未満の者
② 育児休業申し出の日から1年以内（1歳6か月までおよび2歳までの育児休業の延長申し出をする場合は6か月以内）に雇用関係が終了することが明らかな者
③ 週所定労働日数が2日以下の者

● 子が1歳に達するまで取得が可能

育児・介護休業法に基づく育児休業の期間は、原則として、出生から「子どもが1歳に達する日（民法の規定により1歳の誕生日の前日）まで」の1

年間です。男性の場合は、上記の原則が適用され、出生した日から1年間となります。一方、女性の場合は、労働基準法に基づき、出産後8週間の「産後休業」の取得が認められていますので、産後休業の終了後（の翌日）から育児休業をすることが可能です。

●育児休業が延長される場合

育児・介護休業法においては、子が1歳に達する時点で、保育所に入所できない等の特別な事情がある場合、事業主に申し出ることで、子が1歳6か月に達するまでを限度に育児休業の延長が可能です。なお、育児休業の延長が認められるには、子の1歳の誕生日の前日に、父母のどちらかが育児休業中であることが必要です。

さらに、子が1歳6か月に達する時点でも特別の事情がある場合、子が2歳に達するまでを限度として育児休業の再延長が可能になりました。

男性による育児休業の取得を促すための制度が「パパ・ママ育休プラス制

度」です。子の父母が1歳到達日以前のいずれかの日において、ともに育児休業をとるなどの要件を満たす場合に、特例として育児休業の対象となる子の年齢を「1歳まで」から「1歳2か月まで」に延長する制度です。ただし、父母がそれぞれ取得できる育児休業期間の上限は、原則として1年間です。

●育児休業の取得促進のための法改正

女性労働者の育児休業の取得率と比べて、男性労働者の育児休業取得率は年々増加傾向にあるものの依然として低い状況にあるというのが実情です。

そのため、希望に応じて男女ともに仕事と育児などが両立できるように、近時、以下のような法改正が行われました。

① **男性の育児休業取得促進のために、子の出生直後の時期に柔軟な育児休業ができる枠組みの創設**

これまでは、実際に男性労働者が育児休業を取得するのは、出産後の妻の心身の負担を軽減するために出生後8

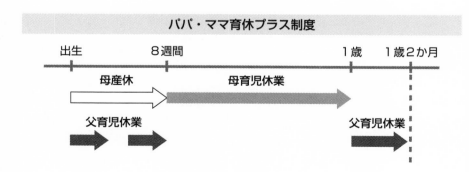

パパ・ママ育休プラス制度

| 出生 | 8週間 | | 1歳 | 1歳2か月 |

母産休 母育児休業

父育児休業 父育児休業

週間以内に取得するケースが多く、育児休業ではなく有給休暇を取得するケースもありました。そこで、令和4年10月1日に施行された改正育児・介護休業法によって、新たに「産後パパ育休（出生時育児休業）」制度が創設され、子の出生後8週間以内に4週間まで柔軟に育児休業が取得できるようにするための枠組みが創設されました。この枠組みは出生後8週間の期間に柔軟な対応ができるようにすることをめざしており、「男性版の産休」といえます。

そのため、取得の申出期限は、通常の1か月から2週間前までに短縮され、分割して取得できる回数も2回までとなります。育児休業は原則1回の取得、パパママ育休制度（前ページ）では、妻の産休中に育休を取得した場合には、別に育児休業を取得することができます。この枠組みでは、男性労働者がより柔軟に、妻の産休中に2回に分けて取得できやすくなるというメリットがあります。

産後パパ育休（出生時育児休業）の期間中は、就業しないのが原則ですが、労使協定を締結することによって、休業中に就業することも認められます。

これまでの企業においては、育児休業を取得すると自分の仕事を代替する人がいない、長時間休むと元のポジションに戻れない等の問題がありましたが、法改正によって、これらの問題を解決することが期待されています。

② **育児休業を取得しやすい雇用環境整備、妊娠・出産を申し出た労働者への個別周知、意向確認の措置（義務）**

令和4年4月1日に施行された改正育児・介護休業法によって、事業主には、「育児休業の申し出・取得を円滑にするための雇用環境の整備に関する措置」「妊娠・出産（本人又は配偶者）の申し出をした労働者に対して、個別の制度周知や休業の取得以降の確認のための措置」をすることが義務付けられました。措置の内容としては、研修の実施や相談窓口設置、制度や取得事例の社内共有等があります。

③ **育児休業の分割取得**

これまで育児休業は、特別の事情がない限り1人の子につき1回に限られており、申し出ることができる休業は連続したひとまとまりの期間とされていました。令和4年10月1日に施行された改正育児・介護休業法によって、子が1歳になるまでの育児休業を分割して2回まで取得することが可能になりました。

これにより、女性労働者が長期間にわたり育児休業を取得しなくても、2回に分けることで、一度職場復帰し、自分のキャリアを維持することもできます。これまで以上に仕事と家庭の両立が可能となり、女性労働者の活躍の一助になることが期待されています。

④ **育児休業取得状況の公表（義務）**

令和5年4月1日に施行された改正

育児・介護休業法によって、常時使用する労働者が1000人超の事業主は、育児休業の取得状況を公表することが義務化されました。男性労働者の育児休業取得率を公表することで、採用が有利になったり、社会的信用が増すなどの効果が期待されます。

⑤　有期雇用労働者の育児休業取得要件の緩和

　これまでは、育児休業取得対象者について、「申し出時点で過去1年以上継続して雇用されていること」かつ「1歳6か月までの間に契約が満了することが明らかでないこと」という要件があり、1年以上継続雇用されていない有期雇用労働者は、育児休業対象者でなく、会社が独自に休業を与えても育児休業給付金の対象者とはなりませんでした。令和4年4月1日に施行された改正育児・介護休業法によってこの要件が緩和され、「1歳6か月までの間に契約が満了することが明らかでないこと」という要件さえ満たせば、継続雇用期間が1年未満であっても育児休業を取得できるようになり、育児休業給付金を受給することが可能となりました。

　また、育児休業給付金の被保険者期間の計算方法について特例が設けられました。

最近の育児介護休業法の改正

おもな改正点	改正内容
1. 男性の育児休業取得促進のために、子の出生直後の時期に柔軟な育児休業ができる枠組みの創設	➡ 子の出生後8週間以内に4週間まで柔軟な育児休業の取得が可能
2. 育児休業を取得しやすい雇用環境整備、妊娠・出産を申し出た労働者への個別周知、意向確認の措置（義務）	➡ さまざまな措置を実施することで育休取得の促進
3. 育児休業の分割取得	➡ 2回までの分割取得が可
4. 育児休業取得状況の公表（義務）	➡ 常時使用する労働者が1000人超の事業主が対象
5. 有期雇用労働者の育児休業取得要件の緩和	➡ 継続雇用が1年未満であっても育休の対象者

26 介護休業
要介護者を介護するための休業・休暇を取得できる

● 介護休業とは

　介護休業は、労働者が要介護状態にある家族を介護することが必要な場合に、事業主に申し出ることによって休業を取得することができる制度です。

　要介護状態とは、負傷、疾病、身体上もしくは精神上の障害により、2週間以上の期間にわたり常時介護を必要とする状態を指します。そして「常時介護を必要とする状態」とは、介護保険制度の要介護状態区分において要介護2以上であることなど、行政通達で詳細な判断基準が示されています。

　また、介護対象となる「家族」は、配偶者（事実婚を含む）、父母、子（実子・養子に限る）、配偶者の父母、祖父母、兄弟姉妹、孫となっています。

● 対象となる労働者の範囲

　日雇い労働者を除き、要介護状態のある家族を介護する労働者は、事業主に申し出ることで介護休業をすることができます。事業主は、介護休業の申し出を拒むことができません。

　ただし、有期雇用労働者が介護休業をするには、申し出の時点において、一定の要件を満たすことが必要です。これまでは、①過去1年以上継続して雇用されていること、②介護休業

開始予定日から起算して93日を経過する日から6か月経過する日までに雇用期間が満了し、更新されないことが明らかでないこと、という2つの要件が必要とされていましたが、令和4年4月1日施行の改正育児・介護休業法により、有期雇用労働者の介護休業取得要件が緩和され、①の要件が廃止され、現在は②のみを満たせば、有期雇用労働者が介護休業を取得することが可能となっています。

　また、以下のいずれかに該当する労働者については、介護休業の取得が認められない労働者について定める労使協定を締結することで、介護休業の対象から除外することができます。

ⓐ　継続雇用期間が1年未満の者

ⓑ　介護休業の申し出があった日から93日以内に雇用期間が終了することが明らかな者

ⓒ　週所定労働日数が2日以下の者

● 要介護状態につき3回の申し出

　介護休業を取得するには、労働者が原則として休業開始予定日の2週間前の日までに書面などで申請します。申し出は、対象家族1人につき、要介護状態に至るごとに、通算93日まで最大3回に分けて行うことができます。

●どんな場合に終了するのか

　介護休業は、終了予定日の到来以外にも、対象家族の死亡・離婚・離縁などの事情による対象家族と労働者の親族関係の消滅といった事情で、対象家族の介護が不要になった、又は介護ができなくなった場合に消滅します。

　また、介護休業している労働者自身が産前産後休業、育児休業を取得した場合や、別の対象家族を介護するために新たに介護休業を取得した場合にも終了します。これらの事情で介護休業を終了する場合、労働者は、事業主に対して通知しなければなりません。

●介護休業給付を受給できる

　以下の要件を満たす介護休業の取得者は、雇用保険法で定められた「介護休業給付」を受給可能です。

① 雇用保険の一般被保険者であること

② 介護休業開始日前の２年間に、賃金をもらって雇用保険に加入していた日が11日以上ある月が12か月以上あること

③ 事業主に対して介護休業の開始日と終了日を申し出ていること

　ただし、介護休業を開始する時点で介護休業終了後に離職することが決まっている場合は受給の対象になりませんので、注意が必要です。

　介護休業給付金の支給期間は、１人の家族につき介護休業開始日から最長３か月（93日）間です。原則として支給額は休業開始時賃金日額（介護休業を始める前の６か月間の賃金を180で割った金額）の67％です。

　なお、介護休業給付の支給期間中に事業主から賃金が支払われている場合は、支給額が調整されます。

第3章　労務の仕事の基本と事務手続き

介護休業のしくみ

内容	労働者が、要介護状態にある家族の介護が必要な場合に、事業主に申し出ることによって休業期間を得ることができる制度
取得対象者	２週間以上にわたって常時介護を必要とする「要介護状態」にある対象家族を介護する労働者
取得できない労働者	・日雇労働者は取得できない ・継続して雇用された期間が１年未満の者、介護休業の申し出後93日以内に雇用関係が終了することが明らかな者、１週間の所定労働日数が２日以下の者は、労使協定で対象外にできる
取得手続き	原則として、休業開始予定日の２週間前の日までに申し出る
取得回数	原則として対象家族１人につき、要介護状態に至るごとに最大３回に分けて取得ができる

27 解雇
客観的で合理的な理由がなく、社会通念上の相当性がない解雇は無効

●労働契約の解消事由

使用者と労働者の間の労働契約が解消される事由には、おもに辞職・退職・解雇があります。辞職とは、労働者が一方的に労働契約を解除することです。民法上、労働者は2週間前に申し出れば辞職が可能です（民法627条1項）。退職とは、一方的な申し出による場合以外の労働契約の終了のことで、以下の事情がある場合に退職の手続きをとる会社が多いようです。

① 労働者が退職を申し入れ、会社がこれを承諾した（自己都合退職）
② 定年に達した（定年退職）
③ 休職期間が終了しても休職理由が消滅しない(休職期間満了後の退職)
④ 労働者本人が死亡した
⑤ 契約期間の満了（雇止め）

退職に関する事項は、労働基準法により就業規則に必ず記載すべき事項と規定されていますが、その内容については、ある程度各会社の事情に合わせて決めることができます。

●解雇の種類

解雇とは、会社が一方的に労働者との労働契約を解除することです。解雇は、その原因により普通解雇、整理解雇、懲戒解雇などに分けられます。

整理解雇とは、経営不振による合理化など経営上の理由に伴う人員整理のことで、リストラともいいます。懲戒解雇とは、たとえば従業員が会社の製品を盗んだ場合のように、会社の秩序に違反した者に対する懲戒処分としての解雇です。それ以外の解雇を普通解雇といいます。

解雇により一度退職をしてしまうと、再就職先が見つかるという保証はどこにもありません。仮に再就職先を見つけることができたとしても、労働条件（特に賃金の面）でかつての就職先よりも、はるかに条件の悪い再就職先で妥協せざるを得ないという場合も考えられます。そこで、法律で解雇に対するさまざまな制限が規定されています。たとえば、いくら不況だからといっても、それだけの理由では解雇することはできません。客観的で合理的な理由がなく、社会通念上の相当性がない解雇は、解雇権の濫用として無効とされています（労働契約法16条）。

解雇権の濫用を防ぐ趣旨は、会社の経営者側が気に入らない社員を、自由に解雇できないようにすることにもあります。たとえば、遅刻や欠席が多い社員や、勤務成績が他の社員と比べて劣る社員がいる場合、経営者として

は、解雇を望むかもしれません。しかし、前述のような会社にとって不利益をもたらすような社員に対しても、会社としては、まず適切な指導を行うことによって改善をめざす必要があります。たとえば会社側が何度も遅刻を注意し、本人にも反省文を書かせることなどが、改善に向けた努力として挙げられます。会社が指導を行うことで改善できるような、社員の軽微な落ち度を理由に解雇することを防いでいます。

●解雇に対するさまざまな制限

解雇については法律上、さまざまな制限があります。具体的には、以下に挙げる内容を理由として労働者を解雇することは、法律上禁止されています。

① 国籍・信条・社会的身分・性別
② 結婚・妊娠・出産したこと、育児・介護休業の申し出や取得
③ 公益通報（公益のための事業者の法令違反行為の通報）をしたこと
④ 労働基準監督署に申告したこと
⑤ 労働組合を結成したこと、労働組合の活動を行ったこと
⑥ 労使協定の過半数代表者となったこと（なろうとした場合も）

なお、上記の理由に該当せず、解雇可能なケースであっても、解雇に関する規定が就業規則や雇用契約書にない場合、会社は解雇に関する規定を新たに置かない限り解雇できません。通常の会社では考えにくいですが、自社の就業規則などに解雇に関する規定がない場合、まずは解雇に関する規定を置くことから始めなければなりません。

さらに、解雇可能なケースで、会社が労働者を実際に解雇する場合、原則として、労働者に対して解雇予定日の30日以上前に解雇予告をするか、30日分以上の解雇予告手当を支払う必要があります。

解雇の種類

種　類	意　味
整理解雇	いわゆるリストラのこと。経営上の理由により人員削減が必要な場合に行われる解雇
懲戒解雇	労働者に非違行為があるために懲戒処分として行われる解雇
諭旨解雇	懲戒解雇に相当する事由があるが、労働者の反省を考慮し、退職金等で不利にならないよう依頼退職の形式をとる解雇
普通解雇	労働者に懲戒解雇にするほどの悪質な非違行為があるわけではないが、就業規則に定めのある解雇事由に相当する事由があるために行われる解雇

28 安全衛生管理
業種や労働者数に応じて設置すべき機関が異なる

● なぜ管理体制の構築が必要なのか

事業者には安全で快適な労働環境を維持することが求められています。しかし、どんなに事業者が「安全第一」という理想を掲げ、環境整備を試みても、実際に業務を行う労働者にその意図が正確に伝わらず、ばらばらに動いていたのでは労働災害を防ぐことはできません。その目的を達成するためには、安全確保に必要なものが何であるかを把握し、労働者に対して具体的な指示を出し、これを監督する者の存在が不可欠となります。

このため、労働安全衛生法では安全で快適な労働環境を具体的に実現する上での土台として安全衛生管理体制を構築し、責任の所在や権限、役割を明確にするよう義務付けています。

● 事業場の規模と労働者数で分類される

労働安全衛生法では、事業場を一つの適用単位として、その事業場の業種や規模によって構築すべき安全衛生管理体制の内容を分類しています。選任・設置すべき責任者等には、次のような種類があります。

① **総括安全衛生管理者**

安全管理者、衛生管理者などを指揮

するとともに、労働者の危険防止や労働者への安全衛生教育の実施といった安全衛生に関する業務を統括管理します。

② **安全管理者**

安全に関する技術的事項を管理します。

③ **衛生管理者**

衛生に関する技術的事項を管理します。

④ **安全衛生推進者**

安全管理者や衛生管理者の選任を要しない事業場では、安全衛生推進者または衛生推進者を選任します。

⑤ **産業医**

労働者の健康管理等を行う医師のことです。

⑥ **作業主任者**

高圧室内作業などの政令が定める危険・有害作業に労働者を従事させる場合に選任され、労働者の指揮などを行います。

● 業種の区分

一般の安全衛生管理体制においては、業種を次のように区分しています。

ⓐ 林業、鉱業、建設業、運送業、清掃業

ⓑ 製造業（物の加工業を含む）、電気業、ガス業、熱供給業、水道業、通信業、各種商品卸売業、家具・建具・什器等卸売業、各種商品小売業、

家具・建具・什器小売業、燃料小売業、旅館業、ゴルフ場業、自動車整備業、機械修理業

ⓒ　その他の業種

たとえば、総括安全衛生管理者は、労働者数が常時100人以上のⓐの事業場、常時300人以上のⓑの事業場、常時1000人以上のⓒの事業場で選任します。安全管理者は、労働者数が常時50人以上のⓐとⓑの事業場で選任します。衛生管理者や産業医は、労働者数が常時50人以上のすべての業種の事業場で選任します。なお、これらは選任すべき事由が発生した日から14日以内に選任し、遅滞なく労働基準監督署へ報告を行わなければなりません。

労働安全衛生法で選任・設置が義務付けられている責任者等

業　　種	規模・選任すべき者等
製造業（物の加工を含む）、電気業、ガス業、熱供給業、水道業、通信業、自動車整備及び機械修理業、各種商品卸売業、家具・建具・じゅう器等小売業、燃料小売業、旅館業、ゴルフ場業、各種商品小売業	①常時10人以上50人未満 　安全衛生推進者 ②常時50人以上300人未満 　安全管理者、衛生管理者、産業医 ③常時300人以上 　総括安全衛生管理者、安全管理者、衛生管理者、産業医
林業、鉱業、建設業、運送業及び清掃業	①常時10人以上50人未満 　安全衛生推進者 ②常時50人以上100人未満 　安全管理者、衛生管理者、産業医 ③常時100人以上 　総括安全衛生管理者、安全管理者、衛生管理者、産業医
上記以外の業種	①常時10人以上50人未満 　衛生推進者 ②常時50人以上1000人未満 　衛生管理者、産業医 ③常時1000人以上 　総括安全衛生管理者、衛生管理者、産業医
建設業及び造船業であって下請が混在して作業が行われる場合	①現場の全労働者数が常時50人以上の場合（ずい道工事、圧気工事、橋梁工事については常時30人以上） 　統括安全衛生責任者、元方安全衛生管理者（建設業のみ） ②統括安全衛生責任者を選任すべき事業者以外の請負人 　安全衛生責任者

ストレスチェック

企業は原則として従業員のストレスチェックが義務付けられる

●ストレス対策の重要性

　仕事上のストレスによって脳・心臓疾患や、うつ病などの精神障害が発症したり、悪化したりすることが大きな社会問題になっています。また、業務による心理的負荷を原因とする精神障害により正常な判断能力が失われ、自殺に至る労働者も少なくありません。

　このような過労自殺は労働災害として位置付けられ、現在では会社の安全配慮義務違反を問う民事訴訟が数多く起こされています。たとえば、精神障害の労災支給決定件数は年々増加傾向となっており、脳・心臓疾患に係る労災支給決定件数は減少傾向にありますが、依然として高い水準を維持しています）。

　労災事案以外にも、精神障害や脳・心臓疾患に関する民事訴訟が数多く行われており、会社は、これまでにないほど、労働者の業務上のストレスを軽減する対策を立てることが求められているといえます。

●ストレスチェックの義務化

　前述したように、仕事による心理的な負担によって精神障害を発症し、あるいは自殺したとして労災認定が行われる事案が増えています。

　こうした状況を受けて、常時50人以上の従業員を使用している場合においては、すべての社員（契約期間が1年未満の労働者、労働時間が通常の労働者の所定労働時間の4分の3未満の短時間労働者を除く）職場におけるストレスチェック（労働者の業務上の心理的負担の程度を把握するための検査）が義務付けられています。従業員が常時50名未満の事業場においては、ストレスチェックは努力義務です。

　職場におけるストレスチェックのおもな内容は、以下のとおりです。ストレスチェックに関する労働者の個人情報を保護するセキュリティ体制の整備も必要です。

① 会社は、常時使用する労働者に対し、1年以内ごとに1回、定期に、医師、保健師その他の厚生労働省令で定める者（以下「医師等」という）による心理的負担の程度を把握するための検査（ストレスチェック）を行わなければなりません。ただし、特にメンタルヘルス不調の場合など、すでに受診中であり、ストレスチェックが悪影響を与える場合などには、検査を受けることを強制することはできないと考えられます。

② 会社はストレスチェックを受けた

労働者に対して、医師等からのストレスチェックの結果を通知します。一般の健康診断とは異なり、従業員プライバシーを保護する必要性が高いといえます。そのため、結果は医師や保健師等から直接、労働者に対して通知されます。医師や保健師等は、労働者の同意なくストレスチェックの結果を会社に提供してはいけません。

③　ストレスチェックを受けて医師等の面接指導を希望する労働者に対して、面接指導を行わなければなりません。この場合、会社は申し出を理由に労働者に不利益な取扱いをしてはいけません。

④　会社は、面接指導の結果を記録しておかなければなりません。

⑤　会社は、面接指導の結果に基づき労働者の健康を保持するために必要な措置について、医師等の意見を聴く必要があります。

⑥　医師等の意見を勘案（考慮）し、必要があると認める場合は、就業場所の変更・作業の転換・労働時間の短縮・深夜業の回数の減少などの措置を講ずる他、医師等の意見の衛生委員会等への報告その他の適切な措置を講じなければなりません。

⑦　ストレスチェック、面接指導の従事者は、その実施に関して知った労働者の秘密を漏らしてはいけません。

●労働者の個人情報の保護

ストレスチェックに関する労働者の個人情報を保護するセキュリティ体制も整えておく必要があります。また、医師や保健師などの専門的な人材をいかに確保するのかという問題もあります。特に、ストレスチェックを受けて、労働者は、会社に対して医師等の面接希望を申し出るシステムになっていますが、労働者が申し出を躊躇することも考えられますので、この点の対策も不可欠です。会社が労働者に対してストレスチェックを受けるメリットなどを周知・教育する機会を確保することも重要です。

管理職にある者が気を配ること

①部下の話を聞く
②客観的に問題点を把握する
③サポート方法を具体的に考え、必要な対応策を示す

上司

心の状態の把握

管理監督・統括

メンタルヘルス
疾　患

部下

30 休職制度と休職命令

体調不良の社員に休職命令ができるようにしておく

● 休職とは

休職とは、労働者に法律の規定以外の、一定の事由がある場合に、使用者が労働契約を維持した状態のまま、業務に就くことを免除・禁止することをいいます。休業は、労働基準法などの法律の規定に基づき、業務に就くことを免除・禁止されることを指します。

各々の企業において、通常は休職について労働協約や就業規則で定めています。業務外の負傷・疾病で長期間休業する場合は、私傷病休職という形をとるのが一般的です。その他、代表的な休職制度には次ページの表のような種類があります。

● どんな場合に休職命令を出すのか

ほとんどの場合、労働者本人からの請求により休職させることになります。しかし、客観的に就業できない状況にもかかわらず、本人に休職する意思がないときは、会社が命令で休職させることがあります。ただし、休職命令は不利益処分になりますので注意が必要です。裁判例の中には、会社に対して批判的な言動を行った労働者に対して、休職命令を下したというような場合には、不合理な理由に基づく休職命令であるとして、休職命令を下す権利の濫

用が認められたケースもあります。

会社が休職命令を出すのは、労働者の体調が悪いにもかかわらず、責任感や焦燥感から会社を休むことができず、出勤してしまう場合です。身体的な傷病ではこのようなことはあまりなく、「うつ病」などメンタルヘルス不全による場合が多いです。

会社が休職命令を出して休職させるためには、まず就業規則に規定する必要があります。伝染性の病気（インフルエンザなど）であれば、労働安全衛生法68条などを根拠に休ませることができます。しかし、それ以外の場合、就業規則に休職に関する定めがないと会社に安全配慮義務や健康管理義務があるとはいえ、本人の意思に反して休ませることは難しくなります。

休職の必要の有無については、本人が医師の診察を受けていたとしても、都合の悪い情報（この場合では「休養が必要」など）は会社に提出されない可能性があるため、会社が契約する産業医の面談を受けてもらい、産業医の意見を基にして休職の命令を出すようにしましょう。

なお、産業医の面談を受けてもらう際に労働者に業務命令として伝えなければならない場合もありますので、産

業医の面談を義務付けることについても就業規則に明記する必要があります。

休職期間中の賃金の支払いについては、会社が決定できますが、社会保険の手当などを利用することもできます。

●休職命令を出すときの注意点

休職命令を出す際には、まずは労働者の側に休職事由があることが必要です。休職期間の賃金を支払わないという形で休職制度を整備していた場合、休職期間中は労働者は賃金を受け取ることはできません。そのため、休職命令を出すかどうかは慎重に判断することが必要です。具体的には、病気やケガを原因として休職命令を出す場合には、労働者に医師の診断書を提出してもらいます。医師の診断書を見て、労働者が勤務可能かどうかを判断し、勤務が不可能な場合に労働者に対して休職命令を出します。

なお、労働者が勤務できる状態であるにもかかわらず、合理的な理由もなく休職させることができるような制度を置くことはできません。

●休職命令の取消し

休職命令が発令されても、その後の状況によって休職命令を解除または取り消すことは可能です。

ただし、休職の内容によっては、一定の事情が生じた場合には、会社は、発令した休職命令を解除し、労働者を復職させなければなりません。たとえば、私傷病休職の場合、病気やケガが治った場合、当然に復職させる必要があります。出向による休職が終了した場合など、使用者が必要と認めた場合の休職については、使用者の都合によるわけですから、休職命令は解除され、復職させることになります。

代表的な休職の種類

私傷病休職	業務外の負傷・疾病で長期間休職する場合
事故休職	私的な事故により休職する場合
起訴休職	刑事事件で起訴された社員を一定期間休職させる場合
懲戒休職	不正行為をした従業員への懲戒処分として、1～3か月の期間出勤停止処分をする場合
出向休職	他社への出向に伴い、自社を休職する場合
専従休職	労働組合の役員に専念するために休職する場合
自己都合休職	海外留学や公職への就任などに伴い休職する場合
ボランティア休職	ボランティア活動で休職する場合

31 セクハラと企業の責任

社員のセクハラが認められれば、会社も責任を追う場合がある

● 会社にはセクハラ防止義務がある

職場におけるセクハラ（セクシュアル・ハラスメント）とは、職場において行われる性的な言動に対するその雇用する労働者の対応によりその労働者がその労働条件について不利益を受け、またはその性的な言動によりその労働者の就業環境が害されることをいいます。

セクハラは、相手方の意に反する性的な言動です。ある言動がセクハラにあたるかどうかの判断については、被害を受けた労働者が女性の場合には「平均的な女性労働者の感じ方」を、被害を受けた労働者が男性である場合には「平均的な男性労働者の感じ方」を基準とすることになります。

なお、男性（加害者）から女性（被害者）に対するセクハラに限らず、女性から男性に対するセクハラや、同性から同性に対するセクハラも存在します。

男女雇用機会均等法11条は、職場において行われる性的な言動に対する労働者の対応により労働者が不利益を受け、労働者の就業環境が害されることのないよう、事業主が必要な体制の整備その他の雇用管理上必要な措置を講じなければならないと定めています。この規定により、会社（事業主）はセクハラを防止する措置を講じる義務を負います。

また、厚生労働省が発表している「事業主が職場における性的な言動に起因する問題に関して雇用管理上講ずべき措置についての指針」では、事業主が講ずべきセクハラ対策について措置の内容が紹介されています。

たとえば、事業主は、社内ホームページ・社内報・就業規則などに、職場におけるセクハラに対する方針や、セクハラにあたる言動を明示して従業員に広く知らせる必要があります。また、セクハラの相談窓口や相談マニュアルも用意しておくことが必要です。

● 会社も責任を負うことがある

会社内でセクハラが行われた場合、セクハラを行った本人は法的責任を負いますが、会社も法的責任を負うことがあります。まず、セクハラの加害者は、民事上の責任として、不法行為（民法709条）に基づき、加害者は被害者が受けた精神的損害などを賠償する責任を負います。また、加害者は勤務している会社から懲戒処分を受ける可能性もあります。さらに、セクハラの内容・程度によっては強制わいせつ罪（刑法176条）などの刑事上の責任を負う可能性があります。

一方で、会社側は、民事上の責任として、使用者責任（民法715条）を負うことがあります。使用者責任とは、従業員が職務に関して不法行為を行って他人に損害を与えた場合に、使用者である会社もその従業員とともに損害賠償責任を負うという法的責任です。

また、会社は、従業員との労働契約に基づく付随義務として、従業員が働きやすい労働環境を作る義務を負っています。しかし、セクハラが行われる職場は労働者にとって働きやすい環境とはいえないので、会社が労働契約に基づく付随義務に違反したとして、被害者に対して債務不履行責任（民法415条）を負う可能性があります。

さらに、会社は男女雇用機会均等法に基づく措置義務を負っているため、行政上の責任として、厚生労働大臣からセクハラがあったことについて指導を受けた場合に、その指導に従わなかったときは、会社名が公表される可能性があります。

●被害者が訴訟を提起した場合

セクハラの被害者が、会社の対応に非があったとして会社に対して使用者責任に基づく損害賠償請求をする訴訟を提起する可能性もあります。

会社としては、まず、本当にセクハラがあったのか調査する必要があります。セクハラ被害を受けた労働者側は、セクハラに関するメモなどの記録を残す（日時、場所、話の内容、周囲の状況などの他、上司や人事部への相談内容など）、セクハラに該当する言動について録音する、などといった形で、セクハラの証拠を確保していることがあります。そのため、会社側も、適切な事実関係を把握すべく、加害者とされる労働者やその同僚・上司などからヒアリングを行い、セクハラ被害の事実の有無やその具体的内容・程度を正しく把握した上で、訴訟への対応を考えなければなりません。

被害者の加害者・会社に対する責任の追及

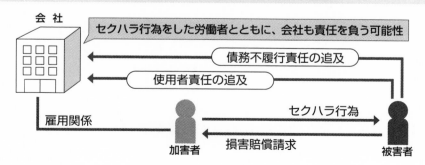

会社

セクハラ行為をした労働者とともに、会社も責任を負う可能性

債務不履行責任の追及

使用者責任の追及

雇用関係

加害者

セクハラ行為

損害賠償請求

被害者

パワハラ防止法（労働施策総合推進法）

パワハラを行った従業員の他に会社も責任を負うことがある

●パワハラの定義

職場におけるパワハラ（パワー・ハラスメント）の定義について、厚生労働省は、①職場において行われる優越的な関係を背景とした言動であって、②業務上必要かつ相当な範囲を超えたものにより、③労働者の就業環境が害されるものであり、①から③のすべてを満たすものとしています。暴行・傷害などの身体的な攻撃はもちろん、脅迫・暴言・無視などの精神的な攻撃も含む、幅広い概念です。

パワハラを行った従業員は、パワハラの被害者に対して不法行為に基づき、慰謝料等の損害賠償責任を負う可能性があります。また、使用者である会社は、パワハラが生じないように職場環境を整える義務を負っています。そのため、パワハラが起きた場合、会社は被害者に対し、この義務を怠ったとして債務不履行に基づき損害賠償責任を負う可能性や、加害者の使用者としての使用者責任（民法715条）に基づき損害賠償責任を負う可能性もあります。

令和2年6月施行の労働施策総合推進法の改正により、事業主に対してパワハラ防止のための雇用管理上の措置が義務付けられました。具体的には、パワハラ防止のための事業主方針の策定・周知・啓発、相談・苦情に対する体制の整備、相談があった場合の迅速かつ適切な対応や被害者へのケアおよび再発防止措置の実施などが求められることになりました。

●具体的なパワハラの類型

パワハラの代表的な類型として以下の6つがあり、いずれも職場における優越的な関係を背景に行われたものであることが前提です。

① **身体的な攻撃**

暴行や傷害が該当します。たとえば殴打、足蹴りを行ったり、物を投げつけたりする行為が考えられます。

② **精神的な攻撃**

「ふざけるな」「役立たず」などの暴言を含め、人格を否定するような言動や、業務上の失敗に関する必要以上に長時間にわたる厳しい叱責、他人の面前における大声での威圧的な叱責などが該当すると考えられます。

③ **人間関係からの切り離し**

自分の意に沿わない相手に対し、仕事を外し、長期間にわたって隔離する、または集団で無視して孤立させることなどが該当すると考えられます。

④ **過大な要求**

業務上明らかに不要なことや遂行不

可能なことの強制が該当します。必要な教育を施さないまま新卒採用者に対して到底達成できないレベルの目標を課す、上司の私的な用事を部下に強制的に行わせることなどが該当すると考えられます。

⑤　過小な要求

業務上の合理性なく能力・経験・立場とかけ離れた程度の低い仕事を命じることなどが該当します。自ら退職を申し出させるため、管理職に対して雑用のみを行わせることなどが該当すると考えられます。

⑥　個の侵害

私的なことに過度に立ち入ることが該当します。合理的な理由なく従業員を職場外でも継続的に監視したり、業務上入手した従業員の性的指向・性自認や病歴、不妊治療等の機微な情報を、本人の了解を得ずに他の従業員に漏洩したりすることが該当すると考えられます。

職場におけるパワー・ハラスメントに該当するかどうかを個別の事案について判断するためには、その事案におけるさまざまな要素を総合的に考慮することが必要です。

●パワハラに該当する事例

パワー・ハラスメントに該当するかどうかは、パワハラと指導の区別がつきにくいということもあり、個別に判断する必要があります。

たとえば、部下が上司から与えられた業務を適切に処理できなかったとして、上司が部下を厳しく叱責する場合、叱責の仕方・内容によってはパワハラに該当することがありますので、指導の範囲を超えるような乱暴な物言いや威圧的な態度をとらないように気を付ける必要があります。

パワハラ防止法（労働施策総合推進法）の概要

パワハラ防止法（労働施策総合推進法）

令和2年6月1日施行の改正法…大企業を対象
令和4年4月1日施行の改正法…中小企業も対象

↓

企業（事業主）はおもな以下のパワハラ防止義務を負う

義務①　事業主の方針等の明確化及びその周知・啓発
義務②　相談に応じ、適切に対応するために必要な体制の整備
義務③　職場におけるパワハラについて事後の迅速かつ適切な対応
義務④　相談者・行為者等のプライバシー保護　など

33 副業とその禁止規定
兼業によって本業である会社の業務に支障が生じるかが重要なポイント

● 副業を行うことができるのか

　就業規則その他の社内規程によって、憲法は「職業選択の自由」を保障しており、我が国の法令上、副業禁止が明記されているのは公務員だけであって、民間企業に勤務する労働者の副業を禁じる法令はありません。そのため、副業をすることは原則として労働者の自由です。副業を禁止するためには、基本的には、会社の就業規則その他の社内規程によって、従業員の副業を「全面的に禁止する」または「会社の許可が必要である」などと規定する必要があります。

　副業の形態としては、アルバイトなどを行って他人に雇われる場合や、労働者自身が事業を営む場合が挙げられます。会社側がこのような副業を禁じる理由としては、「副業をすると、疲れがたまって本業である会社の業務に支障をきたす」「副業先で会社の情報が漏えいするおそれがある」「副業を理由に残業や休日出勤ができなくなる」などが挙げられます。

　副業を制限している会社においては、会社の許可なく副業を行うことを懲戒事由として定めていることが多いです。実際に、就業規則で副業が禁止されているにもかかわらず副業を行ったとし

て、会社側から懲戒処分を受けた労働者が、会社を相手取って提訴した訴訟においても、前述のような理由で会社に損害を与えたり、労務の提供に支障が生じたとして、会社側の副業禁止規定の正当性を認めた裁判例もあります。

　また、副業として労働者が働いている場所が、本業である会社の競業他社にあたる場合には、副業によって実質的に会社に対する背信的行為をしていると同視できるため、会社が懲戒処分を行うことが許されると判断されたケースもあります。ただし、副業によって会社に対して不利益が生じるとはいえない場合には、基本的には、労働者の副業は懲戒事由にあたらないと考えられます。

　したがって、就業規則に副業禁止を盛り込んでいれば、副業禁止に違反した労働者をすべて懲戒処分にできるわけではありません。

　なお、副業について許可または届出を条件とする会社も存在します。この場合、会社は副業の是非を判断できる一方、労働者も懲戒処分を恐れず副業をすることができます。

第4章

経理の仕事の基本と
事務手続き

1 経理の仕事
集計作業や分析作業の反復で正確性を身につける

●経理の担う役割

　会社は営業活動を行い、そこから利益を生み出す組織です。会計期間という一定の期間を設定し、その会計期間内のさまざまな営業活動を、記録、計算、整理します。会計期間内の収益、費用を集計して、期間内の利益や経営・財政状態などを、会社の内部だけではなく株主などの外部にも報告する必要があります。このように一連の営業活動による取引を記録し、会社内部、外部の関係者に決算書を公開することが経理の仕事です。

●どんな業務を覚えたらよいのか

　経理担当者が覚えるおもな業務について具体的に挙げて見ると下図のようになります。決算に関わる複雑な業務や予算の計画・編成といった業務は1年目からすぐに覚えるということでは

なく、最初は補助業務をしながら徐々に覚えていくことになります。

　経理には、予算の策定と実績との照らし合わせといった役割もあります。

　この業務は、適正な予算設定が必要となりますし、その原因なども把握できなければなりません。ですから、会社のことを全体的に把握できるような中堅社員（中級者）や責任者（管理者）が行うことが一般的です。

●業務の流れをおさえる

　一般的に会社の業務は、「開発」→「仕入」→「製造」→「在庫」→「売上」というサイクルになっています。経理業務との関わりという点では、仕入段階での手形や買掛債務の管理業務、製造段階での原価の管理や固定資産の管理、原材料・経費・人件費の支払いなどについての資金繰り業務が重要で

経理業務の種類と内容

帳簿の作成事務	➡	会計伝票の作成、出納帳や固定資産台帳などの帳簿や台帳の作成
請求関係事務	➡	請求書や手形・小切手の発行
現金・在庫等の各種管理事務	➡	現金残高、売掛金・買掛金、在庫の管理、支払及び回収の消込み
決算・納税関係事務	➡	月次・四半期・年次決算、法人税・消費税・源泉所得税等の税金事務、予算編成

す。また、在庫の段階では在庫の現物管理、売上段階では受注・出荷や売掛債権の管理業務が生じます。現金出納の管理や、資金・経費管理は段階にかかわらず、経理の日常業務になります。

ただし、業種によってはこのサイクルも多少違ってきます。たとえば、卸売業では、「製造」部分がなく「購入」となり、「製造」に含まれる原価計算業務などの経理業務も生じません。

また、自社の顧客や仕入先の名称や情報、商品名や特徴、強みなどを知ることは、経理処理の合理化や会計数値の分析などを行うためには、とても重要です。

●年間のスケジュールをおさえる

月単位、年単位で行う作業には、それぞれの期間中に行うべき仕事のタイミング、つまりスケジュールがあります。年単位で行う作業のスケジュールは、会社の決算期によって変わります。下図は、一般的に最も多い3月期決算を例にした年間スケジュールの例です。

最も大切で忙しいのは決算作業です。月単位の作業で行ってきた月次決算をチェックし、月ごとの儲けや損失（損益）が法律で定められた計算手法（会計基準等）に従って計算されているかの検証や繰越金（次の年度に引き継ぐお金）の計算などを行います。

さらに、これらの計算から年間の会社全体のお金の動き（決算）をまとめます。経理担当は、決算作業を通して4月〜6月、さらに四半期決算も考慮すると、7月8月、10月11月、1月2月も作業が集中します。

年間の経理事務のスケジュール

	おもな事務
1月	月次・四半期決算作業、償却資産税の計算・納付、法定調書の作成
2月	月次決算作業、予算計画策定作業
3月	月次決算作業、予算計画策定作業、実地棚卸の確認
4月	月次・本決算作業
5月	月次・本決算作業、法人税等の計算・納付
6月	月次・本決算作業、夏季賞与支給に伴う事務作業
7月	月次・四半期決算作業、社会保険関連の事務作業（定時決定、年度更新等）
8月	月次決算作業
9月	月次決算作業
10月	月次・四半期決算作業
11月	月次決算作業、法人税等の中間申告・納付
12月	月次決算作業、冬季賞与支給・年末調整に伴う事務作業

※1 表中の事務内容は3月決算の会社を想定したスケジュール
※2 賞与支給は6月及び12月を前提

2 月次決算

月次決算を行う上で大切なポイントをつかむ

●月次計算の準備

　月次決算は、①取引の内容を会計伝票や仕訳帳に反映させる、②仕訳帳の内容を総勘定元帳と補助簿に反映させる、③総勘定元帳の内容を試算表に反映させる、④試算表を基に決算書を作成する、という手順で行われます。

　パソコン会計が浸透している現在の経理実務では、これらの業務は基本的には経理ソフトなどにより自動的に行われますが、手順や考え方は理解しておかなければなりません。

　会計伝票とは、取引ごとに取引の日時、取引した物、取引した量、取引の金額を記した伝票です。仕訳帳とは、日付ごとにすべての取引を記した帳面です。総勘定元帳とは、すべての取引を勘定科目ごとに複式簿記のルールに従って記載した帳面です。また、補助簿とは、得意先との取引や、現金の出入りといった特定の取引に絞って記した帳面です。総勘定元帳には、個々の取引に関しては記載されませんので、仕訳帳の内容が漏れ落ちてしまってもわからないという問題があります。そこで、補助簿を作ることによって、総勘定元帳の記載内容に漏れがないようにします。試算表は、総勘定元帳の記載を基に勘定を借方と貸方に分けるもので、総勘定元帳の記載に誤りがないかを検証するために活用します。

●入力ミスなどがないようにする

　月次決算を行う上で特に注意が必要なのは、前述の②以降の作業です。補助簿は、作成が義務付けられているわけではありませんが、総勘定元帳の記載に漏れ落ちがないかを確認するためには必要な帳簿です。

　また、企業の行っているビジネスの内容や、組織の違いによってさまざまな補助簿が独自に作られることがあります。たとえば、得意先との取引を個々の取引先ごとにまとめた「得意先元帳」、現金の出入りだけを記録した「現金出納帳」、固定資産の売買などを記録した「固定資産台帳」といったものがあります。経理担当としては、まず、自分が仕事をする会社ではどのような補助簿が作られているかを知る必要があります。

　補助簿の中でも、最も一般的に作成されているのが得意先元帳です。得意先元帳には、日付、伝票No.、商品名、数量、単価、売上、入金、差引金額の順で記載項目が並んでいます。経理担当は、その元帳の対象となる得意先に関して、取引ごとに記載を行います。

これが終わると、取引に漏れ落ちがないかを確認する作業に移ります。月末の差引残高は、決算対象月の前月の繰越残高と決算対象月の売上を加えたものから、決算対象月の入金を引いたものとなります。したがって、支払期日の来ていない売上部分が差引残高と同額になれば、取引の記載に漏れ落ちがないことになります。仮に一致しなかった場合には、注文書や請求書などを調べ直して、漏れ落ちや入金の滞留の有無を探し出します。これらの漏れ落ちなどを検証する作業を消し込み作業といいます。

試算表には、合計試算表、残高試算表、合計残高試算表の3つがあります。

合計試算表は、各勘定をそのまま借方と貸方に記載し直したものです。残高試算表は、各勘定の借方と貸方の差額だけを切り出して記載したものです。月末の財務状況が一目でわかるメリットがあります。そして、合計残高試算表は、合計試算表と残高試算表の両方

を一緒に1つの表にまとめたものです。

試算表を基に、月末の資産・負債の内容を記した貸借対照表と、1か月間の会社の経営成績を記した損益計算書が完成します。経理ソフトなどを使用すると、転記を行うことはありませんが、手順としてはこのような流れで月次の貸借対照表と損益計算書を作成することになります。

●月次決算の報告

月次決算が完成すると、経営陣への報告です。経営陣は、報告を基に次の月以降の経営戦略を練り直します。したがって、報告は、できる限り早く行う必要があります。そこで月次決算の場合は、大きな誤りでなければ、少額の計算にこだわらないのが普通です。

また、経理担当としては、請求書を月末の2～3日前には取引先から送ってもらえるように頼んだり、売上の締め日を月末よりも早めてもらうなどの工夫をすることも大切です。

月次決算の手順

① 会計伝票の内容を仕訳帳へ転記する

▼

② 仕訳帳の内容を総勘定元帳と補助簿へ転記する

▼

③ 総勘定元帳の内容を試算表に転記する

▼

④ 試算表を基にして決算書を作成する

➡ 月次決算は迅速に行うことがポイント！

3 会計帳簿

総勘定元帳や補助元帳、現金出納帳、仕訳（日記）帳などがある

● 会計帳簿の種類

　取引を行う時には、内容や金額などを取引先へ通知したり、取引の事実を記録として残しておくために、書類を作成します。この書類のことを会計帳票といいます。会計帳票のうち、1つの取引ごとに単票形式で作成したものを会計伝票、現金取引、手形取引など一定の取引のみを集めて、その履歴を時系列で記録したものを会計帳簿といいます。おもな会計帳簿には、総勘定元帳、補助元帳、現金出納帳、仕訳（日記）帳、現金出納帳、手形帳、売掛帳、買掛帳などがあります。これらの他にも、会社の業務形態に応じて、さまざまな会計帳簿が存在します。

　これらの会計帳簿を経理で行われる作業に沿って説明しますと、まず経理では起票された会計伝票の正確性がチェックされます。仕訳帳に直接記帳される場合もあります。

　次に日次単位あるいは月次単位で会計伝票や仕訳帳の仕訳を集計して各勘定元帳に集計金額が転記されます。これを今度は勘定元帳ごとに再度集計して勘定ごとの一定期間におけるフロー総額と一定時点におけるストック結果を求めます。そのフロー（取引による増減金額の総額）とストック（最終的な残高）は合計残高試算表（T/B）の形にいったんまとめられます。さらにそこから各勘定の残高金額が精算表に転記され、勘定科目を表示用に組み替えて決算書が誘導的に作成されます。

　このような作業を手作業で行うと、記帳から決算書作成まで相当な事務負担が伴うように思えますが、現在では、中小企業でもパソコンによる記帳が主流です。業種、規模によって何通りも構成が考えられる帳簿組織ですが、実は会計の世界はコンピュータに元来よくなじむために、早くから高機能な経理用アプリケーションが多数存在しています。これから始める人でも、いきなりパソコンを使って複式簿記による記帳を行うことも比較的容易にできます。

　前述したような経理の手順を知らなくても、何がしかの取引や残高に関するデータをパソコンに入力すれば、正しいかどうかは別として必要帳票類、決算書類が出力されます。パソコンを使って会計事務所に頼まずに企業自らが記帳しても、手作業による集計転記の手間はかかりません。決算の精度は、ひとえに日々の取引データ入力の正確性と適時性によるところが大きいといえます。

取引記録の保存方法

ファイル化してしっかりと保存する

●なぜ管理しておく必要があるのか

日常の取引の中で、取引先との間で取引の証拠となる書類（証憑書類（しょうひょう））のやり取りが発生します。それらは記録として経理上重要な書類となります。証憑書類には注文書、納品書、商品受領書、請求書、領収書などがあります。

証憑書類には、経費処理や税務申告の正しさを税務署へ証明するための役割もあります。会社が作成したり受け取った証憑書類やそれらを整理した帳簿類については、税務調査を受けたり、後で調べるときなどのために整理しておく必要があります。帳簿書類の備え付け、記録または保存が法令に従って行われていない時は、青色申告が取り消されてしまう場合もあります。そうなると、特別償却など青色申告のさまざまな特典が適用されず、税務上不利な扱いとなりますので注意が必要です。

●保存期間は法定されている

法人税に係る帳簿書類の保存期間は原則7年間です。ただし、青色申告書を提出している場合で、事業年度に欠損金がある場合には10年間になります。また、会社法では、帳簿の保存期間は10年間となっていますので、結局のところ帳簿書類は10年間保存しなければなりません。

帳簿書類の保存方法は、紙による保存が原則ですので、電子計算機で作成した帳簿書類についても、原則として電子計算機からアウトプットした紙により保存する必要があります。ただし、一定の場合には電子データで保存することができます。

伝票や証憑書類の整理は、月別、日付順に通し番号をつけ、ノートなどに貼り付け、ファイル形式にして保存するのが一般的です。これ以外にも科目別に整理する方法があり、それぞれ日付順、内容別、相手先別に整理します。その他、業務上保存する必要がある書類については、別途規程を作るとよいでしょう。

なお、文書は、保管年限ごとに色別にファイルに綴じておくことで、その後の処理も非常に効率がよくなります。

このように伝票や証憑書類をきちんと整理するということは、会社のお金の流れを管理するという経理の基本的な仕事の他に、誰に対しても、お金の流れが不正なく行われていることの証明にもなります。そして、いつでも証明できるようにしておくことも、経理としての大切な仕事のひとつだといえます。

5 電子帳簿保存法

電子帳簿保存の利用促進のため、令和3年度に大改正が行われた

● 電子帳簿保存法とは

　会社などが行う経理業務で決算書を作成するための会計帳簿（国税関係帳簿）や、取引の記録のために必要な領収書などの書類（国税関係書類）の電子化を可能とするために、平成10年に電子計算機を使用して作成する国税関係帳簿書類の保存方法等の特例に関する法律（電子帳簿保存法）が成立しました。ここでの電子化とは、帳簿や各種の書類を電磁的記録（パソコンなどへの入力）で行ったり、電子データのままで入手・作成・保管等を行ったり、紙で入手した書類をスキャナ等に電子化した状態で保管することを意味しており、これらが法的にも認められる取扱いになるということです。

　なお、国税関係帳簿とは、仕訳帳、現金出納帳、売掛金元帳、固定資産台帳、売上帳、仕入帳などをいい、国税関係書類とは、棚卸表、貸借対照表、損益計算書、注文書、契約書、領収書などをいいます。

　経理の業務は、株主・投資家・債権者だけでなく、国税庁や税務署などの多くの利害関係者に対して、取引を客観的な数値に置き換えた決算書や税務申告書を作成するという重要な役割があります。決算書などの作成のために

は、透明性の高い情報となるように、原則として紙に基づいて帳簿への記録や書類の作成・入手・保管等を行う必要がありますが、それには人的または資源的にも多くのコストがかかります。これを一定の電子的な方法で記録あるいは保存等ができるようになれば、コスト削減にもつながり、会社経営的にも効果が発揮されると期待されていました。

　しかし、電子帳簿保存法では、法が目的とする電子化へ移行をする会社が多くなく、あまり浸透されませんでした。そのおもな理由としては、電子化を行うためには事前に税務署長による承認が必要であったり、従来の紙による保管とは異なり、電子化ならではのさまざまな管理のためのルールが細かく設けられて、逆に管理のハードルが高くなり、実務にはなじめない部分が多かったためと言われています。特に紙媒体から電子化になることで、紙のように目で容易に書類などが確認できなくなる問題（可視化の問題）や、紙に比べてデータの加工や偽造が行われやすくなる問題（真実性の問題）が起こりうるため、人手による相互チェックや定期的な検査を行うしくみなども要求され、管理業務・管理コストが増加するという懸念が生じていたようです。

●どんなことが改正されたのか

令和3年度税制改正により、実務上浸透しにくかったと思われる部分が大幅に緩和されて、制度の利用促進を施す措置などがとられました。具体的なおもな改正は次のとおりです。

・税務署長の事前承認制度の廃止

令和4年1月1日以後に会計ソフトなどで電子的に作成した国税関係帳簿を電磁的記録により保存をしたり、紙で入手した国税関係書類をスキャナ等により保管するのに、改正前では税務署長の事前承認が必要でしたが、改正後にはこれが不要になりました。

・タイムスタンプの付与期間の緩和

タイプスタンプとは、取引により入手等を行った書類をデータとして保管する際に、その日やその時刻に実際にその書類が存在しており、かつその後不当な書類の変更や改ざん等が行われていないことをシステム的に保証する技術手法のことをいいます。つまり、後で上書き等ができないしくみであったり、仮に上書きが行われた場合でも、いつどのような形でその内容が変わっ

たのかを人為的ではなくシステム的に追跡できるようにすることです。電子帳簿保存法では、こうしたタイムスタンプを要求しており、そのタイムスタンプの付与期間は、改正前ではデータなどをスキャンして読み込んだ後に3営業日以内に行う必要がありました。

しかし、改正後ではタイムスタンプの付与期間が、最長約2か月と概ね7営業日以内とされました。タイムスタンプは、本来的には取引の過程で国税関係書類を用意あるいは入手して保管するたびに付与する必要はあるものの、その付与までの期間が実務的に対応可能な範囲内になったといえます。

なお、最長約2か月とは、事務処理規程を定めていることを前提として、その業務の処理に必要な通常の期間が2か月であればそこまでの期間が認められているということであって、たとえばその通常の期間が1か月であれば1か月と概ね7営業日以内となります。

・電子取引の取引情報に関する電子データの保存

会社などの取引を行う者とその取引

電子帳簿保存法の保存区分

※電子取引についてはクラウドサービスも含まれる

先との間で、取引上で交わす国税関係書類について、紙を使わずに電子データのみでやりとり（電子取引）をする場合には、原則として電子データのまま保存をすることが要求されるようになりました。上記以外にも、電子化を行うことで不正があった場合には、重加算税が10%加算されるなどの罰則的な改正も行われています。

●電子帳簿保存法の保存区分

電子帳簿保存法では、その法律の目的達成のために3種類の保存区分を設けています。

① 電子帳簿等保存

自らが電子的に作成した帳簿や書類を電子データのまま保存するときの要件を定めています。

② スキャナ保存

紙で受領または自ら作成した書類を画像データで保存するときの要件を定めています。

③ 電子取引

電子データのみで取引先とやりとりした情報をデータで保存するときの要件を定めています。

●電子帳簿等保存を行うための要件（保存方法）について

電子帳簿等保存を行うにあたり、最低限次の3つの要件を満たしていることが必要です。

ⓐ 電子帳簿等の保存に関するソフトウェアの機能などが明記されたシステム関連書類等（例 システム概要書、システム仕様書、操作説明書、事務処理マニュアル等）を備え付ける

ⓑ 保存場所に、パソコンなどの電子計算機、プログラム、ディスプレイ、プリンタ及びこれらの操作マニュアルを備え付けて、画面や書類などがわかりやすい形ですみやかに出力できるようにしておく

ⓒ 税務調査などで電磁的記録のダウンロードの求めに応じることができるようにしておく

この他に、「優良な電子帳簿の要件」として、さらに次のⓓ～ⓖの4つが要求されています。「優良な電子帳簿の要件」をすべて満たしている場合には、それが満たしている旨を記載した届出書を事前に所轄税務署長に提出することで、その後申告漏れが生じても過少申告加算税が5％軽減されるというメリットがあります。

なお、「優良な電子帳簿の要件」を満たしている場合には、上記の最低限必要なⓐ～ⓒのうちⓒの要件は不要となります。

ⓓ 記録事項の訂正・削除を行った場合には、これらの内容などが確認できるソフトウェアなどの電子計算機処理システムを使用する

ⓔ 通常の業務処理期間の経過した後に入力を行った場合には、その事実を確認できるソフトウェアなどの電

子計算機処理システムを使用する

⒡　電子化した帳簿の記録事項と、それに関連する他の帳簿等の記録との相互の関連性が確認できるようにしておく

⒢　「取引年月日」「取引金額」「取引先」、日付や金額の範囲指定、さらにこれらの複数の項目を組み合わせた検索が可能になるようにしておく

●スキャナ保存を行うための要件（保存方法）について

スキャナは、保存の対象となる書類をプリンタなどで読み込んだり、写真で画像を取って、パソコンなどに保存をすることになります。おもな保存方法は次のとおりです。

・タイムスタンプなどでデータ作成・入手の日付や加工ができないような設定を行う
・タイムスタンプの付与期間は最長で2か月と概ね7営業日以内と定められている（特に、取引が比較的集中しがちな月末の取引などは計画的に対応が必要）
・データの保存の際には、この後に修正が行われた場合のバージョン管理、帳簿との相互関連性の確保、会社管理上や税務調査などでの検索機能の確保、データ保管された書類についてタイムスタンプも含めて容易に解読が可能な装置・システムを備え付けておく

●電子取引データ保存を行うための要件（保存方法）について

電子帳簿保存法では、①真実性の要件と②可視化の要件の2つに分けて、次のように定めています。

① 真実性の要件

次のいずれかの措置を行う。

・タイムスタンプが付された後、取引情報の授受を行う
・取引情報の授受の後、すみやかにタイムスタンプを付すとともに、保存を行う者または監督者に関する情報を確認できるようにしておく
・記録事項の訂正・削除を行った場合に、これらの内容等を確認できるシステム、または記録事項の訂正・削除ができないシステムにより取引情報を受け取って保存を行う
・正当な理由のない訂正・削除の防止に関する事務処理規定を定めて運用する

② 可視化の要件

・保存場所に、パソコンなどの電子計算機、プログラム、ディスプレイ、プリンタ及びこれらの操作マニュアルを備え付け、画面や書類などがわかりやすい形ですみやかに出力できるようにしておく
・ソフトウェアなどの電子計算機処理システムの概要書を備え付ける
・検索機能を確保する

6 電子帳簿をめぐる問題点

実務上はさらに細かな留意事項がある

● 紙または電子データのどちらで保存してもよい帳簿書類とは

ここでの帳簿書類とは、①会計ソフトなどで作成された会計帳簿、②会社などが仕入を行った際に取引先が発行する領収書などの受領書類、③会社などが販売を行った際に取引先へ発行する領収書の控えのような、会社側で残す書類としての提供書類の控え、の3つを指します。ただし、②③の受領書類や提供書類の控えは、その書類の発行者側が紙で作成している状態が前提となります。

● 電子データによる保存のみが認められる帳簿書類とは

商取引で作成した領収書などを紙ではなく電子媒体のみでやりとりをしている場合、原則として令和4年1月1日以後に行う電子取引については、電子データ(請求書や領収書等に通常記載される日付、取引先、金額等の情報)での保存が義務付けられています。ただし、電子データ保存のしくみの準備期間が2年間設けられており、その期間ではプリントアウトして紙での保管も認められているため、実際上は令和6年1月1日以後に行う電子取引から電子データでの保存が要求されます

(さらに161ページのとおり、令和5年度税制改正により一定の緩和措置あり)。

● 電子取引でのやりとり

電子取引では、たとえば次のような書類(電子データ等)のやりとりが行われます。これらのデータは各税法に定められた保存期間が満了するまで保存する必要があります。また、取引慣行や社内のルール等により、データとは別に書面の請求書や領収書等を原本として受領している場合は、その原本(書面)を保存する必要があります。

・電子メールにより請求書や領収書等のデータ(PDFファイル等)を受領
・インターネットのホームページからダウンロードした請求書や領収書等のデータ(PDFファイル等)またはホームページ上に表示される請求書や領収書等のスクリーンショットを利用
・電子請求書や電子領収書の授受に関してクラウドサービス(手もとの保管データではなくネットワークで直接情報処理などを行うもの)を利用
・クレジットカードの利用明細データ、交通系ICカードによる支払データ、スマートフォンアプリによる決済データ等を活用したクラウドサービスを利用

- 特定の取引に関するEDIシステムを利用
- ペーパーレス化されたFAX機能を持つ複合機を利用
- 請求書や領収書等のデータをDVD等の記録媒体を介して受領
- スマホアプリによる決済により、アプリ提供事業者から利用明細等を受領

●スキャナ保存の対象となる書類

国税関係書類のうち、棚卸表、貸借対照表及び損益計算書などの計算、整理または決算関係書類を除くすべての書類が対象となります。なお、売上伝票などの伝票類は、国税関係書類に該当しないためスキャナ保存の適用はありません。

●タイムスタンプには、どのような要件を満たす必要があるか

電子帳簿保存法で使用可能なタイムスタンプは、以下の要件を満たすものに限ります。

① 当該記録事項が変更されていないことについて、当該国税関係書類の保存期間を通じ、当該業務を行う者に対して確認する方法などにより確認できること

② 課税期間中の任意の期間を指定し、当該期間内に付したタイムスタンプについて、一括して検証できること

具体的には、タイムビジネスの信頼性向上を目的として、一般財団法人日本データ通信協会が定める基準を満たすものとして認定された時刻認証業務によって付与され、その有効性が証明されるものになります。また、認定を受けたタイムスタンプ事業者には、「タイムビジネス信頼・安心認定証」が交付され、「タイムビジネス信頼・安心認定マーク」を使用できることから、その事業者の時刻認証業務が一般財団法人日本データ通信協会から認定されたものであるか否かについては、認定マークによって判断できます。

●インボイス制度と電子帳簿保存法

インボイス制度は、会社などが預かった消費税が漏れなく適切に国に納められるように消費税法で設けられた制度であり、電子帳簿保存法とはその目的が異なるため、電子帳簿保存法とは直接的な関係はありません。

ただし、インボイス制度は、これまでの実務で使用されてきた請求書の発展形態ではあるものの、電子帳簿保存法の国税関係書類の中の位置付けとしては従来の請求書と実質的に変わりありません。たとえば、ペーパーレスで書類のやりとりを行うのであれば、電子版の適格請求書等を作成して発行するということになります。

なお、消費税につき保存義務者が行う電子取引の取引情報に関する電磁的記録の保存については、その保存の有無が税額計算に影響を及ぼすことなど

を考慮し、その電磁的記録を書面に出力することにより保存することも認められます。

● 電子取引で、電子メールでやりとりしている場合の保存方法

　電子メールでの取引情報は、取引に関して受領し、または交付する注文書、領収書等に通常記載される事項ですから、電子メールにおいてやりとりされる情報のすべてが取引情報に該当するものではありません。したがって、そのような取引情報の含まれていない電子メールまでも保存する必要はありません。具体的には、電子メール本文に取引情報が記載されている場合は当該電子メールを保存する必要がありますが、電子メールの添付ファイルにより授受された取引情報（領収書等）については当該添付ファイルのみを保存しておけばよいことになります。

　なお、請求書をクラウドサービスにより受領したものと電子メールにより受領したものがある場合のように、同一の請求書を2つの電子取引により受領したときについては、それが同一のものであれば、いずれか一つの電子取引に対する請求書を保存しておけばよいことになります。

● 請求書や領収書等を電子的に（データで）受け取った場合の保存方法

　電子的に受け取った請求書や領収書

等については、データのまま保存しなければならないとされており、その真実性を確保する観点から、以下のいずれかの条件を満たす必要があります。

・タイムスタンプが付与されたデータを受領
・すみやかに（または事務処理規程に基づく場合はその業務の処理に関する通常の期間を経過した後、すみやかに）タイムスタンプを付与
・データの訂正削除を行った場合にその記録が残るシステムまたは訂正削除ができないシステムを利用
・訂正削除の防止に関する事務処理規程を策定、運用、備付け

　また、事後的な確認のため、検索できるような状態で保存することや、ディスプレイ等の備付けも必要となります。検索できるような状態とは、具体的には次のすべての要件を満たす必要があります。

・取引年月日その他の日付、取引金額及び取引先を検索の条件として設定することができること
・日付または金額に関する記録項目については、その範囲を指定して条件を設定することができること
・二以上の任意の記録項目を組み合わせて条件を設定することができること

● 電子取引で入手した電子的な請求書や領収書等の簡便的な保存方法

　PDFなどの電子取引で入手した請求

書や領収書などの書類はタイプスタンプなどの方法により保管などを行う必要がありますが、特別な請求書等保存ソフトをもっていない場合には、以下のような方法で保存をすることも可能です。

① 請求書データ（PDF）のファイル名に、規則性をもって内容を表示する。

例）2023年4月5日に株式会社○○社から受領した10,000円の請求書 ⇒ 「202304051_㈱○○社_10000」

この規則性を担保する方法として、日付、金額、取引先をリスト化した索引簿を作成して請求書等のデータを検索する方法も可能です。

② 「取引の相手先」や「各月」など任意のフォルダに格納して保存する。

③ 事務処理規程を作成し備え付ける。

基準期間（通常は2年前）の売上高が1,000万円以下（令和5年度税制改正では5,000万円以下）であり、税務調査の際などにダウンロードの求めに応じることができるようにしておく場合には、上記①の設定は不要です。また、令和5年度税制改正により、所定のルールで保存ができないことに相当の理由があり、電子データのダウンロードや出力に対応できる場合は、検索が備わった保存要件は不要になります。

●従業員が経費等を立て替えて領収書を電子データで受領した場合の留意点

従業員の行為が会社の行為として行われる場合には、会社としての電子取引に該当します。この電子取引の取引情報に係る電磁的記録については、従業員から集約し、会社として取りまとめて保存し、管理することが望ましいですが、一定の間、従業員のパソコンやスマートフォン等に保存しておきつつ、会社としても日付、金額、取引先の検索条件に紐づく形でその保存状況を管理しておくことも認められます。

なお、税務調査の際にはその従業員が保存する電磁的記録について、税務職員の求めに応じて提出する等の対応ができるようにする必要があります。

帳簿書類等の保存方法

種　類	作成方法	保存方法
帳簿	会計ソフトなどで作成	出力した紙 or 電子データ（※）
	手書きで作成	作成した紙
受領書類	紙などで受領	出力した紙 or 電子データ
提供書類(控)	一定のソフトなどで作成	出力した紙 or 電子データ（※）
	手書きで作成	作成した紙 or スキャンした電子データ
電子取引	取引に際してすべて電子データのみでのやりとり	電子データ

※スキャンしたものやCOM（電子計算機出力マイクロフィルム）なども含む

7 伝票や証憑書類の扱い

伝票は簿記の仕訳に準じて記入し、振替伝票は摘要欄を活用する

伝票の種類

　発生した取引は、その都度仕訳帳に記録する場合と、伝票によって1枚ずつ記録して、作業の分担と効率化を図る場合があります。仕訳帳も伝票も、総勘定元帳への転記の基となります。伝票会計制度は、何種類の伝票を使用するかにより1伝票制、3伝票制、5伝票制があります。伝票の種類としては、以下のものがあります。

① 仕訳伝票…仕訳帳の代わりに記録する個々の取引
② 入金伝票…現金の入金に関する取引
③ 出金伝票…現金の出金に関する取引
④ 振替伝票…現金に関係のない取引
⑤ 売上伝票…売上に関する取引
⑥ 仕入伝票…仕入に関する取引

パソコン会計で伝票を処理する場合

　現在では省力化や多くの企業でパソコンが導入されていることから、会計ソフトに必要なデータを入力するパソコン会計がおもな会計方法となっています。独自のパソコン会計を使用している企業では、伝票も独自のものを使用する場合もあります。

　パソコン会計に使用される伝票にも、通常の伝票会計と同様に入金伝票、出金伝票、振替伝票があります。入金伝票はお金が入ってきたときに使う伝票、出金伝票はお金が出ていったときに使う伝票、振替伝票はお金以外のものの取引の時に使う伝票、ということになります。

　なお、パソコン会計では、振替伝票の入力で複数の仕訳を連続して作成することが可能になっています。

伝票の書き方

　伝票とは、取引ごとに取引の日時、取引した物、取引した量、取引の金額を記した紙です。前述した各伝票には、取引日、領収書や請求書など取引の証拠となる書類のNo、取引先の名前、勘定項目、取引金額、取引の内容（摘要）、消費税といった記入項目が並んでいます。会計担当者はそれらの項目に必要事項を記入していくわけです。これが「伝票を起こす」という作業です。伝票は、取引が発生したごとに毎日起こすことになります。それぞれの伝票は、簿記で決められている仕訳方法に準じて記入を行いますが、パソコン会計の振替伝票入力で入力者がわかるように摘要欄を上手に活用しましょう。

　摘要欄を上手に活用するには、おもに「取引の日」「取引を行った役職員名」「経費の目的や内容」「支払った取

引先の会社名や担当者名等」「支払先の詳細やどこで費用が発生したのか」「単価など支払金額の詳細」、また消費税の軽減税率８％の取引についてはその旨を記入しておきます。ただし、他の書類に記載のある事柄に関しては、二重に手間をかけることになりますので、すべての伝票にこれらをこと細かく記入する必要はありません。

領収書を受領できない場合の対応

日常の取引の中で、取引先との間に領収書や納品書などの取引の証拠となる書類（証憑書類）は記録として経理上重要な書類です。

ところで、慶弔金や公共交通機関での切符など、領収書が発行されないケースがあります。領収書を受け取ることができない場合には、取引の内容がわかる明細を記入した証明書類が必要となります。特定のフォームを作成し、必ず本人に書いてもらうようにします。

・慶弔金等の場合

招待状や会葬礼状など、出席や参列した証拠となる書類に金額を書いて保存します。

・電車やバスなどの交通費

交通費精算書などに利用した交通機関、経路、金額の明細を書いて保存します。

・その他の場合

支払証明書などに、支払先、金額、支払事由を書いて保存します。

伝票・証憑書類の整理

伝票や証憑書類の整理は、月別、日付順に通し番号をつけ、領収書等はノートなどに貼り付けて保存するのが一般的です。これ以外にも科目別に整理する方法があり、それぞれ日付順、内容別、相手先別に整理します。また、証憑書類の種類によって整理の方法を使い分ける場合があり、たとえば重要な契約書については、領収書とは別のファイルなどに保管されることもあります。整理した書類については、法律で定められた期間内は保存しなければなりません。

伝票制		
1伝票制	仕訳伝票	
3伝票制	入金伝票、出金伝票、振替伝票	
5伝票制	入金伝票、出金伝票、振替伝票、売上伝票、仕入伝票	

8 総勘定元帳と補助簿
主要簿から決算書が作成される

● 総勘定元帳と補助簿の役割

　帳簿には、簿記の基礎となる主要簿と、その主要簿の記録を補う補助簿があります。総勘定元帳は、仕訳帳とともに重要な主要簿で、現金の動きや残高、増減した取引の内容が示されます。これらの主要簿を基にして決算書（貸借対照表・損益計算書）が作成されます。また、補助簿には、補助記入帳と補助元帳があり、主要簿作成の明細を示す補助的な役割を持っています。

①　総勘定元帳の作成

　総勘定元帳は、仕訳帳に書いた仕訳を勘定科目別に書き写して作成します。この作業を転記といいます。パソコン会計の場合には、仕訳帳に入力を行う

と転記不要で自動的に総勘定元帳が作成されます。勘定科目は、取引内容を分類するためにつけられた名称です。事業を行うにあたっては、さまざまな取引がなされますが、その取引がどんなものであるのかがわからなければ、お金の流れを理解することができません。そのため、勘定科目を用い、取引内容を明確にするのです。

②　補助簿の種類

　補助簿には「補助記入帳」と「補助元帳」があります。補助記入帳は、特定の取引についての詳細を記録する帳簿をいい、補助元帳は、特定の勘定科目についての内訳を記録する帳簿です。補助簿には多くの種類があり、各会社

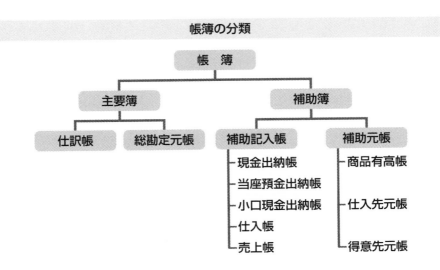

帳簿の分類

で必要に応じた補助簿を決定します。

● 帳簿を手書きで作成する場合の注意点

帳簿を手書きで作成する場合には、誰でも読めるような文字で書くことです。また、マス目の幅全体の3分の2程度の大きさで上に余白を残すようにします。文字や数字の訂正が必要になったときには、その余白部分に丁寧に訂正を書き入れ、間違えの部分は2重線で消してその上に訂正印を押します。数字に関しては、3桁ごとにカンマ（,）を入れるようにします。さらに、伝票や帳簿には、斜めの線や2重線が書かれている個所がありますが、これにも意味があります。斜めの線は、空欄などに引かれていますが、これは、後から文字や数字を勝手に入れられたりしないためのものです。また、2重線は仕切線などと呼ばれています。

● 試算表の作成

総勘定元帳と補助簿が完成後に、決算書を作成する前段階の最後の作業となる試算表を作成します。試算表には、合計試算表、残高試算表、合計残高試算表の3種類があります。通常は、決算月までに発生した取引に基づき決算整理前の試算表が作成され、そこから決算特有の処理である引当金の計上や法人税等の計上などを行って決算整理後の試算表が作成されます。これらの試算表を基に貸借対照表、損益計算書などの決算資料が作られます。

補助簿の種類

補助記入帳	
現金出納帳	現金の入金・出金・残高の記録
当座預金出納帳	当座預金の預入れ・引き出し・残高の記帳
小口現金出納帳	小口現金の収支の明細を記録
仕入帳	仕入れた商品・製品・材料と金額の記帳
売上帳	販売した商品・製品・サービスと金額を記帳
補助元帳	
商品有高帳	商品の出入りと残高を記録
仕入先元帳	仕入先ごとに仕入れた商品・製品・材料・数量・金額を記帳、買掛金の支払いを記帳
得意先元帳	得意先ごとに販売した商品・製品・サービス・数量・金額を記帳、売掛金の回収を記帳

9 勘定科目
お金の出入りを誰でも一目でわかるようにできるためのテクニック

● 勘定科目とは

　複式簿記の目的は「モノやお金の出入りを記録し、それによる財産の増減まで明確にすること」であり、そのためには、記録された取引を誰が見ても一目で理解できるようにすることが必要です。これを実現するのが、「勘定科目」を利用して取引を内容ごとに分類し、まとめるという作業です。勘定科目を理解すれば、取引を上手にまとめるテクニックが身につくのです。勘定科目とは、出入りしたお金につけられた見出しのようなものです。会社のお金を管理する場合、何に使ったお金なのか、またはどこから入ってきたお金なのか、ということを、いつ誰が見ても分かる必要があります。お金の動き一つひとつに見出しを付けて整理することで、時間が経っても、どんな人が見ても内容が明らかになる。それが勘定科目が果たす重要な役割だといえます。

● 勘定科目ごとにお金の出入りを まとめる

　お金の出入りをまとめるためには、まず、具体的な取引を内容別に分ける必要があります。それから、それぞれの内容に沿うような勘定科目を設定するのです。

　取引を分類し、それぞれの内容を表すのに相応しい勘定科目を設定するのは、それほど困難なことではありません。たとえば家計簿の場合、入金の場合の勘定科目は「収入」と「借入」、出金の場合の勘定科目は「食費」「光熱費」「家賃」「ローン」「娯楽費」などと設定することが考えられます。こうすれば、家族旅行による出費も、家族で映画を見にいったときの入場料も「娯楽費」という１つの勘定科目で表すことができ、一目でわかりやすくなります。

● 基本的に会社が自由に設定できる

　家庭の例でいえば、子供の有無、家族の人数・年代など、その形によって日々の取引の内容は違います。会社も同じです。業種、業態によって、取引方法や内容が違いますので、それによって必要となる勘定科目も変わります。自社の取引を表すのに適切な勘定科目を、自由に設定してよいのです。

　ただし会社の場合は、株主や債権者、取引先などの利害関係者が多いという点で家庭とは大きく異なります。そのため会社の勘定科目は、利害関係者の誰が見ても一目で取引がわかるような配慮が必要です。

●シンプルすぎず複雑すぎず

　すべての勘定科目は、5つの大きなカテゴリーに属します。それは「資産」「負債」「純資産」「収益」「費用」の5つです。資産とは「財産」、負債とは「借金」、純資産とは「資本金」、収益とは「収入」、費用とは「収入を得るために使ったお金」のことです。会社の取引は、この5つのカテゴリーの中のどれかに必ず入ります。

　5つのカテゴリーは、会社を究極に簡素化して表すという点で非常に重要な意味を持ちます。たとえば、負債の金額が資産の金額よりも多ければ、その会社は「債務超過（借金が財産よりも多い状況）」とわかります。見るべき点を5つに絞り込んだことで「一目で」判断できます。

　そこで、実際の簿記では、これらの大きなカテゴリーの中にさらにいくつかの勘定科目を設定して記帳します。そうすることで会社の実態がより明確にわかるようになるのです。なお、この5つのカテゴリーは、会社の財政状態や経営成績などをわかりやすく表現

できるように簡素化を行った結果生み出されたもので、非常に重要です。たとえば、負債の金額が資産の金額よりも多ければ、その会社は「債務超過（借金が財産よりも多い状況）」とわかります。5つのカテゴリーに絞り込んだことで「一目で」判断できます。

●仕訳の積み上げが決算書

　仕訳は簿記のスタートです。そして簿記の最終目的が決算です。

　決算書類の貸借対照表や損益計算書は、「資産」「負債」「純資産」「収益」「費用」の5つの要素によって構成されています。貸借対照表は、「資産」「負債」「純資産」で構成され、損益計算書は、「収益」「費用」で構成されます。すべての取引は、2つ以上の勘定科目を使って借方と貸方に仕訳をしなければなりません。その勘定科目は、「資産」「負債」「純資産」「収益」「費用」の5つの要素のどれかに分類されます。その仕訳を積み重ねた結果が貸借対照表と損益計算書を作り上げ、最終的な決算書に結びつくのです。

5つのカテゴリーに含まれる代表的な勘定科目

資　産	現金、当座預金、普通預金、受取手形、売掛金、建物、土地
負　債	支払手形、買掛金、預り金
純資産	資本金、資本剰余金、利益剰余金
費　用	売上原価、給料、支払利息
収　益	売上、受取利息、受取手数料

10 現金出納業務
現金取扱者は現金業務のみに従事する

● 現金出納業務とは

会社などで現金の収入や支出に関して責任を持ち、管理する業務が現金出納業務です。現金といっても硬貨や紙幣だけではなく、郵便為替の証書や小切手、配当金の領収書なども現金と同等の取扱いをしますので、現金出納業務に携わる人は幅広い知識が必要になります。毎日の現金の入金や出金には、以下のようなものがあります。

・入金

売上代金（現金の他、小切手や郵便為替なども含む）、預金の引き出し、社員の出張旅費の仮払い（旅費の前払い）を精算したことによって戻ってきたお金

・出金

預金の預け入れ、社員の出張費や交通費の精算、打ち合わせなどの費用、仮払金

● どんなことに注意すべきか

現金収納担当者は、収納業務だけに従事するようにします。収納担当者が入金伝票を起こすことや支払業務などには、不正防止の観点から原則として従事しないようにします。

また、極力取引先には銀行振込での支払いをお願いし、現金や小切手など

での受取りは少なくします。同時に、こちらから支払いをする場合も総合振込もしくは小切手での支払いをするようにし、現金での取引は控えます。

支払をする際には、伝票や証憑書類の取扱いにも注意が必要です。支払いが終わった出金伝票や証憑書類には二重の支払を防ぐために必ず出納印を押印しましょう。

● 現金残高管理はとても大切

現金残高管理業務では、必ず1日の終わりに現金の帳簿残高と実際に手許にある残高（在高）を一致させる突合作業を行わなければなりません。取引を始める前の現金の帳簿残高に、1日分の入金伝票と出金伝票の合計を加算減算した金額が、現金在高と一致している事が必要です。

間違いがないことを確認するため、現金在高を計算する際によく使われるのが金種表です。紙幣、硬貨の種類ごとにその枚数と合計額を記載しておく資料です。

基本を忠実に守って取引の記録を行えば現金残高が合わないということはありませんが、途中伝票を起こさないで入金や出金を行ってしまうと、不突合（現金残高が不一致となること）の

原因になります。

　現金の取扱いにも十分に注意をしなければなりません。現金の入っている手提げ金庫は常時出しておくのではなく、決められた時間にだけ保管庫から取り出すようにします。手提げ金庫を放置したまま席を離れるということがないようにしなければなりません。

　ただ、それでも入金と出金の金額が合わない場合には、いったん、伝票には「現金過不足」という勘定科目で記録します。そして、金額が合わない理由がわかった時点で修正します。これは、緊急事態での対応法ですので、担当者が勝手に判断して勘定科目に入れるということがあってはいけません。必ず、上長と相談して許可を得た上で行います。

●仮払金の出金と精算の仕方

　たとえば交通費や交際費など、経費分の概算金額を社員に前払いして、後から実費を精算する場合があります。このように、会社が事前に経費につい

てのお金を支払うことを仮払いといいます。

　仮払いの際には、必ず仮払申請書と引き換えに現金を渡します。精算は、社員が出張から戻ってきた後はすみやかに行うようにします。精算して仮払金では実際の出張費用が足りなかったという場合には、社員に不足分を払い、仮払金が実際の出張費用よりも多かった場合には、超過分を返してもらいます。精算後は、仮払申請書を保管し、出張費用として伝票を起こします。

　しがちなミスとしては、すでに仮払いをしているにもかかわらず、社員が立て替えたものと誤って、精算してしまうケースです。社員に対して、仮払いの時のお金と精算分のお金とを重複して渡してしまうことになりますので、超過分を返済してもらわなければなりません。

　常に仮払金の残高チェックを行い、経費の伝票が回ってきた場合には、事前に仮払申請書が提出されているかどうか、必ず確認するようにしましょう。

一般的な現金出納帳サンプル

現 金 出 納 帳

月	年日	科　目	摘　要	入　金	出　金	残　高
5	1		前月より繰越			100000
	2	消耗品費	(有)○○より事務用品購入		7000	93000
	3	水道光熱費	○月分の水道代支払い		20000	73000
	4	租税公課	自動車税納付		51000	22000
	5	普通預金	○○銀行より引出し	80000		102000

費用や売上の計上時期

「費用」は発生主義、「収益」は実現主義により計上する

●費用の認識は発生主義による

収益と費用の計上する時期については、会計のルールである企業会計原則の中で、「すべての費用及び収益はその支出及び収入に基づいて計上し、その発生した期間に正しく割り当てられるように処理しなければならない。ただし、未実現収益は、原則として、当期の損益計算に計上してはならない」と規定されています。

つまり、会計期間に発生した費用をその会計期間の費用として計上しなさいということです。この「発生」とは、現金の支払いがあったかどうかに関係なく、その支払いの対象となるモノの受渡しやサービス（役務）の提供を受けたことを意味します。このような費用の計上基準を発生主義といいます。

費用は、現金の支払いの時期とモノの受渡しやサービスの提供を受ける時期とにズレが生じることがあります。

たとえば、3月決算の会社が事務所を賃借していたとします。2月までの家賃を毎月現金で支払いましたが、3月分の家賃は3月末までに支払っていなかったとします。この場合、損益計算書に計上される支払家賃は11か月分の家賃だけでよいのでしょうか。このように、現金を支払った時期を基準と

する考え方は現金主義による計上基準です。発生主義に基づいた場合には、たとえ3月分の家賃は現金で支払っていなくても、賃借している（役務の提供を受けている）わけですから、決算の時には3月分の家賃も計上しなければなりません。

●収益の認識は実現主義による

一方、収益は、原則として「未実現収益」を当期の損益計算に計上してはならないと規定しています。もし売上高などの収益を「発生主義」に基づいて計上した場合には、商品を販売する前に売上が計上されることがあります。これでは客観性のない金額で、また確実にお金が入ってくるのかもわからない売上が計上されることになりかねません。企業が裏付けのない収益を元に決算書を作成すれば、実際よりも高い利益を上げているかのように業績を偽ることになります。いわゆる粉飾決算です。そのため、収益の計上は、費用の計上基準である発生主義よりも厳しく定められていて、収益が実現した時点、つまり実際に商品や製品を販売した時点をもって計上するものとされています。このような収益の計上基準を実現主義といいます。

170

これにより未実現収益の計上がなされないことになります。収益の計上時期となる「販売」がいつの時点で行われたことになるのか、という点については納品基準や検収基準などいくつかの基準があり、現金主義とは異なり、現金での支払いを受けたときだけとは限りません。しかし、いずれにしても収益の計上は、費用の計上よりも慎重に行うことが求められているといえるでしょう。

●費用収益対応の原則とは

正しい期間損益を計算するためには、収益と費用を期間的に対応させて一会計期間の利益を計算することが要求されます。これを費用収益対応の原則と言っています。つまり、当期に実現した収益に対して、それを得るために要した発生費用を対応させて損益計算をします。

費用と収益の対応形態には、次の2つのものがあります。1つは個別対応です。つまり収益を獲得するために要した費用を、その獲得した収益に完全に対応させる方法です。具体的には売上高とそれに対応する売上原価がこれにあたります。もう1つは期間対応です。売上原価については、収益と費用を対応させやすいため、個別対応が可能ですが、すべての費用について個別対応させることは困難です。個別対応のように売上高のような特定の収益に費用を対応させるのではなく、一会計期間に計上した収益に対し、同一会計期間に発生した費用を対応させる方法が期間対応です。減価償却費の計上などがこの対応形態です。

発生主義と実現主義

発生主義の原則（費用の計上基準）

実現主義の原則（収益の計上基準）

収益の認識は販売が
確実になった時点

実現主義の原則は、発生主義の原則より厳しい条件が付けられている

	発生主義	実現主義	現金主義
費用	○　費用の認識	×	×
収益	×	○　収益の認識	×

慎重な収益認識

12 売上についての経理業務

販売活動に経理業務は欠かせない業務のひとつ

● 販売活動の流れ

　企業の販売活動は、経理業務が迅速かつ確実に行われることで、スムーズに進んでいきます。企業の一般的な販売活動の流れは以下のようになります。

① 先方から注文を受けた段階で信用調査を行い、そこで問題がなければ正式に受注処理に入ります。在庫の有無を確認し、受注台帳に記入します。

② 決められた納期に間に合うように出荷部門へ商品の出荷を依頼します。出荷部門は納品書と物品受領書を添え、出荷します。

③ 経理部門では、出荷部門から回されてきた出荷報告書を元に売上伝票を起こします。

④ 起こした売上伝票を基に、売上帳と総勘定元帳へ記帳を行います。

⑤ 月末や締日になると、売上高や売掛金などを締めます。これは、請求一覧表や業績評価の資料等を作るためです。

⑥ 取引先と取り決めた請求締日に合わせて、1か月分の請求書を作成します。

⑦ 取引先から請求書に基づいて順次入金されてきますので、請求金額と合っているか突合作業を行います。入金金額に間違いがなければ、売掛金の消し込みを行います。

　手形で売掛金を回収した場合には、手形要件を確認した上で受領します。手形は受取手形帳に記入します。受取手形帳では取立、割引あるいは裏書など手形の顛末を記入します。

⑧ 入金されたものに関してそれぞれ会計仕訳用の伝票を起こします。

⑨ 入金された売掛金を総勘定元帳や得意先元帳に記帳をします。

　このように経理部門では売上処理や売上債権の回収処理や管理があります。

● 売上原価の計上

　売上原価とは、販売した商品の仕入高のことです。商品がサービスの場合でも、そのサービスに必要な費用は売上原価です。売上原価は、商品やサービスが実際に売れたときに計上するというのが大原則です。

　たとえば、10個の商品があったとします。7個売れた場合、売上原価に計上できるのは、売れた7個分の仕入高だけです。まだ売れていない3個は、商品の勘定項目に入れます。

　経理としては、事務処理の簡便化のために、売上原価を商品が売れる都度計上せずに、1年間の売上原価を通常は以下のような形でまとめて処理しま

す（下図参照）。

●売上の計上基準とは

　売上の計上は一定のルール（計上基準）に沿って行われます。売上の計上基準とは、売上をどの時点で計上するかという基本ルールのことです。会社には、決算期があります。3月期決算であれば、前年の4月1日からその年の3月31日までの1年間で得たお金や支出したお金についてその結果をまとめなければなりません。したがって、特に期が終わる（決算期末）前後の取引については、取引のどの時点で売上を計上するかは、決算の金額に影響を与える重要なポイントになります。売上の計上は実現主義をとりますので、具体的には、商品を出荷したとき、商品を引き渡したとき、検収が終了したときなどになります。

　一般的にサービス業であれば、そのサービス提供が終わった段階、メーカーであれば、出荷あるいは、検収終了時のいずれかを採用するのが一般的です。出荷したときに売上を計上する方式を出荷基準、商品やサービスを引き渡したときに計上する方式を引渡基準、検収が終了したときに計上する方式を検収基準といいます。

　これらの計上基準のうちのどれを採用するかは、会社の自由な判断によります。ただし、一度採用した計上基準は正当な理由がない限り変更できません。

　なお、令和3年4月1日以後開始する事業年度より、売上計上基準である企業会計基準第29号「収益認識に関する会計基準」が、監査法人等による会計監査を受けていない一部の中小企業を除き適用されています。この基準は、売上の計上時点を顧客が商品などの「資産に対する支配を獲得した時」と定めているため、取引条件によっては、従来より適用していた売上計上基準とは異なる処理を行う場合がありますので注意が必要です。

売上原価の算出方法

商　品　勘　定		
期首商品棚卸高	売　上　原　価	
当期商品仕入高		
	期末商品棚卸高	

 1年間の売上原価＝前期末の棚卸資産（期首商品棚卸高）
　　　　＋当期商品仕入高－当期末の棚卸資産（期末商品棚卸高）

※棚卸資産とは、その期のうちに売れなかった商品、つまり在庫のこと

● 掛けによる取引が一般的

会社間の取引においては、現金による取引より掛けによる取引が一般的です。商品の料金を後払いや後日の受取りとすることを、掛けによる売買といいます。商品を出荷して、代金の回収がすんでいない場合は、売掛金になります。掛けの場合、現金取引のようにその場での現金のやりとりをするわけではなく、後日に代金の回収をします。そのため、代金の回収をしっかりと行わなければなりません。

また、取引先ごとに、売掛金がいくらあり、いつ回収できるのかを、把握することを忘れないようにしましょう。

● 請求書の発行と入金の管理

取引先に商品などを出荷する場合、納品書を同封しますが、納品書と複写になっている受領書を送り返してもらいます。そのために、当社宛の返信用封筒を同封しておきます。受領書には、商品受取の証明となる受領印を押してもらいます。

受領書が取引先から郵送されてきたら、請求書の作成をします。会社には締め日があるので、締め日に応じて請求業務を行います。請求書と受領書の内容に相違がないかをしっかりと

チェックし、取引先へ郵送します。

また、請求書には通し番号をつけ、取引先に送ったものと同じ内容の控えを、手元に保管するようにします。

請求書には、①宛先、②請求日、③作成者、④債権内容、⑤債権額、⑥支払期限、⑦振込先といった事項を記載します（令和5年10月1日以降に発行する適格請求書等ではこの他、221ページのとおり登録番号も記載されます）。

請求の時点で未だ入金されていない未払金がある場合には、その未払金についても記入するようにします。

ところで、代金の支払いには、現金だけでなく、小切手や手形、銀行振込などがあります。請求書を取引先へ送付した後は、取引先ごとに入金予定表を作成し、代金を期日までに回収できたかどうかを確認することが重要です。

● 領収書の発行

取引先にとっては、領収書は代金を支払ったことを証明する、大切な証拠書類になります。そのため、領収書は複写式で発行し、発行する領収書には通し番号をつけ、取引先に送ったものと同じ内容の控えを、手元に保管するようにします。

14 仕入業務①

商品が納入されたときには現物を必ず確認する

● 仕入から代金支払いまでの流れ

仕入業務の大まかな流れは、①発注（仕入先へ原材料を注文すること）→②仕入先が注文を受けた物を出荷→③資材・機材の納入（入庫）→④検収→請求書の受領→⑤代金の支払い、のようになります。

仕入とは、商品や原材料を購入することです。また、仕入れる場合に発生した、引取運賃、運送保険料、手数料、関税や、仕入れた商品を販売するまでにかかった費用なども、この仕入原価に含まれることになります。

商品を仕入れる場合は、まず取引先に見積書の作成を依頼します。そして、作成された見積書の内容や金額を検討し、注文書を作成し、正式に商品の発注を行います。取引先から商品が納入されたときは、納品書と注文書の内容に相違がないか、実際の商品を見て注文書の内容と相違がないか調べます。これを検収といいます。その後、受領書に商品受取の証明となる受領印を押して、取引先に送付します。検収が確認されると、仕入先から請求書が送られてきて、代金の支払いを行います。

● 一覧表やファイルなどによる管理

支払業務を行う場合、納品書や請求書の内容を確認し、支払額を確定します。請求書が届いたからと言って無条件に支払うわけではありません。たとえば商品の検収後に不具合が発生するなど、仕入先が対応するまで支払いを止めなければならない場合もあるため、確かに支払ってよいものであるかどうか、仕入担当者等へ確認を行います。

支払方法としては、現金、銀行振込、小切手、手形などがあります。仕入先が複数の場合は、仕入先ごとに納品書と請求書をまとめ、支払金額と手数料の合計が、一目見てわかるように一覧表を作り、ファイルとして保管しておくことが必要です。

また、仕入先ごとの買掛金の残高や、前月からの繰越残高などについても、もれなく記録しておきます。残高については、会計帳簿や残高試算表上の残高とも一致しているかどうか、定期的にチェックをする必要があります。

これらはやや煩雑で地道な作業ですが、取引先との信頼関係を維持するためでもあり、加えて、自社の資金を正確に把握する意味でもあります。円滑な取引を継続していくためには、日々の記録や請求書の確認業務を、しっかりと確実に行うことが重要です。

第4章 経理の仕事の基本と事務手続き

15 仕入業務②
計上基準や仕入割引などの判断基準をつかむ

●仕入の計上基準について

　仕入を行った際、いつの時点で経理上の仕入として計上すればよいのでしょうか。この計上基準には、大きく分けて以下のものがあります。

　仕入先が商品を出荷した時点で計上する出荷基準、その商品を受け取った時点で計上する入荷基準、商品の検収を行った時点で計上する検収基準などがあります。これらの基準の選択は、自社の事業の実情に合わせて行う必要があります。

　たとえば、検収基準は、不良品の有無など商品の品質を重視する必要のある事業に向いた基準だといえます。また、出荷基準は、同じ相手との安定的、継続的な取引、あるいは自社グループとの取引が多い事業に向いています。

　税法ではどの基準を使用しても認められますが、大切なことは、一度決めた基準は、年度ごとの仕入額の比較が正確にできるように継続して使用することです。これは、会計の継続性の原則の要請で、財務諸表の信頼性が損なわれないようにするためです。もし計上基準を任意に変更することを認めてしまうと、たとえば通常は出荷基準で計上していた会社が、年度末の仕入のみ検収基準を採用し、少し計上時期を

ずらせて仕入金額を操作する、ということも可能になってしまいます。

●仕入割引とは何か

　現金は、なるべく早く手元にある方が、資金繰りにとって都合のよいものです。これは、見方を変えると、同じ金額であっても、入金の時期が早くなればなるほど、金銭的価値が高いことを意味します。

　この入金時期の差を利用して、実務で行われている契約に仕入割引があります。買掛金を早めに支払ったり、手形取引を現金取引に変えたりといった方法で早めに入金を行った際に、仕入の金額を割引するという契約です。

　仕入割引の利用を考える際は、銀行の金利との比較が有効です。手元のお金を銀行に預けた際に得られる利率と割引率（年利に引き直した利率）を比べ、割引率の方が高ければ、早めに支払った方が有利だと考えられます。もちろん、仕入割引を受けるか否かは、支払いを行ったことで資金繰りが悪化することがないよう、手元に十分な資金があるかどうかを考慮して決める必要があります。

16 賃金支払いの原則

令和5年4月からは賃金のデジタル払いも認められている

賃金支払いの5原則とは

労働基準法では、労働者保護の観点から、労働者が提供した労務について確実に賃金を受領できるようにするため、賃金支払いについて、以下の5つの原則を定めています（賃金支払いの5原則）。

① **通貨払いの原則**

現金（日本円）で支払うことを要し、小切手や現物で支払うことはできない。

② **直接払いの原則**

仕事の仲介人や代理人に支払ってはならない。

③ **全額払いの原則**

労働者への貸付金その他のものを控除してはならない。

④ **毎月1回以上払いの原則**

毎月1回以上支払うことが必要。

⑤ **一定期日払いの原則**

一定の期日に支払うことが必要。

賃金のデジタル払い

賃金には前述した通貨払いの原則が適用されますが、労働者の同意を条件として、本人名義の銀行口座または証券総合口座への賃金の支払いが例外として認められています。さらに、令和5年4月1日以降は、過半数組合（過半数組合がない場合は過半数代表者）

との間で労使協定を締結し、労働者への説明とその同意を得ることを条件として、厚生労働大臣が指定した本人名義の資金移動業者口座への賃金の支払いも、例外として認められるようになりました。

厚生労働大臣が指定する資金移動業者は、おもに「○○ペイ」などの名称で、キャッシュレス決済（バーコード決済など）を提供している業者を想定しており、指定を受けるためには多くの要件をクリアすることが要求されています。要件の一つとして、資金移動業者口座の上限額は100万円以下に設定されていること、口座残高を現金化する場合については、1円単位で現金化（払い出し）ができる口座であること、現金化ができないポイントや仮想通貨などによる賃金の支払いは認められていないことが挙げられます。

また、使用者は、労働者に資金移動業者口座への賃金支払いを選択肢として提示する場合、現金での賃金支払いに加えて、銀行口座または証券総合口座への賃金支払いを選択肢としてあわせて提示しなければなりません。つまり、現金または資金移動業者口座のみを賃金支払いの選択肢として提示することは許されません。

17 賃金や賞与についての考え方
社員が安心して働けるような給与体系を確立させる

●賃金にもいろいろある

労働基準法上の賃金は給料だけでなく、広く「賃金、給料、手当、賞与その他名称の如何を問わず、労働の対償として使用者が労働者に支払うすべてのものをいう」とされています。賃金には実際に行なった労働の直接の対価だけでなく、家族手当、物価手当、通勤手当のような手当も賃金に含まれます。

賃金は、通常、基本給をベースに諸手当を加算して支給されます。基本給のうち、社員それぞれの「人」の部分を要素として支給されるものを年功賃金（属人給）といいます。年齢を重ねると加算される年齢給、勤続年数が増えると加算される勤続給などで構成されています。基本給は、この年功賃金に、「仕事」を要素にしている職能給が加えられて決められることになります。

「職能給」は年功賃金と違って、年齢や勤続年数とは関係なく、仕事の職能の部分を基準にして決められます。そのため、仕事における能力が伸びていくと、賃金も上がっていきます。もちろん年齢を経ると職務能力も伸びていくことから、年功的に上昇していく部分もあります。

賃金の中には、他に「職務給」「職種給」「業績給」「役割給」などといっ

たものもあります。「職務給」は、担当する仕事の難易度や責任の大きさなどで決められます。「職種給」の場合は、職種に応じた賃金体系が決められます。さらに「業績給」の場合は、難しい仕事を成し遂げたというようなとき、会社への貢献度を考えて成果主義的に支給されます。そして「役割給」は、最初から与えられた役割の達成を予想し、激励的に支給されることも多いようです。

どんな社員に対しても平等で納得のいく賃金体系とするためには、どのようなことを基にして賃金を決め、また改定していくのかを明らかにしなければなりません。そして、社員が安心して働けるようにするためには、安定した生活費の支給が不可欠で、これが保障されている必要があります。

最近の賃金体系は、年齢給などの属人給よりも、職能給や職務給などの仕事給に重点が置かれる傾向にあります。これまでの日本の終身雇用制度のあり方などをふまえ、多方面から検討を重ねる必要があるでしょう。

●賞与の支給目的

具体的に支給額や支給率などが決められていなくても、一般的には、賞与

の支給は行われています。ただし、社内に規定が存在しない場合には、社員のほうから賞与を請求する権利はありません。

賞与は、多くの会社で夏季（6月〜8月）と冬季（12月）に支給されています。

賞与は、最近の傾向として、一定期間に会社の生み出した成果を分配するといった意味合いで支給されることが多くなっています。賞与を支給することで、社員の労働意欲をかき立て、仕事への熱意を高めようとする狙いです。

会社の生み出した成果配分ということで支給するのであれば、賞与の額を決定する方法は明らかにされなければなりません。まず、賞与の総原資は会社の業績に連動させて考える必要があります。そうすることで、業績のよかっ

たときは多い額を支給し、業績の悪かったときは少なく支給するということを社員に納得させることができるのです。

賞与の支給額の多くは会社への貢献度で決定されるため、各部署の考課によって査定されるのが一般的です。ほとんどの会社で、賞与は生計費の補助という目的と成果配分という目的の2つの目的で支給されているため、基本給との連動によって、査定をどのくらいの比率で反映していくかがポイントになります。

賞与の査定期間には特に決まりはなく、会社がそれぞれ査定期間を設けることができます。査定期間は、一般的には3か月ほどを設定している会社が多くなっています。なお、入社直後の試用期間中の社員については、査定の対象外としている会社もあります。

給与体系の例

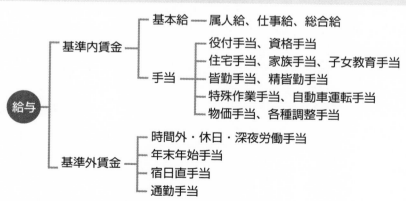

※　基準内賃金・基準外賃金に明確な定義はありません。
上記の例は、固定的で毎月決まって支給されるものを基準内賃金としています。

●出来高払制の保障給とは

月給制、日給制、時給制のように、一定の期間、日、時間を単位として決まる賃金の支払形態と異なり、出来高払制その他の請負制は、仕事量の変動によって賃金額が大きく変動します。出来高払制は非常に不安定な賃金の支払形態だといえるでしょう。

労働基準法では、最低限の生活ラインを維持するための規定を設けています。つまり、労務を提供した以上、その仕事量が少ない場合であっても、労働時間に応じて一定額の賃金（保障給）の支払いを保障することを義務付けています（労働基準法27条）。ここでの保障給とは、労働時間1時間につきいくらと定める時間給であることを原則としています。労働者の実労働時間の長短と関係なく一定額を保障するものは保障給にあたりません。

また、雇用関係のない請負制と違い労働者に対して一定額の賃金を保障する必要があります。ただ、賃金構成で固定給の部分が賃金総額の6割程度以上を占める場合には、出来高払いその他の請負制に該当しないとされています。

●保障給の支払いが必要な場合

労働基準法27条の保護は労働者が就労した場合が対象です。単なる欠勤のように使用者の責めによらずに労働者が労務を提供しなかった場合は、保障給を支払う必要はありません。

労働基準法の規定では、具体的に最低額の定めがあるわけではありません。制度の趣旨からすると、労働者の生活保障のために、通常の実質収入とあまり差のない程度の賃金が保障されるように定めることが望ましいでしょう。休業手当が平均賃金の100分の60以上の支払いを義務付けていることを考慮すると、労働者が実際に就労している賃金の場合も平均賃金の100分の60程度は保障すべきとするのが行政の見解です。この保障給は「労働時間に応じ」とされていますから、前述したように「1時間についていくら」と金額を決めなければなりません。また、時間外労働を行った場合は割増賃金の支払義務も生じます。

なお、最低賃金法の適用がある労働者の場合には、最低賃金額以上の支払いが義務付けられています。出来高払制における保障給は、労働時間に応じることになっていますから、最低賃金の時間額が適用されます。

19 欠勤・遅刻・早退の場合の取扱い

給与は労働者が提供した労働力に対して支払われる

●ノーワーク・ノーペイの原則とは

使用者には労働者の労働力の提供に対して給与を支払います。逆にいえば、体調不良などの理由により、労働者がまる1日仕事を休んだ場合には、使用者はその分の給与を支払う必要はありません。これをノーワーク・ノーペイの原則といいます。欠勤した場合だけではなく、朝仕事に遅れた場合（遅刻）や、早めに帰った場合（早退）、業務の自発的中断（途中離業）についても、労働力が提供されていない分については、給与を支払う必要はありません。

ノーワーク・ノーペイの原則に基づく控除額について、労働基準法では特に定めを置いていません。そのため、会社などの事業所で独自にルールを定めることになります。実務上は就業規則や賃金規程に規定を置いてそれに従って控除額を算出しています。

一般的な控除額の算出方法としては、「月給額÷1年間の月平均所定労働日数×欠勤日数」で算出するという方法をとっている事業所が多いようです。遅刻や早退などで1時間あたりの控除額を算出する場合は「月給額÷1年間の月平均所定労働日数÷1日の所定労働時間」で控除額を求めます。

また、「月給額÷該当月の所定労働日数×欠勤日数」で算出することにしている事業所もあります。ただ、この方法で計算する場合は、毎月控除額が変わるため、給与計算処理が面倒になるというデメリットがあります。

なお、控除額を計算する際、給与を構成するどの手当を対象として控除額を計算するのかという点についても、法的には特に決まりはありませんが、それぞれの手当の趣旨を考えて、賃金規程などで定めるようにします。

●制裁として減給することもできる

通常、就業規則の定めにより職場の規律に違反した労働者には一定の制裁を科すことになっています。制裁にはいくつかの方法がありますが、給与を減額するという減給もそのひとつです。ただ、給与は労働者の生活を維持するための重要なものですから、際限なく減給の制裁が認められているのではなく、①制裁1回の金額が平均賃金の1日分の半額を超えてはならない、②一賃金支払期（月1回の給与のときは1か月）における制裁の総額は、その一賃金支払期の賃金の総額の10分の1を超えてはならない、という法的な制限があります（労働基準法91条）。

割増賃金

残業などには所定の割増賃金の支給が義務付けられている

● 割増賃金とは

使用者は、労働基準法37条により、労働者の時間外・深夜・休日労働に対して、割増賃金の支払義務を負います。

割増率については、1日8時間、週40時間の法定労働時間を超えて労働者を働かせた時間外労働の割増率は25%以上です（月60時間を超える部分については50%以上。中小企業については2023年4月1日から適用）。

午後10時から午前5時までの深夜労働についても、同様に25%以上となっています。なお、厚生労働大臣が認めた場合には、午後11時から午前6時の時間帯とすることができます。時間外労働と深夜労働が重なった場合は、2つの割増率を足すことになりますので、50%以上の割増率になります。また、法定

休日に労働者を働かせた場合は、休日労働として35%以上の割増率になります。休日労働と深夜労働が重なった場合、割増率は60%以上になります。

● 代替休暇とは

1か月に60時間を超える時間外労働をさせた場合、超える部分については50%以上の割増率を乗じた割増賃金を支払うことが必要です。

ただし、労働者に休暇を付与する方法（代替休暇）もあります。具体的には、労使協定を締結することにより、1か月の時間外労働が60時間を超えた場合、通常の割増率（25%以上）を上回る部分の割増賃金の支払いに代えて、代替休暇を与えることが認められています。もっとも、実際に労働者が代替休暇を取

賃金の割増率

時間帯	割増率
時間外労働	25%以上
時間外労働（月60時間を超えた場合の超えた部分）	50%以上 ※
休日労働	35%以上
時間外労働が深夜に及んだとき	50%以上
休日労働が深夜に及んだとき	60%以上

※労働時間が1か月60時間を超えた場合に支払われる残業代の割増率については、
　令和5年4月1日より中小企業にも適用されている。

得しなかった場合には、労使協定による定めにかかわらず、割増賃金の支払いが必要になることに注意が必要です。

付与の単位は1日または半日とされています。また、代替休暇に振り替えられるのは、通常の割増率を上回る部分の割増賃金を時間換算したものです。通常の割増率の部分については、これまで通り25％以上の割増率による割増賃金の支払いが必要です。

●労使協定で定める事項

代替休暇を与えるためには、労使協定の締結が必要です。労使協定で定めなければならない事項は、①代替休暇として与えることができる時間数の算定方法、②代替休暇の単位、③代替休暇を与えることができる期間、④代替休暇の取得日の決定方法、⑤割増賃金の支払日です。

①の時間数の算定方法ですが、1か月の時間外労働時間数から60を差し引いて、換算率を乗じます。この換算率は、たとえば法定通りの割増率の場合は、60時間を超えた部分の時間外労働の割増率50％から通常の時間外労働の割増率25％を引いた25％となります。一方、法定を上回る割増率を定めている場合は、60時間を超えた時間外労働の割増率から通常の時間外労働の割増率を引いた数字になります。たとえば、通常の時間外労働の割増率が30％で、1か月60時間を超える時間外労働の割増率が65％の場合は、65から30を差し引いた35％が換算率になります。

③の代替休暇を与えることができる期間は、時間外労働をした月と近接した期間内でなければなりません。そのため、労働基準法施行規則で、時間外労働をした月から2か月以内、つまり翌月または翌々月と定められています。労使協定ではこの範囲内で定めます。

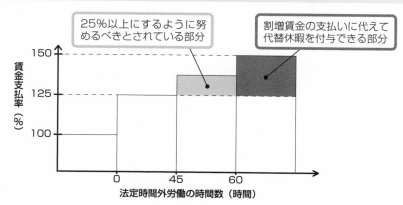

割増賃金の支払いと代替休暇の付与

25％以上にするように努めるべきとされている部分

割増賃金の支払いに代えて代替休暇を付与できる部分

賃金支払率（％）

150
125
100

0　　45　　60

法定時間外労働の時間数（時間）

21 割増賃金の計算方法

1時間あたりの賃金に換算し、その額に割増率を掛けて算出する

● 割増賃金の計算の手順

割増賃金を計算する手順は、まず月給制や日給制などの支払方法にかかわらず、すべての労働者の1時間あたりの賃金を算出します。

その額に割増率を掛けた金額が割増賃金になります。

賃金には労働の対償として支給されるものの他、個人的事情にあわせて支給される賃金もあります。家族手当や通勤手当がこれにあたります。これらの個人的事情にあわせて支給される賃金は割増賃金の計算の基礎となる賃金から除くことになっています。

割増賃金の計算の基礎から除く手当としては、①家族手当、②通勤手当、③別居手当、④子女教育手当、⑤住宅に要する費用に応じて支給する住宅手当、⑥臨時に支払われた賃金、⑦1か月を超える期間ごとに支払われる賃金があります。

● 時間給の計算方法

割増賃金は1時間あたりの賃金を基礎とするので、まずは時間給を計算します。

① 時給

時給とは、1時間あたりいくらで仕事をするという勤務形態です。時給の場合、その時給がそのまま1時間あたりの賃金になります。

1時間あたりの賃金＝時給

② 日給

日給とは1日あたりいくらで仕事をするという勤務形態です。日給の場合、日給を1日の所定労働時間で割って1時間あたりの賃金を算出します。

1時間あたりの賃金＝日給÷1日の所定労働時間

③ 出来高払い

歩合給などの出来高払いの賃金の場合、出来高給の金額を1か月の総労働時間数で割った金額が1時間あたりの賃金になります。

1時間あたりの賃金＝出来高給÷1か月の総労働時間数

④ 月給

月給は、給与を月額いくらと定めて支払う方法です。月給の場合、月給の額を1か月の所定労働時間で割って1時間あたりの賃金を算出します。

1時間あたりの賃金＝月給÷1か月の所定労働時間

ただし、1か月の所定労働時間は月によって異なるにもかかわらず、月ごとに所定労働時間を計算してしまうと、毎月の給与は同じであっても割増賃金の単価（1時間あたりの賃金）が毎月

違う、という不都合が生じてしまいます。そこで、月給制の1時間あたりの賃金を計算する場合、年間の所定労働時間から1か月あたりの平均所定労働時間を計算して、「月給（基本給）÷ 1か月の平均所定労働時間」を求めた金額を1時間あたりの賃金とします。

割増賃金の計算方法

前提

- 基本給のみの月給制
- 1日の所定労働時間は8時間（始業9時・終業18時・休憩1時間）
- 完全週休2日制（法定休日は日曜日）

① 賃金単価の算出

基本給　÷　1か月 平均所定労働時間　＝　1時間あたりの賃金単価

② 1か月の残業時間、深夜労働時間及び法定休日労働時間の算出

- 1日ごとの残業時間（法定外休日労働時間を含む）を端数処理せずに1か月を合計
- 1日ごとの深夜労働時間を端数処理せずに1か月を合計
- 法定休日労働時間を端数処理せずに1か月を合計

③ 1か月の割増賃金の算出

60時間までの残業時間　×　1時間 賃金単価　×　割増率（1.25以上）　＝　60時間までの残業の割増賃金　**A**

60時間を超える残業時間　×　1時間 賃金単価　×　割増率（1.5以上）　＝　60時間を超える残業の割増賃金　**B**

深夜労働時間　×　1時間 賃金単価　×　割増率（0.25以上）　＝　深夜労働の割増賃金　**C**

法定休日労働時間　×　1時間 賃金単価　×　割増率（1.35以上）　＝　法定休日労働の割増賃金　**D**

④ 受け取る賃金の算出

A ＋ **B** ＋ **C** ＋ **D** ＝ 1か月の受け取る割増賃金の合計額

22 給与計算
給与明細は支給項目と控除項目から構成されている

給与計算はとても大切

　給与計算とは、一定のルールに従って決定された支給額から、所得税・住民税・健康保険料（介護保険料）・厚生年金保険料・雇用保険料等を差し引いて、手取額を計算する事務のことです。

　従業員に支払う給与には、締め日があります。締め日（〆日）は、通常1か月に1回です（会社によっては、週1回や毎日の場合もあります）。事業主は締め日までの給与を計算して、毎月決められた日（給料日）に従業員に対して給与を支給することになります。

　たとえば、毎月20日の締め日までの給与を計算して、その月の25日に支給するといった具合です。事業主や担当者はこれらの給与計算の手続きを毎月ミスなくこなさなければなりません。

　従業員に給与を支給する事業主としては、給与計算の流れとやり方を確実に知っておく必要があります。従業員が残業をしたときにどれくらいの給与を支払うべきなのか、従業員の給与からはどのような名目でどのくらいの金額を控除すべきなのかといったこともきちんと把握しておかなければならないのです。

　もし、給与計算のことがわからない場合は、給与計算の実務に明るい事務員を雇ったり、社会保険労務士などの専門家に事務処理を委託（依頼）したりするとよいでしょう。

給与明細の給与とは

　給与明細は、支給する給与がなぜその金額になったのかを記載する書面です。

　そもそも給与（賃金）については、労働基準法が定めています。給与とは労働基準法上、使用者が会社で働く会社員に、労働の対価として支払うすべてのものと定められています。

　次に「控除」の項目を見てください。これは給与から天引きされる項目の合計金額の内訳です。健康保険料、介護保険料、厚生年金保険料、雇用保険料、源泉所得税、住民税、協定控除（互助会費などの組合関係費、労使協定で控除することを合意したもの）などが支給明細から差し引かれる（控除される）おもな項目です。

　社会保険各法や各種税法などの法律に基づいて控除することが認められている場合のことを法定控除といいます。事業所と従業員の代表者が協定（労使協定）を結ぶことによって控除することができる場合を協定控除といいます。法定控除は、雇用保険料、健康保険料、厚生年金保険料などです。協定控除については、事業所によって異なりま

すが、一般的なものとして、親睦会費、財形貯蓄、社内預金などがあります。

なお、毎月天引きされる所得税はあくまで概算のものであり、年末調整（211ページ）を経て本来納めるべき税額が定まります。

●国や市区町村などの事務の代行

事業主は従業員に支給する給与の中から、健康保険・介護保険料・厚生年金保険・雇用保険などの保険料や所得税・住民税などの税金を計算して控除します。

健康保険・介護保険・厚生年金保険・雇用保険などの保険料については、労働者と使用者が共同で負担することになっています。そのため、従業員から預かった保険料に事業主が負担する保険料を上乗せして、国などに納めることになります。

これに対して、所得税・住民税などの税金については、従業員が全額負担すべきものですから、事業主負担はありません。ただ、従業員から預かった税金は、事業主が期日までに国や市区町村に納める義務があります。事業主は国や市区町村の徴収事務を代行しているといえます。

給与明細サンプル（月平均所定労働時間数160時間として計算）

給与明細書　令和○年○月分

所　属　製造　　

> 1か月あたり15万円までは所得税・住民税の課税対象にはならない

	基 本 給	役付手当	家族手当	住宅手当	資格手当	時間外手当(法定内)	時間外手当(法定外)	休出手当(法定外)	深夜残業	課税交通費	非課税交通費
支	250,000	20,000	20,000	25,000	10,000	8,750	45,938	21,263	10,500	0	15,000
給										不就業控除	総 支 給 額
										0	426,451

	健康保険料	厚生年金料	雇用保険料		社保料合計	課税対象額	所 得 税	住 民 税	
	介護保険料								前年の収入がない入社年度は、住民税がかからない
控	18,000	32,940	2,559		53,499	357,952	13,080	15,000	
	0								
	互助会費	生命保険料	財形貯蓄						控除額合計
除				毎月天引きされる所得税は概算のものであり、年末調整で最終的な税額を確定させる					
	500		20,000						102,079

> 総支給額から控除額を差し引いた、いわゆる手取り給与額

差引支給額	端数調整額	銀行振込	現金支給額
324,372	0	324,372	0

勤怠	出　勤	休　出	年　次	特休(有)	特休(無)	欠勤	遅刻外時間	時間外(法定内)	時間外(法定外)	休日時間(法定外)	深夜等時間	実働時間
	20	1	0	0	0	0	0	5.00	21.00	9.00	4.00	165.00

23 通勤手当・出張した場合の旅費

費用などについてあらかじめ明確にしておく

◉通勤手当

通勤手当は、平均賃金を算定する際の「賃金の総額」に含まれます。しかし、通勤経路などを問わず「一定額」を支給する場合を除き、割増賃金算定の基礎となる賃金からは除外されます。通勤手当は、原則として非課税ですが、非課税限度額が設定されています。電車やバスなどの交通機関を利用して通勤している場合、非課税となる金額は「1か月あたりの合理的な運賃等の額」です。合理的な運賃等の額とは、経済的で最も合理的な経路で通勤した場合

の通勤定期券などの金額です。ただし、その金額が15万円を超える場合には、1か月あたり15万円が非課税限度額となります。一方、マイカーや自転車などを使って通勤している場合、片道の通勤距離に応じて下表のように定められています。非課税限度額を超える部分の金額は、通勤手当や通勤定期券などを支給した月の給与の額に上乗せして所得税の源泉徴収を行います。

◉出張についての取り決めを行う

労働者の出張が想定される場合は、

通勤費の非課税限度額（1か月あたり）

区分			非課税限度額
1	交通機関を利用している場合		
	a	支給する通勤手当	1か月あたりの合理的な運賃等の額（最高限度15万円。2023年時点）
	b	支給する通勤用定期券・乗車券	
2	マイカーや自転車などを利用している場合		
	（片道の通勤距離）		全額課税
	2km未満		
	2km以上10km未満		4,200円
	10km以上15km未満		7,100円
	15km以上25km未満		12,900円
	25km以上35km未満		18,700円
	35km以上45km未満		24,400円
	45km以上55km未満		28,000円
	55km以上		31,600円

出張時の旅費や労働時間の取扱いについての規定を明確にしておくことが必要です。出張には国内出張と海外出張に分類され、国内出張の場合は、日帰り出張と宿泊を伴う出張があります。一般的に日帰り出張の場合は、距離や時間を基準とした日当の支給を規定します。宿泊出張では、日当プラス宿泊費を支給することになりますが、実費で渡す方法と定額で支給する方法とがあります。

海外出張の場合、海外出張旅費として定められる費用には、赴任支度料、日当、宿泊費、交通費、荷物運送諸費用といったものがあります。出張後に精算の形をとることも多いため、出張を行う従業員に、レシートや領収書などを保管しておくように伝えておきましょう。また、海外の場合、病気や事故に備えるため、損害保険に加入してもらうのがよいでしょう。

出張は労働時間を算定し難いことから、所定の労働時間を労働したものとみなすこと（みなし労働時間制）で、労働時間の管理を行います。ただし、出張中であっても、同行者に労働時間の管理をする者がいる場合や、出張先が自社の事業所で、そこで指揮監督の下で仕事を遂行するようであれば、みなし労働時間制が適用できないため、注意が必要です。

なお、出張先への移動中や、仕事が終わって宿泊先で過ごしている時でも事故が発生すれば労災保険を受けることができますが、出張中の積極的な私的な行動・恣意的な行動は業務外とされ、労災保険を受けることができない場合があります。

海外出張の際に支給される費用

項　目	内　容
赴任支度料	出張に必要な旅装（スーツケースなど）や身の回り品の購入を考慮したもの
日　当	職階別、出張地域別に、定額の日当が決められていることが多い
宿泊費	実費支給が一般的だが、上限を決めている場合もある
交通費	実費支給がほとんどだが、なるべく運賃の安い経路を選ぶように周知させる
荷物運送諸費用	社用荷物を携帯する必要がある場合に、航空便別送料金、携行手荷物料金が支給される場合がある
渡航雑費	パスポートなど渡航手続きに必要な手数料などの諸経費を考慮したもの

24 賃金台帳の記載と保存
作成して事業所に備え置く

● 1年間の給与の一覧表となる

　給与明細は労働者に渡してしまうものですから、事業所のほうでも、データとして労働者に渡した給与明細と同じものを保存しておかなければなりません。また、年末調整のときには、労働者一人ひとりに対する1年間の給与の内訳を記載した源泉徴収簿を作成する必要があります。

　このようなことから、労働者ごとの1年間の給与一覧表である賃金台帳（給与台帳と呼ぶこともあります）を作成するようにします。賃金台帳には、労働者の給与と賞与の支給額と控除額の内訳を細かく記載します。賃金台帳は労働基準法上、事業所に備え付けておかなければならない書類ですから、必ず作成するようにしましょう。

　賃金台帳は法定3帳簿のひとつです。法定3帳簿とは、労働基準法で事業主に作成と保存が義務付けられている帳簿のことです。賃金台帳は事業所ごとに備え付けておかなければなりません。たとえば、本店（本社）の他に支店（支社）や工場がある会社で、その支店や工場などでそれぞれ給与計算の事務処理を行っている場合は、その支店や工場ごとに賃金台帳を作成し、保存する義務があります。これに違反し

た場合は30万円以下の罰金が科されます。賃金台帳の記載事項は、①労働者の氏名と性別、②給与の計算期間（日雇労働者は記入しなくてもよい）、③労働日数と労働時間数、④時間外、休日、深夜の労働時間数、⑤基本給、諸手当その他給与の種類ごとの金額（現物給与は定められた評価額）⑥法定控除、協定控除（186ページ）の項目と金額です。

　事業主は賃金台帳に以上の事項をきちんと記載して、一定期間（最後に記入した日から3年間）保存しておかなければなりません。

● 法定3帳簿とはどんな帳簿なのか

　法定3帳簿は、事業所の規模や労働者数に関係なく、事業所において労務管理をする上で必要な3つの書類です。

①　労働者名簿
②　賃金台帳
③　出勤簿またはタイムカード

　①の労働者名簿には、労働者の氏名、生年月日、履歴、住所、従事する業務の種類、雇入年月日、退職年月日とその事由、死亡年月日とその原因を記載することが決められています。

賃金台帳

雇 入 年 月 日		所　　属	職　　名
令和○年○月○日　雇入		総務部	経理課長

	賃 金 計 算 期 間	1月分	2月分	3月分	4月分	5月分	6月分	7月
その月の勤怠状況	労 働 日 数	20日	21日	19日	22日	20日	日	
	労 働 時 間 数	160	168	152	176	160		
	休日労働時間数			8				
	早出残業時間数	22	25	31	18	24		
	深夜労働時間数			3				
その月の支給額の内訳と合計	基 本 給	200,000円	200,000円	200,000円	205,000円	205,000円		
	所定時間外割増賃金	38,672	43,945	76,008	32,343	43,125		
	手当 職 務 手 当	10,000	10,000	10,000	10,000	10,000		
	役 職 手 当	5,000	5,000	5,000	5,000	5,000		
	住 宅 手 当	20,000	20,000	20,000	20,000	20,000		
	家 族 手 当	15,000	15,000	15,000	15,000	15,000		
	精 皆 勤 手 当	10,000	10,000	10,000	10,000	10,000		
	通 勤 手 当	12,000	12,000	12,000	12,000	12,000		
	手当							
	小 計	310,672	315,945	348,008	309,343	320,125		
	そ の 他 の 給 与							
	合 計	310,672	315,945	348,008	309,343	320,125		
その月の控除額の内訳と合計	控除額 健 康 保 険 料	15,000	15,000	15,000	15,000	15,000		
	厚生年金保険料	27,450	27,450	27,450	27,450	27,450		
	雇 用 保 険 料	1,864	1,896	2,088	1,856	1,921		
	介 護 保 険 料							
	所 得 税	6,750	6,850	8,040	6,640	7,070		
	住 民 税	10,000	10,000	10,000	10,000	10,000		
	控 除 額 計	61,064	61,196	62,578	60,946	61,441		
	差 引 合 計 額	249,608	254,749	285,430	248,397	258,684		
	実 物 給 与							
手取額	差 引 支 給 額	249,608	254,749	285,430	248,397	258,684		
	領 収 者 印	㊞佐藤	㊞佐藤	㊞佐藤	㊞佐藤	㊞佐藤	印	印

━━ 現金支給している場合は本人に領収印をもらう

給与計算の準備
タイムカードや出勤簿をもとにして給与を計算する

給与計算をするときに必要な書類

給与計算をする上で資料となる書類の内容を確認しておきましょう。

① 出勤簿またはタイムカード
② 賃金台帳
③ 就業規則または賃金規程
④ 通勤手当支給申請書
⑤ 給与所得者の扶養控除等（異動）申告書
⑥ 控除に関する労使協定
⑦ 住民税の特別徴収税額通知書（任意）

上の①～⑦の書類のうち、通常毎月の給与計算で使用するのは、①の出勤簿またはタイムカードと②の賃金台帳です。③～⑦の書類については、賃金規程の変更があったり、住民税の額が改定されたり、新たに控除に関する労使協定を結んだりなどといった事情に応じて、そのつど該当する書類で変更または改定内容を確認します。

勤怠状況を確認する

事業主は労働者のタイムカードを見て、その労働者がその日出勤したのかどうか、また、何時に出勤し退勤したのか、さらには時間外労働や休日労働をしたのかなどについて把握します。

そして、そのタイムカードをもとにして労働者の給与を計算します。この

ように労働者の働いた状況のことを勤怠状況といいます。

なお、出勤簿を使っている事業所では、出勤簿に労働者が自分で出勤印を押し、出勤時刻や退勤時刻、時間外労働時間、休日出勤などの勤怠状況を記入します。労働者が自分で押印や記入するため、いいかげんに記入したりすることのないように管理が必要です。

タイムカードをもとにして、労働者ごとの勤怠状況をまとめます。この時の時間管理の単位は1分が原則です。端数を切り捨ててしまうことは、労働者への不利益になるからです。

ただ、タイムカード上勤務していることになっている時間も、朝の始業時刻前に新聞を読んだり、終業時刻後に雑談したりして、業務に従事していない時間を除いて残業申請をしてもらうようにしましょう。

また、1か月の時間外労働などを合計して、30分未満の端数を切り捨て、それ以上の時間を切り上げることは可能ですが、1日単位で30分未満の時間外労働の端数を切り捨てるなどの端数処理を行うことはできません。

26 給与計算後の事務の仕事

控除した税金と保険料を納付する

● 社会保険料の納付について

社会保険料は、給与から控除した従業員負担分の保険料に事業主負担分の保険料を合わせて毎月末までに前月分を納付します。納付すべき金額は、毎月、前月分の保険料額が記載された納入告知書が年金事務所から郵送されてきますので事業所で計算する必要はありません。

記載された金額をその月の末日までに納付することになります。

たとえば、11月分の保険料については、12月になってから納入告知書が送付されてくるので、12月分の給与から控除して会社負担分とともに12月末日までに納付することになります。口座振替にしておくと便利です。

● 雇用保険料の納付について

雇用保険は、労災保険とともに労働保険と言われ、一般の事業では保険料は年1回、申告して納付します。納付方法は、毎年6月1日から7月10日までに1年度分（4月1日〜翌年の3月31日）を概算で納め、年度終了後の同時期に確定精算することになります。この手続きを毎年繰り返すことから労働保険の年度更新と呼ばれています。事業主は、すでに労災保険料（全額負担）とともに、雇用保険料（事業主負担分と従業員負担分）を納付していますから、毎月の給与計算では従業員の負担分を給与から控除するだけです。

● 所得税・住民税の納付について

給与から控除した所得税は、給与を支払った月の翌月10日まで（日曜日や祝日にあたる場合にはその翌日、また土曜日にあたる場合にはその翌々日まで）に1か月分まとめて納付するのが原則です。「給与所得・退職所得等の所得税徴収高計算書」に必要事項を記載し、事業所所在地の所轄の税務署か最寄りの銀行や郵便局で納付します。納期については、事務負担を軽減するために年2回にまとめて納付する特例も認められています。

また、給与から控除した特別徴収の住民税も所得税の場合と同じ納付期限です。原則として給与を支払った月の翌月の10日までに納付しなければなりません。毎年5月末までに各市区町村から納付書が送付されますので、必要事項を記入して市町村長の窓口か、最寄りの銀行や郵便局で納付することになります。住民税の場合も年2回にまとめて納付する特例があります。

27 社会保険と労働保険の全体像

社会保険は加入が義務付けられた保険である

●公的保険制度の概要

　誰しもが仕事中やそれ以外でも病気やケガをします。また、会社を失業したり、歳をとります（加齢）。これら誰にでも起こりえることについて、あらかじめ保険料を支払っておいて病気やケガ、失業、加齢が生じた場合に必要な治療や年金を受け取ることができる制度が公的保険です。

　公的保険は労働保険と社会保険に分けることができます。労働保険は労災保険と雇用保険の2つの制度からなります。広い意味で社会保険というと労働保険のことも含めるのですが、労働保険と区別して社会保険というときは健康保険、厚生年金保険、国民年金、国民健康保険、介護保険などのことを社会保険といいます。また、国民は、これらの社会保険に加入することが義務付けられています。社会保険は、国民全体のセーフティーネットとしての役割を担っています。公的保険制度の概要は以下のとおりです。

① 労働者災害補償保険（労災保険）

　労働者が仕事中や通勤途中に発生した事故などによって負傷したり、病気にかかった場合に治療費などの必要な給付を受けることができます。また、障害などの後遺症が残った場合や死亡した場合などについても保険給付があります。196ページでも解説しますが、労災保険は、業務災害と通勤災害を対象としています。

② 雇用保険

　労働者（被保険者）が失業した場合や本人の加齢（年をとること）、家族の育児・介護などのために勤め続けることが困難になった場合に手当を支給する制度です。また、再就職を円滑に進めていくための支援も行われます。

③ 健康保険

　被保険者とその家族が病気やケガをした場合（仕事中と通勤途中を除く）に必要な医療費の補助を行う制度です。出産した場合や死亡した場合にも一定の給付を行います。

　健康保険は、おもに会社員を対象としていますが、それ以外の自営業者、高齢者（職に就いていない者に限る）などについては、国民健康保険、後期高齢者医療制度の対象となります。

④ 国民年金・厚生年金保険

　被保険者が高齢になり働けなくなったとき、体に障害が残ったとき、死亡したとき（遺族の所得保障）などに年金や一時金の支給を行います。会社員が加入する厚生年金保険と、自営業者などが加入する国民年金があります。

194

⑤ 介護保険

医療の進歩によって平均寿命が長くなり、自身の力で日常生活を継続することが難しくなるということが生じています。こういった場合に利用できるのが介護保険です。介護保険では、食事、排せつなどの日常生活上の介護を保険給付として行います。

生命保険や損害保険などの私的保険は企業などによって運営されていますが、公的保険は国（政府）または公法人（地方公共団体・全国健康保険協会・健康保険組合・国民健康保険組合）によって管理・運営されています。公的保険で給付が行われる場合の財源は、国が負担するものの他、会社などの事業所やそこで働く労働者から徴収する保険料によってまかなわれています。国などのように保険を運営する主体を保険者といいます。また、保険に加入する者（労働者）のことを被保険者といいます。

公的保険（労働保険と社会保険）の制度は、国または公法人が保険者ですが、実際の窓口はそれぞれの保険ごとに違います。ここでいう窓口とは、それぞれの保険制度への加入手続を行ったり、所定の書類の提出を行ったり、保険給付を行う場合の手続をする場所のことです。

労災保険と雇用保険では、実務的に書類を提出したり、必要な手続を行ったりする窓口になるのは、国の出先機関である労働基準監督署（労基署）や公共職業安定所（ハローワーク）です。

健康保険の窓口になるのは全国健康保険協会（協会けんぽ）の都道府県支部や各企業の健康保険組合です。

厚生年金保険の窓口は、年金事務所となっています。国民年金、介護保険の窓口は市町村です。

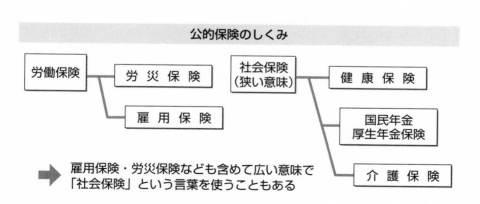

公的保険のしくみ

労働保険 ─ 労災保険 / 雇用保険

社会保険（狭い意味） ─ 健康保険 / 国民年金・厚生年金保険 / 介護保険

➡ 雇用保険・労災保険なども含めて広い意味で「社会保険」という言葉を使うこともある

28 業務災害・通勤災害

業務遂行性と業務起因性によって判断する

業務災害は仕事中に起きた事故

業務災害とは、労働者の仕事（業務）中に起きた事故によるケガ、病気、障害、死亡のことです。業務上の災害といえるかどうかは、労働者が事業主の支配下にある場合（＝業務遂行性）、および、業務（仕事）が原因で災害が発生した場合（＝業務起因性）、という2つの基準で判断されます。たとえば、以下のような場合に起こった災害が業務災害として認められ、その判断は労働基準監督署が行います（複数業務要因災害の場合は、複数の事業の業務上の負荷を総合的に評価します）。

① 労働時間中の災害

仕事に従事している時や、作業の準備・後片付け中の災害は、原則として業務災害として認められます。

② 出張中で事業所の外で業務に従事している場合

出張中も事業主の命令を受けて仕事をしているため、事業主の支配下にあります。出張中の災害については、ほとんどの場合は業務中に発生したものとして、業務災害となります。

複数の事業所間の移動について

通勤災害とは、通勤途中に発生した災害のことです。たとえば、労働者が通勤途中の駅の階段で転び、ケガをした場合などが該当します。

通勤災害における通勤とは、①住居と就業の場所との間の往復であること、②厚生労働省令で定める就業の場所から他の場所への移動の間であること、③住居と就業の場所との間の往復に先行するもの、または、後続する住居間の移動であること、とされています。②の厚生労働省令で定める就業の場所とは、労災の適用事業所や暫定任意適用事業所、特別加入者にかかる就業の場所などをいい、複数の事業場で就労している者の事業所間の移動が該当します。また、③の往復に先行するもの、または、後続する住居間の移動については、単身赴任者の赴任先住居と帰省先住居間の移動が該当します。

そして、上記の通勤が、①就業との関連性があること、②合理的な経路および方法であること、③業務の性質を有するものではないこと、のすべての要件に該当した場合に、通勤災害での保護の対象となります。なお、①の就業との関連性については、所定の業務開始時間とかけ離れた時間に会社に出勤する場合や、午後の遅番出勤者である労働者が、朝の早い時間に家を出るなどの場合は、就業との関連性がないもの

とされています。また、②の合理的な経路および方法とは、一般に労働者が用いるものと認められる通勤経路および通勤手段のことをいいます。③の「業務の性質を有するもの」とされる具体例としては、会社の提供するマイクロバスなどを利用して移動する場合などが該当します。業務の性質を有するものとされた移動については、通勤災害ではなく業務災害として解されることになります。

●「寄り道」には適用されない

通勤途中において、通勤とは無関係な目的のため通常の通勤経路からいったん外れることを逸脱といいます。また、通勤途中において、通勤とは無関係の行為を行うことを中断といいます。逸脱または中断の間とその後の移動は、日常生活上必要な行為であって、やむ

を得ない最小限度のものである場合を除き、通勤には含みません。なお、日常生活上必要な行為であって、やむを得ない最小限度のものである場合とは、①日用品の購入その他これに準ずる行為、②職業訓練や教育訓練、③選挙権の行使、④病院などで診察または治療を受ける行為、⑤要介護状態にある配偶者など一定の親族の介護（継続的または反復して行われるものに限る）が該当し、これらについては、逸脱または中断の間を除いて、通勤と認められます。

これに対して、通勤途中で近くにある公衆トイレを使用する場合や駅構内でジュースを立ち飲む行為など、ささいな行為と認められる行為については、そのささいな行為を行っている時間も含めて、すべての移動時間が通勤時間と扱われます。

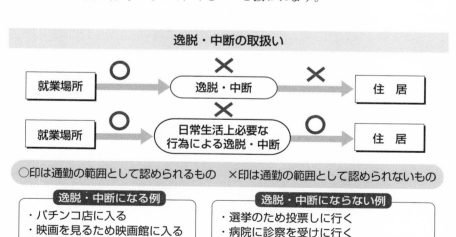

逸脱・中断の取扱い

就業場所 〇→ 逸脱・中断 ×→ 住居

就業場所 →× 日常生活上必要な行為による逸脱・中断 〇→ 住居

〇印は通勤の範囲として認められるもの　×印は通勤の範囲として認められないもの

逸脱・中断になる例
・パチンコ店に入る
・映画を見るため映画館に入る
・居酒屋で酒を飲む
・雀荘でマージャンをする

逸脱・中断にならない例
・選挙のため投票しに行く
・病院に診察を受けに行く
・食堂・クリーニング店に立ち寄る
・髪をカットするために理容室に立ち寄る

労災保険の補償内容

必要に応じた8つの給付がある

●労災保険の給付内容は

　業務上または通勤途中の事故や病気などの保険事故に対応して、8つの保険給付があります。業務災害の場合の給付の名称に「補償」という言葉がつくことを除けば、通勤災害の場合の給付と内容は基本的に同じです。

① 療養（補償）給付

　業務上または通勤途中の負傷・疾病によって療養を必要とする場合に給付されます。治療を行うという現物給付の「療養の給付」と、現金給付の「療養の費用の支給」の2種類がありますが、「療養の給付」が原則です。「療養の給付」では、労災指定病院で治療を受ければ、原則として傷病が治ゆするまで必要な療養を受けることができます。

　「療養の費用の支給」は、労災指定病院以外で療養を受けた場合に、そのかかった費用を支給するというものです。治療費だけでなく、入院の費用、看護料、移送費など、通常療養のために必要なものは全額支給されます。

② 休業（補償）給付

　業務上または通勤途中の負傷・疾病による療養のために休業し、賃金を受けない日の第4日目以降から支給されます。

　休業1日について給付基礎日額の60%が休業（補償）給付として支給さ

れます（この他、社会復帰促進等事業から給付基礎日額の20%が特別支給金として支給）。給付基礎日額とは、原則として、災害発生日以前3か月間に被災した労働者に支払われた賃金総額を、その期間の総日数で割って算出されます。

③ 傷病（補償）年金

　療養開始後1年6か月を経過しても治ゆせず、傷病等級（第1級〜第3級）に該当するとき、給付基礎日額の313日〜245日分の年金が支給されます。

④ 障害（補償）給付

　傷病が治ゆしたときで、一定の障害が残った場合に障害等級に応じて支給されます。第1級〜第7級の場合は給付基礎日額の313日〜131日分の障害（補償）年金、第8級〜第14級の場合は給付基礎日額の503日〜56日分の障害（補償）一時金が支給されます。

⑤ 遺族（補償）給付

　業務上または通勤途中の死亡に対して支給され、遺族（補償）年金と遺族（補償）一時金の2つがあります。年金は、労働者の死亡当時その収入によって生計を維持していた一定の範囲の遺族に支給されます。

　一時金は、その年金受給権者がいない場合に一定の範囲の遺族に対して給

付基礎日額の1000日分が支給されます。

⑥ 葬祭料（葬祭給付）

葬祭を行った者に対し支給されます。「31万5,000円＋給付基礎日額の30日分」と「給付基礎日額の60日分」のいずれか高い方が支給額です。

⑦ 介護（補償）給付

一定の障害により傷病（補償）年金または障害（補償）年金を受給し、かつ、現に介護を受けている場合に月を単位として支給されます。

⑧ 二次健康診断等給付

一言で言うと、過労死予防のための給付です。労働安全衛生法に基づく定期健康診断等のうち、直近の一次健康診断で、脳・心臓疾患に関連する一定の項目について異常の所見が認められる場合に、労働者の請求に基づき、二次健康診断と特定保健指導を行います。

●社会復帰促進等事業

労災保険では、各種の保険給付の他に被災労働者の社会復帰の促進、被災労働者やその遺族の援護、適正な労働条件の確保などのサービスも行っています。これが社会復帰促進等事業です。社会復帰促進等事業は大きく社会復帰促進事業、被災労働者等援護事業、安全衛生・労働条件確保事業の3つの事業に分かれています。

労災保険の給付内容

目的	労働基準法の災害補償では十分な補償が行われない場合に国（政府）が管掌する労災保険に加入してもらい使用者の共同負担によって補償がより確実に行われるようにする	
対象	業務災害と通勤災害	
業務災害（通勤災害）給付の種類	療養補償給付（療養給付）	病院に入院・通院した場合の費用
	休業補償給付（休業給付）	療養のために仕事をする事ができず給料をもらえない場合の補償
	障害補償給付（障害給付）	傷病の治癒後に障害が残った場合に障害の程度に応じて補償
	遺族補償給付（遺族給付）	労災で死亡した場合に遺族に対して支払われるもの
	葬祭料（葬祭給付）	葬儀を行う人に対して支払われるもの
	傷病補償年金（傷病年金）	治療が長引き1年6か月経っても治らなかった場合に年金の形式で支給
	介護補償給付（介護給付）	介護を要する被災労働者に対して支払われるもの
	二次健康診断等給付	二次健康診断や特定保健指導を受ける労働者に支払われるもの

労働保険料の納付方法

労働保険料は概算で前払いする

● 年度更新とは

労働保険の保険料は、年度当初に1年分を概算で計算して申告・納付し、翌年度に確定申告する際に精算する方法をとっています。事業主は、前年度の確定保険料過不足と当年度の概算保険料をあわせて申告・納付することになります。この手続きを年度更新といいます。年度更新については、毎年6月1日から7月10日までの間に行うことになっています。

窓口は一元適用事業と二元適用事業で異なります。一元適用事業とは、労災保険と雇用保険の保険料の申告・納付等を両保険一本として行う事業です。二元適用事業とは、その事業の実態からして、労災保険と雇用保険の適用の仕方を区別する必要があるため、保険料の申告・納付等をそれぞれ別個に二元的に行う事業です。一般に、農林漁業・建設業等が二元適用事業で、それ以外の事業が一元適用事業となります。

一元適用事業の労働保険料（労災保険分と雇用保険分の保険料）の徴収事務については、都道府県労働局又は労働基準監督署が窓口となります。これに対して、二元適用事業は、労働保険料のうち労災保険分を労働基準監督署に、雇用保険分を都道府県労働局に申告・納付することになります。

● 労働保険料の分割納付

年度更新に際して一定の条件に該当する場合は、保険料を分割して納付することができます。

保険料を分割して納付することができるのは、①概算保険料額が40万円（労災保険又は雇用保険のどちらか一方の保険関係だけが成立している場合は20万円）以上の場合、又は②労働保険事務組合に労働保険事務の事務処理を委託している場合です。なお、労働保険事務組合とは、事業主の委託を受けて、労働保険の事務を代行する中小事業主などの団体のことです。

①又は②に該当する場合は、労働保険料を3回に分割して納付（延納）することができます。ただし、10月1日以降に成立した継続事業については、分割納付が認められていません。そのため、保険関係が成立した日から3月31日までの期間の保険料を一括して納付することになります。

一方、有期事業については、事業の全期間が6か月を超え、かつ概算保険料の額が75万円以上となる場合に分割納付が認められます。延納の場合の納付期限の原則は、第1期が7月10日、

第2期が10月31日、第3期が翌年1月31日です。

以上増加する場合です。

●増加概算保険料の申告・納付

概算保険料申告書を提出した後に、年度の中途において、事業規模の拡大などによって労働者を大幅に増やし、それに伴って労働者に支払う賃金の総額が増加する場合があります。

このようなとき、増加が見込まれる賃金の総額によって、新たに増加した分の保険料（増加概算保険料）の申告・納付をしなければなりません。新たに申告・納付をすることになるのは、賃金総額の見込額が当初の申告の額の2倍を超えて増加し、かつ、その賃金総額によって算出された概算保険料の額が申告済の概算保険料よりも13万円

●労働保険料の算出

労働保険料は、事業主が1年間に労働者に支払う賃金の総額（通勤手当を含む）に保険料率（労災保険料率と雇用保険料率をあわせた率）を掛けて算出した額になります。

たとえば、小売業の事業主が納付する保険料の計算方法を考えてみましょう。それぞれ労災保険料率3/1000、雇用保険料率15.5/1000となっています。年間の賃金総額が1,000万円だった場合、1,000×（3＋15.5）/1000＝18万5,000円が納付する保険料ということになります。そのうち、被保険者が負担する雇用保険料（1,000×6/1000＝6万円）は毎月の給与から控除します（令和5年4月）。

労働保険料の延納の納期限

【原則】		
	第1期	7月10日
	第2期	10月31日（11月14日）
	第3期	翌年1月31日（翌年2月14日）

【保険年度の途中で保険関係が成立した場合】①4月1日〜5月31日に成立		
	第1期	保険関係が成立した日の翌日から50日以内
	第2期	10月31日（11月14日）
	第3期	翌年1月31日（翌年2月14日）

②6月1日〜9月30日に成立		
	第1期	保険関係が成立した日の翌日から50日以内
	第2期	翌年1月31日（翌年2月14日）

③10月1日〜翌年3月31日に成立	
	延納不可

※労働保険事務組合に委託している場合はカッコ内の日付となる

31 社会保険料の決定方法
資格取得時決定、定時決定、随時改定の３つがある

● 保険料は労使折半で負担

　社会保険の保険料は、被保険者の報酬に保険料率を掛けて算出した保険料を、事業主と労働者で折半して負担します。被保険者の負担分は、事業主が毎月の給料や賞与から天引き（控除）して預かります。

　ただ、毎月の給料計算のたびに保険料を計算するとなると、事務負担が相当なものになるため、社会保険では、あらかじめ給料の額をいくつかの等級に分けて、被保険者の給料をその等級にあてはめることによって保険料を決定するというしくみを採用しています。

　一度決定した保険料は、原則としてその後１年間使用し、毎年改定が行われます。賞与にかかる社会保険料も、給料と基本的に同様で、標準賞与額に保険料率を掛けて求めた額になります。

　給料から控除する保険料の決め方には、資格取得時決定、定時決定、随時改定の３つのパターンがあります。

● 資格取得時決定は初任給が基準

　会社などで新たに労働者を雇った場合、その労働者の給料（社会保険では「報酬」といいます）から控除する社会保険料を決定する必要があります。この場合に行われるのが資格取得時決定です。控除される保険料は、初任給を、あらかじめ区分された報酬の等級にあてはめて算出します。

　このようにあてはめた仮の報酬のことを標準報酬といいます。ただ、報酬の支払形態にはいくつかあります。たとえば、月給、週給、日給、時給などです。これらの形態をすべて１か月間の報酬額（報酬月額）に換算し直す必要があります。

● 定時決定は毎年７月１日に行われる

　定時決定とは、毎年７月１日現在において、その事業所に在籍する労働者の４、５、６月の報酬額を基準にして、新たな報酬月額を決定する手続きです。定時決定は被保険者全員を対象とするのが原則ですが、その年の６月１日以降に被保険者となった者とその年の７、８、９月のいずれかから随時改定によって標準報酬が改定される者は、対象外です。

　「〇月分の報酬」とは、実際にその月（１日～末日）に支払われた報酬のことです。たとえば、報酬が毎月末日締めの翌月15日払いの事業所では、３月分の報酬を４月15日に支払うことになりますが、これは定時決定の算定上は、３月分の報酬としてではなく、４月分

の報酬として取り扱うことになります。

また、4～6月のうち、報酬の支払の基礎となった日数が17日未満の月は除いて計算します。3か月のすべてが17日未満の場合は、原則として、従前の標準報酬月額を使用します。

新しい報酬月額は、「（4～6月に受けた通勤手当を含む報酬の額）÷3」という式によって求めた額を報酬月額表にあてはめて、年金事務所が決定します。新しく決定された（年金事務所から通知を受けた）標準報酬月額は、その年の9月1日から改定されます。

なお、社会保険料は当月分を翌月の報酬から控除する場合、10月1日以降に支給される報酬から新しい社会保険料を控除することになります。

● 大幅な昇給・降給時に行う随時決定

標準報酬月額の改定は原則として1年に1回だけ行います。しかし、現実的には、定時昇給（一般的には4月）以外のときに大幅な報酬額の変更（昇給又は降給）が行われることもあります。そこで、以下の条件すべてに該当するときには、次の定時決定を待たずに標準報酬月額を変更しなければなりません。これが随時改定です。

① 報酬の固定的部分（基本給、家族手当、通勤手当など）に変動があった
② 報酬の変動があった月とその月に続く3か月の報酬（残業手当などの変動する部分も含む）の平均が現在の標準報酬月額に比べて2等級以上上がった（下がった）
③ 3か月とも報酬支払基礎日数が17日以上ある

定時決定による標準報酬月額の求め方

〈例1〉3か月ともに支払基礎日数が17日以上あるとき

月	支払基礎日数	支給額
4月	31日	305,000円
5月	30日	320,000円
6月	31日	314,000円

→3か月間の合計　　　　　　　939,000円
（平均額　939,000円÷3 ＝ 313,000円
　標準報酬月額　　　　　　　320,000円

〈例2〉3か月のうち支払基礎日数が17日未満の月があるとき

月	支払基礎日数	支給額
4月	31日	312,000円
5月	16日	171,000円
6月	31日	294,000円

→2か月間の合計　　　　　　　606,000円
（平均額　606,000円÷2 ＝ 303,000円
　標準報酬月額　　　　　　　300,000円

※支払基礎日数は暦日数ではなく、給与支払いの対象となった日数を記載する。たとえば、「20日締め25日支払い」の場合、4月25日に支払われる給与についての基礎日数は3月21～4月20日までの31日間となるため、4月の支払基礎日数は31日となる。5月25日支払われる給与については、4月21～5月20日までの30日間となるため、5月の支払基礎日数は30日となる。

32 会社や従業員の変更に関する社会保険関係の事務

社会保険、労働保険、税金関係の変更手続きを行う

●事業所の名称や住所を変更する場合の届出

事業所の変更（事業所の名称を変更する場合や事業所を移転する場合など）や、事業主の変更（事業主の住所の変更や事業主の変更など）があった場合、その変更を、年金事務所、公共職業安定所、税務署などに届け出なければなりません。

・社会保険関係の手続き

事業所の名称を変更したり、同一の都道府県内に事業所を移転する場合は、管轄する年金事務所は変わりませんので、「健康保険・厚生年金保険適用事業所名称/所在地変更（訂正）届（管轄内）」を提出します。提出は、電子申請・郵送・窓口持参のいずれの方法でも行うことができます。添付書類としては、法人の登記事項証明書が必要になります。なお、法人の登記事項証明書については、直近の状態を確認するために、提出日からさかのぼって90日以内に発行されたものでなければなりません。

一方、都道府県をまたいで事業所を移転する場合は、「健康保険・厚生年金保険適用事業所名称/所在地変更（訂正）届（管轄外）」を提出します。いずれの場合も、従来の管轄年金事務

所に提出します。変更のあった日から5日以内に届け出ます。なお、事業主の住所の変更や事業主の変更など、事業主自身に変更があった場合には変更があった日から5日以内に、管轄の年金事務所または健康保険組合に「健康保険・厚生年金保険事業所関係変更（訂正）届」を届け出ます。

・労働保険関係の手続き

名称、所在地に変更があった日の翌日から10日以内に管轄の労働基準監督署に「労働保険名称・所在地等変更届」を届け出ます。また、「雇用保険事業主事業所各種変更届」を公共職業安定所に届け出ます。ただし、他の都道府県に移転した場合には、変更届ではなく、改めて変更後の所在地で「労働保険関係成立届」と「雇用保険事業主事業所各種変更届」を提出します。

・税金関係の届出

事業所の移転により、納税地が移転した場合には移転後すみやかに納税地の税務署に異動事項に関する届出を提出します。たとえば本店事務所の移転であれば「本店の所在地」と記入し、「異動前」及び「異動後」の欄にそれぞれの住所を記入します。なお、登記に異動があったことを証明する書類として、移転手続完了後の履歴事項全部

証明書を添付します。

また、移転日から1か月以内に、移転前の地域を管轄する税務署に、給与支払事務所等の開設・移転・廃止届出書を提出します。給与の支払事務を行う事務所の移転を、管轄税務署に届け出ることが目的であるため、添付書類などは不要です。

● 従業員の氏名や住所に変更があった場合

社会保険と雇用保険では別々に届出をする必要があります。

社会保険ではマイナンバーと基礎年金番号が紐づいている場合、届出をする必要がなく、年金事務所は住所地の住民票を基に自動的に氏名変更と住所変更を行います。事業主は、基礎年金

番号とマイナンバーの紐づけを行う手続きを事前にすませておく必要があります。なお、被扶養者の氏名や住所が変更になった場合には、変更届の提出が必要になります。

一方、雇用保険では、被保険者の氏名が変わった場合、その都度、氏名変更届を提出するのではなく、資格喪失届等の手続をすると同時に届け出ることになります。住所については、もともと届出が不要であるため、変更があっても届出をする必要はありません。

また、転勤などで従業員が他の支店に勤務することになった場合、「雇用保険被保険者転勤届」を転勤した日の翌日から10日以内に転勤後の事業所管轄の公共職業安定所に届け出ます。

会社についてのおもな社会保険・労働保険の変更手続き

	変更内容	提出書類	提出先と期限
社会保険	事業所の名称、所在地変更	健康保険・厚生年金保険適用事業所名称/所在地変更（訂正）届（管轄内・管轄外）	変更前の管轄年金事務所に、変更日から5日以内
	事業主の変更、事業所の電話番号の変更等	健康保険・厚生年金保険事業所関係変更(訂正)届	管轄年金事務所に、変更日から5日以内
労働保険	事業所の名称、所在地変更	労働保険名称・所在地等変更届	所轄労働基準監督署に、変更日の翌日から10日以内
		雇用保険事業主事業所各種変更届	所轄公共職業安定所に、変更日の翌日から10日以内
	事業主の変更	届出の必要はない（事業主の変更のみの場合）	

33 所得税の源泉徴収事務
給与や賞与の支払いごとに所得税を差し引くことになる

● 所得税の源泉徴収とは何か

労働者が会社などで働いて得たお金（給与所得）には税金が課されます。この税金が所得税です。

給与所得については会社などの事業所が労働者に給与や賞与を支払うごとに所得税を徴収し、国に納付します（源泉徴収制度）。ただ、所得税は1年間（暦年、1月1日〜12月31日）に得た所得に対して課される税金ですから、給与や賞与の支払いの都度源泉徴収する所得税は、あくまでも概算額です。

そこで、概算で徴収した所得税について、1年が終わってその年の給与所得が確定した時点で正確な所得税を計算し、精算する必要があります。この精算手続きのことを年末調整（211ページ）といいます。

● 扶養控除等（異動）申告書について

給与や賞与から源泉徴収する金額は、給与所得の源泉徴収税額表を使って求めますが、「扶養親族等の数」によって、徴収する税額が異なってきます。

そこで、まず給与などを支給する労働者の扶養親族の状況を確認する必要があります。そのために、労働者は主たる勤務先の会社に対して、「給与所得者の扶養控除等（異動）申告書」を提出する必要があります。複数の会社に勤務していても、主たる会社1社にしか申告書を提出できません。

「給与所得者の扶養控除等（異動）申告書」は、その年の最初の給与（1月分の給与）支払いの前までに従業員に記入・提出してもらい、年の途中で扶養親族に異動があった場合は訂正手続きを行います。最終的には、その年の12月31日現在の状況が書かれている申告書を基に年末調整を行うことになります。年の途中で採用した労働者については、給与を計算する前に「給与所得者の扶養控除等（異動）申告書」を渡して書いてもらうようにします。

● 所得税の源泉徴収の仕方

「給与所得者の扶養控除等（異動）申告書」によって、労働者の扶養親族数を確認すると、源泉徴収税額がわかります。まず労働者に支払う給与（勤務手当を含む）から、社会保険料（健康保険料、厚生年金保険料、介護保険料、雇用保険料など）と通勤費（非課税部分に限る）を差し引きます。こうして求めた額が所得税を源泉徴収する際に基準となる給与（課税対象額）になります。課税対象額の算定後、使用区分（次ページ図）を確認し、給与所

得の源泉徴収税額表の該当する金額の欄に当てはめて、所得税額を算出します。

●扶養親族等の数え方

扶養親族とは、配偶者、子、父母などその労働者が扶養している者のことです。ただ、労働者本人又はその扶養親族につき、一定の事由に該当する場合にはこれらの扶養親族の数にその事由ごとに人数を加算することになります。

まず、労働者本人が障害者（特別障害者を含みます）・ひとり親・寡婦・勤労学生のいずれかに該当するときは、扶養親族の数にこれらに該当するごとに1人を加えた数が扶養親族等の数になります。

また、労働者の扶養親族となっている者で障害者（特別障害者を含みます）・同居特別障害者に該当する者がいるときは、労働者本人の場合と同じように扶養親族等の数に1人を加えた数が扶養親族等の数になります。

●翌月10日までに納付する

事業主が労働者に給与や賞与を支払うときは、源泉所得税を控除して支払います。控除した源泉所得税は給与を支払った月の翌月10日までに所轄の税務署に納付することになります。本来の納付期限が土曜・日曜・祝日にあたる場合は翌営業日が納付期限です。

小規模な事業所（給与の支給人員が常時10人未満の事業所）については、源泉所得税の納付を年2回にまとめて行うこと（納期の特例）ができます。この特例を受けている事業者は1月1日から6月30日までの源泉所得税を7月10日まで、7月1日から12月31日までの源泉所得税を翌年1月20日までに納付することになります。

上記の所得税徴収高計算書（納期特例分）に所定の事項を記入し、納付税額を添えて納付します。

税額表の使用区分の確認表

34 住民税の徴収方法

前年の所得を基準にして課税・徴収される

● 特別徴収と普通徴収

住民税は、都道府県に納める都道府県民税と市区町村に納める市区町村民税の総称です。住民税は、前年の所得を基に税額を算出する「賦課課税方式」をとっています。会社などの事業所では、毎年1月31日までに前年1年間に支払った給与や賞与の額につき、支給人員ごとの「給与支払報告書」を作成します。そして、給与支払報告書は労働者の1月1日現在の住所地の市区町村役場に提出しますが、住民税は給与支払報告書を基にして計算し、徴収されます。この場合に住民税を徴収する方法として、①普通徴収と②特別徴収の2つの方法があります。

① 普通徴収

自営業者などが住民税を納める場合にとられる方法が普通徴収です。普通徴収の場合、納税者が直接、市区町村に住民税を納付します。

納税通知書と納付書が納税者本人のところに送付されてきます。納付書を受け取った本人は、原則として年4回の納付期限までにそれぞれ指定された住民税額を納めることになります（市区町村によって扱いが異なる場合があります）。なお、給与所得者であっても、普通徴収の方法によって住民税を徴収することがあります。

② 特別徴収

会社員などの給与所得者の場合、一般的に特別徴収によって住民税が徴収されます。特別徴収とは、市区町村に代わって会社などの事業所が社員から住民税を徴収し、市区町村に納付する方法です。特別徴収の場合、事業所が社員の毎月の給与から住民税を天引きすることによって徴収します。

市区町村では、各事業所から提出された給与支払報告書に基づいて、毎年5月31日までに各事業所に特別徴収税額通知書を送付します。事業所では、特別徴収税額通知書に従って、各労働者から住民税を徴収します。特別徴収の場合、その年に支払うべき住民税の額を12回（毎年6月から翌年5月までの計12回）に分けて労働者から徴収します（端数は1回目の分で徴収）。事業所で徴収した住民税は、翌月の10日までに納付しなければなりません。

なお、住民税が特別徴収されていた社員が退職したときは、一括徴収又は退職日後の期間分の住民税は本人が自分で納付するか次の勤め先に引き継ぎます。ただし退職日が1月1日から4月30日までの場合、本人が納付方法を選択できず、必ず一括徴収されます。

35 賞与の源泉徴収と社会保険料
計算方法に注意する

● 源泉徴収の計算方法

　賞与は法律上、支給が義務付けられているものではありませんが、多くの事業所で支給されています。労働者としても賞与をあてにしてローンを組んだり、生活設計を立てているのが現実です。会社などの事業所で賞与を支給することとしている場合、賞与の支給額や支給額の算定基準について、就業規則や給与規程に定めを置いています。

　賞与についても源泉徴収が行われますが、月々の給与とは源泉徴収の計算方法が少し違ってくるため、注意が必要です。ただし、賞与の源泉徴収税額の納付期限は給与と同じです。つまり、賞与を支払った月の、翌月の10日までに納付しなければなりません。

　賞与の源泉徴収税額は、課税対象額（賞与の額−社会保険料）に算出率を掛けて算出します。この算出率を求めるには、まず該当する社員の前月分給与から社会保険料を引いた額を求めます。

　次にこの額と扶養控除等（異動）申告書に基づいた扶養親族などの数を「賞与に対する源泉徴収税額の算出率の表」に照らし合わせて算出率を出すという方法をとります。

● 社会保険料の計算方法

　月給とは別に、賞与からも社会保険料を徴収します。この場合は、標準賞与額（実際に支給された賞与額から1,000円未満を切り捨てた額）に各々の保険料率を掛けたものが社会保険料となります。標準賞与額は賞与が支給されるごとに決定されます。つまり、賞与の保険料は毎月の保険料と違って、賞与の支給額により保険料が変動します。保険料は、給与についての社会保険料と同様、事業主と被保険者が折半で負担します。保険料率については、給与についての保険料率と同様です。健康保険料率の被保険者負担率は、全国健康保険協会管掌健康保険の東京都の例では、標準賞与額に対して、1000分の50.00（介護保険第2号被保険者に該当する場合は1000分の59.10）を乗じて算定します（令和5年3月分から）。

　また、厚生年金保険料率の被保険者負担率は、標準賞与額に対して1000分の91.5（一般の被保険者の場合）です。

　なお、賞与支給月（月末以外）に退職をするような場合には、資格は退職月の前月までのため、賞与から社会保険料は控除されません。

36 退職金の税務
原則2分の1だけを課税対象とする分離課税を適用する

● 退職所得とは

退職所得とは、退職手当、一時恩給（公務員に限ります）その他の退職により一時的に受ける給与及びこれらの性質を有する給与（退職手当等といいます）から、退職所得控除額を控除した残額の2分の1（勤続年数が5年以下の一定の役員や300万円を超えて受け取る一定の退職金等は退職所得控除額を控除した全額）に相当する金額です。

● 退職所得控除額の計算方法

勤続年数に応じた一定の「退職所得控除額」を退職手当等の収入金額から差し引いて算出します。退職所得控除額は、勤続年数20年を区切りとして図のような算式により求めます。勤続年数は、1年未満の端数があるときは、端数を1年に切り上げます。

● 税負担が軽減されている

退職所得は、他の所得とは合算せず、分離課税（他の各種所得とは合算せずに分離して課税する方式）して所得税を計算します。なお、退職金を受け取るときまでに「退職所得の受給に関する申告書」を提出していれば、課税退職所得金額に対する所得税が源泉徴収されていますので、確定申告は不要です。

一方、「退職所得の受給に関する申告書」の提出がなかった人の場合は、退職手当等の支払金額の20.42％が源泉徴収されますが、この税額の精算は受給者本人が確定申告をして精算します。

退職所得にかかる税金

退職所得 ＝ （退職金の収入金額 － 退職所得控除額） × $\frac{1}{2}$

【退職所得控除額】

勤続年数20年以下	40万円×勤続年数（80万円に満たないときは80万円）
勤続年数20年超	800万円＋70万円×（勤続年数－20年）

※1 障害退職のときは、上記控除額＋100万円
※2 勤続年数5年以下の特定役員等の役員等勤続年数に対応する部分の退職所得は、「退職所得＝退職金－退職所得控除額」となり1/2を掛ける必要はない。さらに、令和4年以後に生じる退職所得に関しては、特定役員等でなくても、勤続年数が5年以下の短期退職金について300万円を超える分に関しても1/2を掛ける必要はない。

37 年末調整①
1年間に納めるべき所得税額を計算する

年末調整とは

　10月～12月の時期に給与の事務担当者が行うべきことで、もっとも大変な仕事は年末調整です。なぜ、年末調整が必要になるのでしょうか。会社などの事業所では、役員や労働者に対して報酬や給与（賞与を含む）を支払う際に所得税の源泉徴収を行っています。しかし、その年1年間に給与などから源泉徴収した所得税の合計額は、労働者などが1年間に納めるべき税額と必ずしも一致するわけではありません。

　源泉徴収税額と実際の税額が一致しない理由としては、①税額表の源泉徴収の基準と実際の支給額が異なる、②扶養親族に増減があり、源泉所得税額を変更することが必要になる、③給与からの源泉徴収税額に反映されない生命保険料控除や地震保険料控除のような所得控除を考慮する必要がある、といった理由があります。

　そこで、1年間に源泉徴収した所得税の合計額と、本来役員や労働者が1年間に納めるべき所得税額とを一致させる必要があります。この一致させるための手続きが年末調整です。

年末調整の対象となる給与

　対象となる給与は、その年の1月1日から12月31日まで（年の途中の退職者などについては、退職時まで）の間に支払うことが確定した給与です。実際に支払ったかどうかに関係なく未払いの給与も年末調整の対象となります。逆に、前年に未払いになっていた給与を今年になって支払った場合、原則としてその分は含まれません。

　また、通勤費、旅費、食事代などの特殊な給与で非課税扱いとならない部分についても年末調整の対象となります。

　なお、年末調整の対象となる給与は、年末調整をする会社などの事業所が支払う給与だけではありません。たとえば、年の途中で就職した人が就職前に他の会社などで給与を受け取っていたケースがあります。このような場合は、前の会社などで「給与所得者の扶養控除等（異動）申告書」を提出していれば前の会社などの給与を含めて年末調整をすることになります。

　前の会社などが支払った給与の支給金額や源泉徴収税額や社会保険料の額は、前の会社などが発行した源泉徴収票によって確認します。もし、源泉徴収票の提出がない場合は、年末調整ができませんので、すぐに労働者にそのことを伝えて提出してもらいましょう。

38 年末調整②

年末調整の対象とならない給与所得者もいる

● 年末調整の手順を確認する

年末調整は、社員に1年間に支払う給与（賞与を含む）の額を合計して、次のような手順で計算を行います。

① 給与所得控除後の給与の額を求める

1年間に支払う給与の合計額から給与所得控除後の給与の額を求めます。給与所得控除後の給与の額は、「年末調整等のための給与所得控除後の給与等の金額の表」で求めます。

② 所得控除を差し引く

給与所得控除後の給与の額から扶養控除や生命保険料控除などの所得控除を差し引きます。

③ 税額を求める

②の所得控除を差し引いた金額に所得税の税率をあてはめて税額を求めます。

④ 税額控除をする

年末調整で住宅借入金等特別控除などの税額控除を行う場合には、求めた税額から控除額を差し引きます。差引後の税額が、その労働者が1年間に納めるべき所得税額になります。

⑤ 還付または徴収をする

最後に、源泉徴収をした所得税の合計額が1年間に納めるべき所得税額より多い場合には、その差額をそれぞれの労働者に還付します。逆に、源泉徴収をした所得税の合計額が1年間に納めるべき所得税額より少ない場合には、その差額を労働者に支払うべき給与（または賞与）から追加徴収します。

● 年末調整の対象となる人

給与所得者であっても、年末調整の対象とならない人もいます。どのような場合に年末調整の対象から外れるのかを確認しておきましょう。

年末調整は、役員や労働者に対する毎月の給与や賞与から源泉徴収をした所得税の合計額と、その人が1年間に納めるべき所得税額との差額を調整するためのものです。年末調整の対象となる人は、年末調整を行う日までに「給与所得者の扶養控除等（異動）申告書」を提出している一定の人です。

年末調整の対象となる人は、12月に年末調整を行う場合と、年の途中で行う場合とで異なりますので、それぞれ分けて見ていきます。

まず、文字通り、年末である12月に行う年末調整の対象となる人は、会社などの事業所に12月の末日まで勤務している人です。正確にいうと、1年の最後の給与が支給されるときに行います。給与が支給された後に賞与が支給されることになっている場合は、賞与の支給後に年末調整を行います。

1年間勤務している人だけでなく、年の途中で就職した人や青色事業専従者（個人事業者の配偶者などで事業を手伝い、給与をもらっている者）も年末調整の対象となります。ただ、以下の①、②に該当する場合などの一定の場合には、年末調整の対象にはなりません。

① 1年間に受け取る給与の総額が2,000万円を超える人

② 災害減免法の規定により、その年の給与に対する所得税の源泉徴収について徴収猶予や還付を受けた人

次に、年の途中で行う年末調整の対象となる人は、次の5つのいずれかにあてはまる人です。

① 1年以上の予定で海外の支店などに転勤した人

② 死亡によって退職した人

③ 著しい心身の障害のために退職した人（退職した後に他から給与を受け取る見込みのある人は除きます）

④ 12月に支給されるべき給与などの支払いを受けた後に退職した人

⑤ パートタイマーとして働いている人などが退職した場合で、本年中に支払いを受ける給与の総額が103万円以下である人（退職した後に他から給与を受け取る見込みのある人は除きます）

年末調整の事務手順

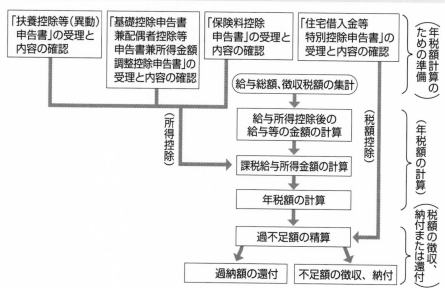

● 源泉徴収票の作成・提出

　年末調整事務の終了後は、社員ごとの源泉徴収票を作成します。また、源泉徴収票などの提出の他、もう1つの仕事として、12月に預かった源泉所得税や年末調整をして、預かった源泉所得税を税務署に納付する仕事があります。

　源泉徴収票は年末調整の結果、確定した税額その他について記載したもので源泉徴収票は複数作成し、そのうちの1枚は社員本人に交付します。

　また、翌年の1月31日までに、源泉徴収票は税務書に、そしてこれとほぼ同じ内容である給与支払報告書は各市区町村に提出しなければなりません。

　ただし、源泉徴収票については、提出不要のケースがあります。源泉徴収票を税務署に提出しなくてもよいのは、次のような場合です。

① 　年末調整をした年分の給与金額が500万円以下のとき

② 　「給与所得者の扶養控除等（異動）申告書」を提出したが、その年中に退職したために年末調整をしなかった人でその年分の給与金額が250万円以下（法人の役員の場合50万円以下）のとき

③ 　弁護士、税理士などに給与などを支払い年末調整をした場合にその年分の給与金額が250万円以下のとき

④ 　年末調整をした年分の報酬（給与）で法人の役員に対して支払った金額が150万円以下のとき

⑤ 　「給与所得者の扶養控除等（異動）申告書」を提出しない人に支払った給与で、その年分の給与金額が50万円以下のとき

給与支払報告書と源泉徴収票の提出

給与支払報告書 ➡ 会社等が従業員の住所の市区町村に提出する

源泉徴収票 ➡ 会社等が支払事務を管轄する税務署に提出する

※源泉徴収票については、所定の要件に該当しないものは税務署への提出が不要

源泉徴収票の提出

税務署や市区町村に提出する

●提出の流れ

源泉徴収票は下図の流れで、税務署及び市区町村に提出することになります。

提出にあたって、税務署への提出を要する受給者と、税務署への提出を要しない受給者分で作成枚数が異なることになります。

なお、現在では会社内などの所定の

Webサイトなどで、受給者に対して源泉徴収票を紙ではなく電子交付を行ったり、源泉徴収票や給与支払報告書を税務書や市区町村に提出する際にe-TaxやeLTAXで行うなどのペーパーレス化が進まれています。

源泉徴収票の提出の流れ

- 給与支払報告書（総括表）
- 源泉徴収簿
- 市区町村への提出が必要なもの → 給与支払報告書 → 市区町村
- 税務署への提出が必要なもの → 源泉徴収票 → 受給者本人
- 源泉徴収票 → 税務署
- 給与所得の源泉徴収票等の法定調書合計表 → 税務署

41 消費税

消費者が広く公平に負担する間接税である

● どんな税金なのか

消費税とは、「消費をする」という行為に税を負担する能力を認め、課される税金です。「消費をする」とは、物を購入する、賃貸する、情報などのサービスを受ける、というような行為のことをいいます。

税を負担するのは法人・個人にかかわらず消費行為をした「消費者」です。税金は、消費者から商品やサービスの代金と一緒に徴収されます。消費者から代金と一緒に徴収された消費税は、実は税金を徴収した店や会社が納付することになっています。このような税の負担者が直接納付せず、負担者以外の者が納付するしくみの税金を、間接税といいます。

平成元年に3％の税率で導入された消費税は、平成9年4月1日から5％に税率が引き上げられました。その内訳は、国税4％、地方税1％という構成です。この税率が平成24年8月に成立した「社会保障の安定財源の確保等を図る税制の抜本的な改革を行うための消費税法の一部を改正する等の法律」の成立により、平成26年4月1日からは国税6.3％及び地方税1.7％で合計8％に、そして令和元年10月1日からは国税7.8％及び地方税2.2％で

合計10％に、税率が引き上げられました。また、時を同じくして一定の飲食料品や新聞については軽減税率（税率8％）も導入されました。

● 具体例で見る流通の流れ

消費税は、店や会社などの事業者が消費者の代わりに徴収して納めるということでした。買い物をしたときに店から受け取るレシートを見ると、本体○○円、消費税××円というように、内訳に消費税額が記載されています。しかし、この金額は、そっくりそのまま税務署へ納められるわけではありません。

消費税を納めるべき事業者は、商品やサービスを消費者へ供給する立場でありますが、一方で商品を仕入れたり備品を購入したりするため、消費者の立場でもあります。つまり事業者は物品の購入等とともに税を負担し、消費者からは税を徴収しているということになります。

もし徴収した税額のみを納めた場合、自身が負担した税はコストの一部となり、販売金額に上乗せされてしまいます。税額が流通ルートに乗って、雪だるま式にふくれあがってしまうわけです。消費税の計算は、このような「税

の累積」を排除するため、実は徴収した税額から負担した税額を控除して納めるしくみになっています。

　具体例を使って、商品の製造から消費者に届くまでの流れを見ていきましょう。税率は10%とします。

　ある商品が製造業者甲社、から卸売業者乙社を経て、消費者に渡るとします。製造業者である甲社は、販売価格10,000円の商品を作ったとします。ちなみに、これに対する消費税額は1,000円です。この商品を卸業者乙社に販売した場合、甲社は乙社から商品代金10,000円と同時に消費税1,000円も受け取ります。この時に徴収した1,000円の消費税は、甲社が申告、納付することになります（製造のためのコストはなかったものとします）。

　乙社は10,000円で甲社から仕入れた商品を、消費者に20,000円で販売したとします。乙社は消費者から20,000円と消費税2,000円を徴収します。乙社が受け取った消費税は2,000円ですが、ここから甲社へ支払った1,000円を控除し、残額の1,000円を申告、納付することになります。

　甲社から消費者までの納付税額の流れは以下のような算式になります。

　1,000円 ＋ （2,000円 － 1,000円 ） ＝ 2,000円

　つまり、納められた消費税の合計額は、最終消費者が負担した2,000円と一致することがわかります。甲社、乙社は、消費者から預かった税金をそれぞれ分担して納付しているということになります。

消費税のしくみ

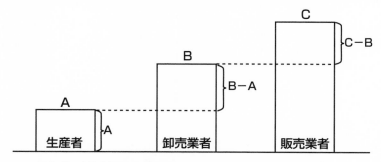

生産者が納付する消費税	A
卸売業者が納付する消費税	B－A
販売業者が納付する消費税	C－B
納付される消費税の合計	＝A+(B－A)+(C－B)
	＝C
	＝最終消費者が負担する消費税

42 インボイス制度

令和5年10月から適格請求書等（インボイス）へ移行される

●区分記載請求書等と適格請求書等

令和元年10月以降は、軽減税率8％と標準税率10％が併存しているため、経理上はおもに請求書等の記載内容や会計帳簿への記載方法に留意する必要があります。請求書等については、具体的には、軽減税率制度が開始された令和元年10月1日から令和5年9月30日までの取引は「区分記載請求書等制度」が適用されており、令和5年10月1日からの取引より「インボイス制度（適格請求書等制度）」が適用されます。

●区分記載請求書等の記載事項（令和5年9月30日以前の取引）

区分記載請求書等制度では、売り手は買い手からの求めに応じて次のような記載事項を完備した区分記載請求書等を買い手に交付する必要があります。

① 区分記載請求書等発行者（売り手）の氏名または名称

② 取引年月日

③ 取引の内容（軽減税率の対象資産の譲渡等があればその旨）

④ 税率ごとに区分して合計した課税資産の譲渡等の対価の額（税込額）

⑤ 書類の交付を受ける事業者（買い手）の氏名または名称

区分記載請求書等のおもな特徴として、取引の内容には、軽減税率の対象資産があればそのことを記載する必要があり、対価の額には、税率ごとに区分した税込額を記載する必要があります。なお、不特定多数の者に対して販売等を行う小売業等については、買い手の氏名等の記載を省略できます。

また、会計帳簿には「仕入先の氏名または名称」「取引年月日」「取引の内容」「取引金額」の他に、その商品が軽減税率8％の対象であれば取引の内容に「軽減税率の対象品目である旨」を明記する必要があります。つまり、その取引が軽減税率の対象であるのかどうかを帳簿上区分しておく必要があるということです。そして、消費税の仕入税額控除を受けるには、軽減税率の対象品目と税率ごとに合計した税込価額が明記された区分記載請求書等を入手・保存しておく必要があります。

●「軽減対象資産の譲渡等である旨」の記載の仕方

軽減税率の対象となる商品がある場合には、請求書等に軽減対象資産の譲渡等であることが客観的に明らかだといえる程度の表示が必要であり、たとえば請求書に次のいずれかのように記載します。

・個々の取引ごとに8％や10％の税率を記載する

・8％の商品に「※」や「☆」といった記号や番号等を表示し、かつ、「※（☆）は軽減対象」などと表示することで、軽減対象資産の譲渡等である旨」を明らかにする

・8％の商品と10％の商品とを区別し、8％として区別されたものについて、その全体が軽減税率の対象であることを記載する

・8％の商品と10％の商品で請求書を分けて作成し、8％の請求書には軽減税率の対象であることを記載する

● 適格請求書等の記載事項（令和5年10月1日以降の取引）

インボイス制度では、売り手（課税事業者）は買い手からの求めに応じて次のような記載事項を完備した適格請求書等を買い手に交付し、また交付した適格請求書の写しを保存する義務が課されます。

① 適格請求書発行事業者（売り手）の氏名または名称及び登録番号

② 取引年月日

③ 取引内容（軽減税率の対象品目である場合はその旨）

④ 税率ごとに合計した対価の額（税抜または税込）及び適用税率

⑤ 税率ごとに区分して合計した消費税額等

⑥ 書類の交付を受ける事業者（買い手）の氏名または名称

区分記載請求書等とは次の点が異なります。①の売り手の氏名等には、適格請求書発行事業者としての登録番号の記載が追加されます。登録番号は、法人の課税事業者の場合は「T＋法人番号（13桁）」であり、個人事業者や人格のない社団などの課税事業者は「T＋13桁」の番号となります。④の対価の額には、税率ごとの合計の対価の額が税抜または税込で記載することになり、適用税率の記載が追加されます。⑤では、消費税額の記載が追加されます。

なお、会計帳簿への記載事項は、区分記載請求書等の場合と同じです。

会計帳簿の記載例

総勘定元帳（仕入）			
月　日	相手科目	摘　要	借　方
10/31	現金	○○食品㈱　※米・牛肉　10月分	19,440
10/31	現金	○○食品㈱　　ビール　10月分	6,600
			※軽減税率対象

区分記載請求書等の場合も適格請求書等の場合も、「軽減税率の対象品目である旨」を追記する

●免税事業者からの課税仕入の取扱いはどう変わる

適格請求書等を発行するには、事前に税務署へ一定の申請を行って適格請求書発行事業者として登録を受けておく必要があります。この登録は課税事業者でないと行えないルールとなっていますので、免税事業者は課税事業者に変更しない限り適格請求書等の発行ができません。

また、課税仕入に対する仕入税額控除の適用を受けるには、適格請求書発行事業者が発行する適格請求書等を受領する必要があるため、免税事業者が発行する請求書等では、令和5年10月以降は原則として仕入税額控除を受けることができなくなります。ただし、区分記載請求書等と同様の事項が記載された請求書等を保存し、帳簿に軽減税率に関する経過措置の規定の適用を受けることが記載されている場合には、次の一定期間においては仕入税額相当額の一定割合を仕入税額として控除できる経過措置が設けられています。

・令和5年10月1日から令和8年9月30日までの期間は仕入税額相当額の80%
・令和8年10月1日から令和11年9月30日までの期間は仕入税額相当額の50%
　インボイス制度で認められる請求書等には次のものがあります。
・適格請求書または適格簡易請求書
・仕入明細書等（適格請求書の記載事項が記載されており、相手方の確認

を受けたもの）
・卸売市場において委託を受けて卸売の業務として行われる生鮮食品等の譲渡及び農業協同組合等が委託を受けて行う農林水産物の譲渡について、委託者から交付を受ける一定の書類
・上記の書類に関する電磁的記録（電子ファイル等）

●令和5年度税制改正に伴うインボイス制度開始後の消費税負担・事務負担の軽減措置

令和5年度税制改正により、免税事業者が適格請求書等の発行業者になった場合には、3年間消費税の納税額を売上に対して預かった消費税額の2割にすることができるという軽減措置がとられました。また、一定規模以下の事業者が行う少額の取引については、6年間帳簿記帳のみで仕入税額控除を可能とする事務負担軽減がとられました。

●適格簡易請求書とは

不特定多数の者に対して販売等を行う小売業、飲食店業、タクシー業等については、通常の適格請求書等とは異なり次の通り記載事項を一部簡略化した「適格簡易請求書」を交付することができます。

① 適格請求書発行事業者（売り手）の氏名または名称及び登録番号
② 取引年月日
③ 取引内容（軽減税率の対象品目で

ある場合はその旨）

④ 税率ごとに合計した対価の額（税抜または税込）

⑤ 税率ごとに区分して合計した消費税額等または適用税率

　適格請求書との違いは、買い手の氏名（名称）の記載が不要であること、また消費税額等または適用税率のいずれかを記載（適格請求書は両方とも記載）すればよいことになっています。

● 適格請求書の交付義務が免除される場合

　不特定多数の者などに対してその都度適格請求書を交付するのも実務上困難が生じる場合があり、以下の取引は適格請求書の交付義務が免除されます。

① 船舶、バスまたは鉄道による旅客の運送（3万円未満のもの）

② 出荷者等が卸売市場において行う生鮮食料品等の譲渡（出荷者から委託を受けた受託者が卸売の業務として行うもの）

③ 生産者が行う農業協同組合、漁業協同組合または森林組合等に委託して行う農林水産物の販売（無条件委託方式かつ共同計算方式により生産者を特定せずに行うもの）

④ 自動販売機及び自動サービス機により行われる課税資産の譲渡等（3万円未満のもの）

⑤ 郵便切手類を対価とする郵便・貨物サービス（郵便ポストに差し出されたもの）

適格請求書の記載例（令和5年10月1日以降）

株式会社○○御中

請求書

東京都 XX 区 XX1-23-4
○○株式会社
（登録番号 TXXXXXXXXXXXXX）

令和5年10月分

月日	品名	金額
10 / 1	米　　　　※	10,800 円
10 / 8	牛肉　　　※	8,640 円
10 /20	ビール	6,600 円
合計		26,040 円

（ 8% 対象　　18,000 円　　消費税 1,440 円）
（10% 対象　　 6,000 円　　消費税　 600 円）
※軽減税率対象

Column

インボイス（適格請求書等）を発行するための手続き

　適格請求書等を発行できるようにするためには、「適格請求書発行事業者の登録申請書」を納税地を所轄する税務署長に提出する必要があります（郵送により登録申請書を提出する場合の送付先は、各国税局のインボイス登録センター）。

　インボイス制度の開始日である令和5年10月1日から適格請求書等を発行するには、原則として令和5年3月31日までに登録申請書を提出しなければなりませんでした。しかし、その後見直しが行われ令和5年9月30日までに提出し、税務署長により適格請求書発行事業者の登録を受けたときは、令和5年10月1日に登録を受けたこととみなされます。

　なお、従来のルールでは、令和5年4月1日から令和5年9月30にまでに申請書を提出するが、適格請求書等を令和5年10月1日から発行したい場合には、期限までの申請が困難な事情を記載をして提出する必要がありましたが、見直しに伴いその記載の必要もなくなりました。

　適格請求書発行事業者の情報は、「国税庁適格請求書発行事業者公表サイト」において、適格請求書発行事業者の氏名または名称、本店または主たる事務所の所在地（法人の場合）、登録番号、登録年月日、登録取消年月日・登録失効年月日が公表されます。個人事業者も任意で主たる屋号や主たる事務所の所在地等の公表が可能です。

　なお、免税事業者が登録を受けるためには、原則として、「消費税課税事業者選択届出書」を提出し、課税事業者となる必要があります。ただし、登録日が令和5年10月1日から令和11年9月30日までの日の属する課税期間中である場合は、課税選択届出書を提出しなくても登録申請書のみを提出することで登録を受けることができます。

第5章

契約事務の基本と
手続き

1 契約と契約書

契約の円滑な遂行のために契約書の作成は重要である

●契約書作成はビジネスの常識

民法の原則では、契約は当事者間の合意によって成立するものであって、口頭でも契約は成立し、保証契約などの一部の例外を除いて、契約書の作成は必ずしも必要ありません。しかし、ビジネスの現場で、事業者同士が契約を結ぶ場合、口頭で済ませるということはまずありません。契約に関する内容、当事者の権利義務などを明記した契約書を作成して契約を結びます。

契約書の作成は、当事者間で成立した合意を明確にすることで、契約の円滑な遂行を促すことや、取引についてのリスクを把握するという、ビジネスにおいて大きな意義があります。

契約書の作成は当事者の一方が担当し、他方の当事者が内容をチェック・修正しつつ交渉を重ねて、当事者間で最終的な契約書を完成させて契約を締結するのが一般的です。

●契約書の体裁

契約書には、「表題」「前文」「本文」「後文」「契約書の作成年月日」などが記載されるのが一般的です。

「表題」には、「売買契約書」や「業務委託契約書」など、契約書のタイトルを記載して、その契約書がどのような契約についてのものなのかを表示します。

「前文」には、契約の当事者や契約の趣旨が表示されます。

「本文」には、具体的な契約条項を記載します。契約ごとにさまざまな条項が設けられ、その契約に関する当事者の合意内容を示す部分です。

「後文」には、契約書の作成通数や保管当事者を表示します。具体的には、「この契約の締結の証として、本契約書2通を作成し、各自1通を保有する」などと記載します。

契約書の末尾には、通常、当事者の記名押印又は署名押印欄が設けられます。

契約書の表題と前文の記載例

商品売買契約書

株式会社○○（以下「甲」という）と、△△株式会社（以下「乙」という）とは、甲の商品に関し、以下のとおり、甲が売主となり、乙が買主となる売買契約を締結する。

2 取引基本契約書

反復または継続する契約の元となる取引条件を規定する

●反復・継続する取引のために締結する

取引基本契約書は、売買や請負などの反復または継続する取引を行う場合に、個々の取引を行うたびに締結される個別契約に共通して適用される基本的な条件をあらかじめ定めるために作成される契約書です。反復・継続する取引を行う際には、まずは取引の条件を基本契約書の中で一括して定めておいて、その後、個別の取引を行う際には、基本契約書の条項を適用するという取扱いをするのが一般的です。

基本契約書を締結することによって、個別契約を締結する際に必要となる文書や契約条項を省いてコストや手間をカットすることができ、また、取引条件を画一化することができるため、事務手続きが簡略化されるというメリットがあります。

なお、取引基本契約書は、「商品売買基本契約書」や「製造委託基本契約書」などのように、契約の目的と合わせた契約書名で作成されることが多いです。

●個別の契約書や注文書・注文請書との関係

取引基本契約が締結された場合、個々の具体的な取引については、別途、個別契約を締結して行われます。個別契約の締結は、契約書の他、注文書や注文請書などが利用されることが一般的です。

取引基本契約書には、個別の契約書や注文書・注文請書に適用されるさまざまな取引条件や、取引の反復や継続によって繰り返される業務プロセスなどが規定されます。具体的な品物の種類、数量、単価、納期など、個々の取引に関する主要条件は、注文書および注文請書、または個別の契約書などに、そのつど規定されることになります。取引基本契約書と個別の契約書、注文書・注文請書などがセットになって1つの契約条件を表すというイメージになります。

また、所有権はどちらに属するか、リスクはどちらが負うかなど、あいまいな点をなくし、具体的かつ詳細に規定します。

取引基本契約書と注文書および注文請書（または個別の契約書）に異なる規定が置かれている場合、どちらが優先されるのか、といった優劣も、取引基本契約書によって定めておくことが大切です。

3 契約書の署名と押印

契約書には署名や押印が必要

●サインによって契約が成立する

契約書の最後には、氏名・名称、住所を書くだけではなく、ハンコを押すことで当事者の意思表示を明確にします。また、氏名や名称を書く場合には、署名と記名の２種類があります。

署名とは、当事者自らが氏名や会社の名称を書く（自筆する）ことです。当事者が自筆することにより筆跡が残るため、署名した当事者が契約をしたという証拠がはっきりと残ります。

記名とは、当事者の自筆ではなく、ゴム印やワープロの印字や、第三者によって氏名・名称が記載されることです。記名は当事者の筆跡が残らず、署名に比べると証拠という点で劣ります。

書面の作成について法律が特に署名を要求する場合、通常は署名に代えて記名・押印でもよいとされます。

ハンコの押印も大きく分けて、実印と認印の２種類があります。実印とは、法人の場合は法務局、個人の場合は市区町村に登録してある印鑑のことです。認印とは、実印以外の三文判のことをいいます。認印は、誰でも、どこでも手に入れることができるため、証拠という点において、実印に比べるとはっきりと劣ります。法的な証拠能力という点から重要な契約になるほど、認印

ではなく、実印による押印によって、意思表示を行うべきでしょう。

また、契約書の最後に余白がある場合には、「以下余白」を記載するか、最後の部分に止め印をすることが大切です。これは、後に余白の部分に文章を書き加えられることがないよう、防止する意味があります。

●署名する際に気をつけること

契約書にサインをして、契約を締結できるのは、基本的には、当事者が個人であれば本人、法人の場合であれば代表取締役など代表権限がある者のみです。

個人との契約の場合は、「個人名」を記入してもらい押印します。法人との契約の場合には、「会社名」「役職名」「氏名」を記入してもらい押印します。個人事業者の場合は「屋号」と「氏名」と押印をしてもらいます。

会社名と役職を記入することで、個人との契約ではなく法人と結んだ契約であることがわかります。個人事業者の場合も、必ず屋号を入れます。そうでないと、個人と結んだ契約ととられるおそれがあります。また、屋号だけだと当事者が特定できなくなりますので、必ず事業主の名前も明記します。

なお、法的には署名のみでも契約は成立するものとされていますが、同時に押印もするのが一般的です。

押印は、認印でもかまいませんが、重要な契約の場合には、個人であれば役所に登録している実印、法人であれば法務局に登録している法人の代表者印による押印を要求するべきです。後日、契約書の作成権限が争われたり、契約書が偽造されたものであると主張されたりすることを防ぐために、偽造しにくい実印を押してある方が確実な証拠になるというわけです。

●代理人によって契約する場合

契約は、本人だけでなく、代理人を使って行うこともできます。代理人によって契約を締結するためには、まずその代理人が本人を代理する権限（代理権）をもっていなければなりません。代理人には本人から委任を受けた場合（任意代理）と法律で定められた場合（法定代理）があります。

任意代理の場合、代理権は本人が代理人に対して与えます。そして与えられた代理権の範囲内で代理人が本人を代理して法律行為をすると、その効果（効力）はすべて本人に帰属します。

代理権をもたない者が、勝手に本人を代理して法律行為をしたとしても、その効果は本人には帰属しません。そのため、契約の相手方は、本人に対して契約の履行を求めることはできません。代理人によって契約締結をする場合、①本人の住所・氏名、②代理人の住所、③代理人の肩書きを記載し、代理人が署名または記名をして押印をします。

契約書には、本人名も記載する方が確実です。

本来、契約の締結に際して委任状の添付は法律上要求されるものではありませんが、代理人と称する相手が真実の代理権限をもっているかどうかを確認するため、委任状の添付を要求しておきましょう。また、委任状の中の本人の押印については、実印の押印を要求し、かつ印鑑証明書の添付を受ける必要があります。

署名押印と記名押印の違い

署名押印の場合 ➡	松野 歳三 ㊞
記名押印の場合 ➡	松 野 歳 三 ㊞

4 契約書への押印の仕方

契約書を作成する上で必要な知識

● 契印の押し方

ビジネスにおける契約書は、たいてい複数枚にわたります。この場合、無断での差替えや改ざんを防ぐため、すべてのページで、隣のページとまたがるように押印します。これを契印といいます。

契印の押し方としては、まず①各葉のつなぎ目に契印を施すやり方があります。複数枚をホッチキスで止め、各葉のつなぎ目にまたがるように、契約当事者全員の印で押印します。契印は各頁をつなぐ役目をし、各頁が一体であることを示します。複数枚の契約書に書類としての一体性を持たせることにより、契約書の信頼度を向上させることに目的があります。

他に、②契約書の1か所に契印を施すだけで足りるやり方もあります。複数枚をホッチキスで止めた後、背を別紙でつつんでのりづけします。そして、のりづけの境目に契印を施します。

これで、のりづけされた全体についての契印を施したことになります。特に頁数が多い場合には、①の方法よりも②の方法が簡単です。

● 割印の押し方

契約書に別書類を添付する場合、割印を施すことによって、それらの添付書類が契約書と一体をなすものだということを示すことができます。割印では、契約書を次ページのように重ねて全当事者の印で押印をします。割印が押されることによる効果として、それぞれの文書について、改ざんされたり、不正にコピーされることを防ぐ効果が挙げられます。たとえば、契約書の原本とコピーが1部ずつある場合に、割印が押されます。なお、割印は、必ずしも署名者の署名押印に使った印でなくてもよいとされています。

また、契約書に別書類を添付する場合、割印を施すことによって、それらの添付書類が契約書と一体をなすものだということを示すことができます。割印では、契約書を図（次ページ）のように重ねて全当事者の印で押印をします。なお、割印は署名者の署名押印に使った印を用いなければなりません。

● その他の押印の種類

契約書についての押印には契印、割印の他に以下のものがあります。

① 訂正印

契約書上の文字を訂正する場合に、訂正部分の余白に訂正の内容を記載して各当事者の印鑑で押印します。ただ、

金額を訂正印で訂正するのは好ましくありません。なお、契約書を訂正するときは、まず訂正する文字に二本線を引きます。そして、縦書きの場合はその右に、横書きの場合はその上に正しい文字を書き加えます。

② 捨印

文字の訂正に備えて、契約書上欄余白部分にあらかじめ当事者が押印しておくものです。文字の訂正用として使われる建前になっていますが、捨印は契約書の偽造に濫用されるおそれが多分にありますから、原則として使用しない方が無難です。面倒でも、訂正箇所ごとに訂正印を押すようにしましょ

う。

③ 消印

消印とは、契約書に貼付された印紙と契約書面とにまたがってなされる押印のことです。

契約書が印紙税法上の課税文書である場合、当事者は納税のため契約書に所定額の収入印紙を貼付して、消印をする必要があります。ただし、契約書で用いた印以外の印章を使用することも可能です。また、「消印」とは呼ばれていますが、実際には署名によって、消印を行うことも認められています。ただし、氏名や屋号などを記載しなければなりません。

契約印の押し方

①契印と割印

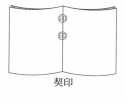

契印

割印

②捨印

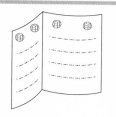

③訂正印

誤った文字の上に二本線を引き、上部に正しい文字を記入する場合

```
所在　豊島区池袋1丁目
　　　　　2
地番　主番1
㊞ ㊞
```

誤った文字の上に二本線を引き、上部に正しい文字を記入する。そして欄外に「削除2字」「加入1字」と記載する場合

```
　　　削除2字 ㊞ ㊞
　　　加入1字

所在　豊島区池袋1丁目
　　　　　　5
地番　5番10
```

訂正した文字をカッコでくくり、これに押印する場合

```
所在　豊島区池袋1丁目

地番　（8番7）18番9
　　　　　㊞
```

5 印鑑証明書
文書の作成者と本人の同一性を証明してもらえる

●印鑑証明書の添付

印鑑証明書とは、押印した印鑑の印影が真正なものであることを証明するための書類です。個人の印影を証明する書類を特に印鑑登録証明書と呼ぶ場合もあります。

個人の印鑑証明書に記載されている事項としては、①登録した印影・登録番号、②登録年月日、③登録者の住所、④登録者の氏名、⑤登録者の生年月日、⑤登録者の性別が記載されています。これに対して、法人の印鑑証明書に記載されているおもな事項は、①法人の名称、②法人の主たる事務所の所在地、③法人の代表者の氏名、④法人の代表者の生年月日などです。

たとえば、登記申請の際に添付情報として、登記義務者の印鑑証明書が必要な場合があります。

個人の場合は、市区町村に届け出ている印鑑（実印）、法人の代表者の場合は登記所に届け出ている印鑑（会社の届出印）について印鑑証明書を添付します。反対に、個人の場合には、印鑑証明書は、登録されている印鑑に対して発行される書類であるため、実印の登録を得ておかなければ、発行が認められません。

また、印鑑の登録の際に、登録カードを受け取ることができます。そのため、実際に印鑑証明書の発行を希望する場合には、印鑑登録カードとともに申請することが求められます。

これに対して、法人の場合には、法人を設立する際に行った登記において、すでに印鑑の登録を行っているため、印鑑証明書の発行の際に、印鑑の登録が問題になることはありません。

たとえば、所有権移転登記の申請では、登記義務者の印鑑証明書を添付します。また、所有権以外の権利の登記申請に関して、事前通知制度を利用する場合も登記義務者の印鑑証明書を添付します。商人や会社代表者の印鑑証明書の発行は登記所が行うのに対し、個人の印鑑登録、印鑑証明書の発行は市区町村長が行います。

●印鑑証明書の交付について

印鑑証明書は、公正証書にする場合、委任状を作成する場合、その他不動産登記、会社設立など、重要な取引の際に、文書の作成者が本人に間違いないことを証明するために必要です。個人は市区町村、法人の場合には登記所（法務局）で交付されます。取引上の有効期間が３か月となっていますので、注意が必要です。

6 契約書の訂正の仕方

さまざまなケースを想定して、慎重に対応する

●不備が生じやすい箇所

　契約書を訂正する場合、まず、訂正すべき箇所を二重線で消します。次に、一般的に、横書きの場合は上に、縦書きの場合は右横に、訂正後の正しい文言を記載します。続けて、「削除○文字」「加入○文字」と書き、訂正したときに削除・加入した文字数を示します。最後に、当事者全員の訂正印を訂正箇所に押します。訂正印は、署名押印に使用したものと同じ印鑑を使用します。

　改ざんされないように、数字は「一、二、三」ではなく、「壱、弐、参」を使います。また、「○文字削除」のように数字を先に持ってくると文字数をつけ加えやすいので避けるようにしましょう。訂正印は欄外に押しても法的には有効ですが、他の箇所を訂正することが可能になりますので、訂正箇所

に押しておくのが確実です。

　このように契約書を手書きで訂正するのは気を使う作業です。訂正が生じた場合は、取消線を引いたり、訂正印を押すことでなく、可能であれば、契約書を作り直してしまう方がよいでしょう。その方が見栄えがよく、間違いも起きにくいといえます。

　また、契約書の誤字・脱字にも注意が必要です。ときには契約内容が変わってきてしまう可能性もありますので、最後に文章全体を通して音読し、校正を行いましょう。

　ページ数が多くなると、単純な入力ミス等が発生しがちです。作成した契約書について複数の目で確認することも有効な手段です。そして、署名の欄も重要な箇所ですので、不備のないようにしましょう。

改ざんを防ぐ方法

	よい例		悪い例	
漢数字を使う	壱、弐、参		一、二、三	
数字を先に持ってこない	削除○文字	加入○文字	○文字削除	○文字加入
訂正印の位置	訂正箇所		欄　外	

↓

もっともよい方法は、契約書を訂正するのではなく、作り直すこと

7 電子商取引の特殊性

相手の顔が見えないという特殊性がある

● 電子商取引とは何か

　インターネットをはじめとした、電子的なネットワークを介して行われる商取引を、電子商取引といいます。電子商取引には、企業と企業で行われるものや企業と消費者で行われるもの、個人間で行われるものなど、さまざまな形態があります。インターネット上で取引を行う場合には、ホームページなどの画面にあるフォームの送信機能を利用したり、電子メールを利用して行います。ホームページや電子メールなどのインターネットの代表的な利用方法は、人との交流や情報交換に役立つだけでなく、ショッピングや投資などの商取引にも使われているのです。

● 対面取引との違い

　電子商取引は、通常の商取引と比べて、いくつかの特色があります。それは、通常の対面式の売買と違って、相手の顔が見えない点です。通常、人が取引を行う場合には、相手の様子や企業の雰囲気などを実際に目で見て判断しますが、電子商取引ではそれができません。さらに、売買契約を行ったとして、その契約がいつ成立したものであるか、わかりにくいという問題もあります。

　対面取引ではその場で売買が終わることが多く、日を改める場合でも、契約の証拠となる文書を渡すなどの対応が簡単にとれます。

　他方、電子商取引の場合には、契約が成立していることを示すものは紙ではなく、電子データです。電子データは、性質上、改ざんされたりコピーされやすいため、非常に不安定で、契約の証拠には向かない性質のものです。

　また、たとえば商品を買う場合には、商品を送ってもらう必要があります。こうした情報を電子メールなどを利用して行うことから、情報が漏れる可能性も高く、実際に個人情報が漏れたケースは多数見られます。

　このように、インターネットを利用した商取引は非常に便利で手軽なものですが、他方、インターネットであるがゆえの問題点も多く含んでいるのです。

　特に、オンラインショッピングや金融取引のオンライン化が進み、利用者が増えることで、トラブルも増大しているのが現状です。

　そのため、電子署名・認証制度や電子契約法により、電子商取引の安全が図られています。

8 電子署名・電子認証制度

電子署名によって取引の安全を図っている

●インターネット取引と電子署名

インターネット上では、相手の顔が見えません。契約の証拠となる電子メールなどは、電子データです。電子商取引では、取引の相手方の身元を確認することが難しく、契約の証拠となりうる電子メールなどが、改ざんされやすいという問題があります。

ただ、契約をしたという証拠を残すことについては、技術の進歩によって、ある程度の対応がなされています。これが電子署名・電子認証制度です。これらの制度は、電子署名および認証業務に関する法律（電子署名法）によって守られています。

●電子署名の取引

電子署名がなされた電子データは、本人でなければ作成することができないデジタルデータの形式で存在するため、本人が自分の意思で作成したものであると推定されます。そのため、トラブルで裁判になった場合にも、電子署名つきの電子文書が手元にあれば、容易に証拠として用いることが可能です。

電子署名は、信頼性を高めるために考えられたものです。本人が署名していることと、署名されたものには後から変更などが加えられていないことを

証明できるような高い信頼性が求められます。現在のところ、電子署名には、公開鍵暗号方式と呼ばれる技術が広く使われています。

公開鍵暗号方式は、秘密鍵と公開鍵という２つのデータを使います。この２つのデータは、印鑑登録制度と似たしくみで、それぞれ印鑑と印影のような役割を果たします。

秘密鍵を本人が使い、公開鍵は通信の相手方が本人のものであるかどうかをたしかめるのに使います。通信の相手が本人の署名であるかどうかを確認するには、認証機関（日本認証サービス株式会社、株式会社日本電子公証機構など）が発行した電子証明書が必要になります。認証機関が電子署名を行った本人を電子証明書により証明することを電子認証といいます。

認証機関に電子証明書を発行してもらうには、事前に本人が身元を証明できるような資料とともに認証機関に申請をする手続をすることが必要になります。

このように、電子署名・認証制度では、認証機関が本人の確認をするので、通信の相手方は本人の署名を本物であると信用することができるようになっています。

第5章 契約事務の基本と手続き

233

電子契約法の定めるルール

消費者の操作ミスによる不利益を救済する法律

● 電子契約の成立時期

インターネット技術の発展は取引を多様化した一方で、利用者の増大に伴うさまざまな問題を生じさせました。

たとえば、インターネットを利用した通信販売では、ワンクリック詐欺と呼ばれる悪質商法による被害も深刻化しています。

そのような、電子商取引をめぐるネット上のトラブルを防ぐことを目的として制定されたのが電子契約法（電子消費者契約に関する民法の特例に関する法律）です。電子消費者契約法とも呼ばれます。

民法の原則によれば、契約が成立するのは、申込みに対する承諾の通知が申込者に到達した時点であるとされています。電子契約法も、インターネット上の取引の場合であっても、承諾の通知が相手方に到達したときに契約が成立することを定めています。

● 電子契約法の対象

電子契約法は、消費者が行う電子消費者契約の申込み又はその承諾の意思表示について、特定の錯誤があった場合に関して、民法の特例を定めた法律です。

「電子消費者契約」とは、消費者と事業者との間における、電磁的方法によってパソコンなどの電子計算機の映像面を介して締結される契約です。事業者又はその委託を受けた者がその映像面に表示した手続きに従って、消費者が電子計算機を用いて送信することによって、その申込み又はその承諾の意思表示を行います。

● 消費者の操作ミスの救済

パソコンについての知識があり、操作にも慣れている人にとっては何でもなくても、操作に不慣れな人は、操作ミスをしてしまうこともあります。また、パソコンでは瞬時に処理がなされるため、間違いに気づいたときには、取り返しのつかないことになっていることもあります。

契約の原則（民法の原則）によると、重大な不注意（重大な過失）によって勘違い（錯誤）に陥って契約の意思表示をしたときは、原則として、取消しを主張できません。

しかし、インターネットショッピングや、事業者の専用端末を使用したサービス等の利用申込みなど、インターネット取引が普及した現在においては、消費者が操作ミスをしてしまい、消費者が意図していなかった商品を注文し

たりサービスを利用してしまったというケースが多く見られます。

そこで、電子契約法は、電子消費者契約において消費者に操作ミスが生じやすいことから、錯誤に関する民法の原則を修正し、事業者が消費者の操作ミスを防止するための措置を講じていないケースにおいては、消費者に重大な過失があっても契約の意思表示を取り消すことができるようにして、消費者を保護しています。

具体的には、事業者側には、消費者が契約の申込みや承諾を確定させる前に、消費者自身が注文内容や取引条件を確認することができるようにする義務が課せられています。

この確認措置がとられていない場合には、消費者がコンピュータの操作を誤って契約の申込みや承諾の意思表示をしたときは、消費者はこれらの意思表示を取り消すことができます。

これに対して、消費者が契約の申込みや承諾を確定する前の段階で、注文内容や取引条件を最終確認することができるよう措置を事業者側がとっていた場合には、たとえ消費者が捜査を誤って申込みや承諾の意思表示をしたとしても、その意思表示を取り消すことはできません。

また、申込内容の表示を見て、訂正しようとした場合に訂正することができるようになっている場合にも、消費者はその意思表示を取り消すことはできません。

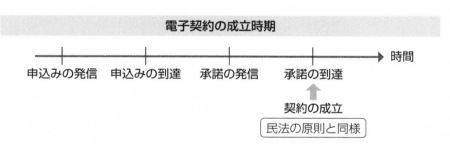

● 一般条項の重要性

契約書には、一般条項を記載します。一般条項（一般条件と呼ぶこともあります）とは、一般的なビジネスの契約において、必ず規定されている条項のことで、契約の種類にかかわらず、必ず取り決めておかなければなりません。

たとえば一般条項には、支払条件、契約期間、契約解除、期限の利益損失、不可抗力、秘密保持義務、損害賠償、準拠法、個人情報取扱、などがあります。

このように、一般条項は、ビジネス上の契約だけでなく、一般的な契約においてもほとんど規定されている条項です。しかし、一般的によく見られる条項であるからといって、内容をよく検討しないまま漫然と規定することのないようにする必要があります。契約内容によっては、一般条項の内容も異なる場合が多いので、一般条項だからと軽く考えるのではなく、当事者間での交渉過程において、慎重に決定する必要があります。一般条項についても、それぞれリスクを背負う必要があるので、慎重に検討し、契約書を作成することが重要です。

● 第三者への委託条項とは

第三者への委託とは、元々の契約において、ある業務の処理を委託する内容の契約である場合に、受託者が、その業務について、さらに別の第三者に、その業務の処理を委託することをいいます。

第三者委託が認められる場合、受託者は、必ずしも自身で業務を処理する必要はありませんので、取り扱うことができる業務の幅が広がるというメリットがあります。しかし、その反面、本来であれば、契約の当事者しか知らない情報について、第三者も知ることになりますので、情報漏えいのリスクが高まることには注意が必要です。そのため、契約の種類によっては、第三者への委託が認められるべきではないケースがあります。たとえば、顧問契約やコンサルタント契約などは、その業務を第三者に委託されてしまうと、契約を結んだ意味がなくなってしまいます。

このような契約の履行を、特定の個人や団体にのみに限定させたい場合は、第三者への委託はできないことを、契約書に加えておく必要があります。業務を一部的に委託可能とする場合でも、委託してもよい範囲は明確に記し、委託する第三者が負う義務についても明記しておきましょう。

11 合意管轄条項

契約当事者間で紛争が起こり訴訟となる場合に備える条項

● 管轄裁判所を決めておく条項

合意管轄条項とは、契約当事者間で紛争が起きた場合にどこの裁判所で裁判を行うかという「管轄裁判所」について取り決めた条項です。

管轄裁判所は、民事訴訟法によってあらかじめ決められており、通常、訴えは、被告（民事訴訟における訴えられた側）の住所地・所在地や、債務の履行が行われる場所を管轄する裁判所に提起する必要があります。しかし、民事訴訟法は、第一審の管轄裁判所に限り、当事者の合意によって指定しておくことができると定めるとともに、この合意は書面でしなければ効力を生じないとしています。そのため、契約の当事者間では管轄裁判所に関する合意を行った上で、合意管轄条項を契約書に合意管轄条項を設けておくことが一般的です。

契約当事者間で紛争が生じた場合、最終的に紛争を解決する手段としては、訴えを提起して、裁判所による裁判を行うのが通常です。しかし、契約の相手方が遠隔地にあり、その遠隔地にある裁判所に訴えが提起されて訴訟が係属した場合、交通費や時間の負担が大きくなってしまうことから、特に企業間の取引や企業と消費者との間の契約においては、自分または双方の契約当事者に都合のよい場所に所在する裁判所を第一審の管轄裁判所として、契約書の合意管轄条項で定めておくことが重要です。

● 「専属的」という記載

契約書に合意管轄条項を規定する際には、「専属的」という言葉を入れて「専属的合意管轄」の定めをすることが多いです。

専属的合意管轄裁判所とは、第一審の裁判の提起が認められるのは、その管轄裁判所のみであるということを意味します。

「専属的」という文言が入っておらず、単に「合意管轄」という条項を設けた場合、非専属的な合意管轄の定めであるとされます。つまり、契約時に合意した管轄裁判所の他に、民事訴訟法で認められている裁判所に対しても訴えを提起して裁判をすることが可能となってしまいます。これでは、わざわざ合意管轄を指定する意味が失われてしまうことになるため、契約書では「○○裁判所を専属的合意管轄裁判所とする」旨を明示しておきましょう。

秘密保持条項

情報の受け手か送り手かという立場の違いを意識する

●秘密保持条項とは

秘密保持条項とは、契約の履行をする上で知り得た相手方の重要な秘密情報（たとえば、経営ノウハウや、製造技術などの知的財産情報など）を、第三者に開示することや、その契約の目的以外で利用することなどを禁止する規定です。企業間の契約では、このような秘密情報の開示を伴う契約を行うことが頻繁に起こるため、秘密保持条項は非常に重要な契約条項です。

当事者以外の特定の第三者にまで秘密情報の開示が認められている場合には、その第三者に対しても、契約を履行する上で知った秘密情報の保持義務を負わせる必要があります。

●秘密保持条項を設ける際の注意点

秘密保持条項を設ける際には、自社が情報を提供する側なのか、提供を受ける側なのかという、立場の違いを考慮することが重要です。特に、自社が情報の提供を受ける側の場合に、あまりにも厳しい内容の秘密保持条項を結んでしまうと、自社が秘密保持義務を遵守することが困難または不可能なこともあり得ます。そのため、具体的な取引の内容を明確にイメージして、現実的に遵守可能な条項になっているか

どうかをしっかりチェックすることが重要となります。

●秘密保持条項の重要ポイント

秘密保持条項の検討においては、まず、自社が情報を開示する立場（送り手）にあるのか、情報の開示を受ける立場（受け手）にあるのかを確認する必要があります。

自社が情報を開示する立場にある場合には、秘密保持の対象となる「秘密情報」の範囲をできる限り広く規定することが必要となります。また、開示した情報の取扱いについても厳格な規定を設けるべきです。

一方、自社が情報の開示を受ける立場にある場合には、自社が負う義務の範囲が広くなり過ぎないように、必要最小限度の規定のみを置くように交渉するべきでしょう。過剰な負担を負わないようにすることが重要です。万が一、開示を受けた情報が漏えいした場合のリスクについての十分な確認・検討も必要となります。

また、何が「秘密情報」に該当するかを明確にすることも重要です。「秘密情報」の範囲が明らかになっていない場合には、重要な情報と重要性の低い情報を区別することなく同様に管理

しなければならないこととなるため、情報の重要性に沿った情報管理が行われないおそれが出てきてしまいます。

そのため、秘密保持条項では、「秘密情報」の範囲を明確に記載した上で、公知の情報など、「秘密情報」として取り扱う必要のない情報は「秘密情報」から除外される旨の規定を設けるべきです。

さらに、秘密保持義務に違反した場合のペナルティについても定める必要があります。たとえば、秘密情報が漏えいした場合には、損害賠償責任が発生する旨を定めるのが一般的ですが、情報漏えいのケースにおける具体的な損害額を算定することは非常に困難です。

また、金銭による損害賠償では損害の回復は不可能なケースもあり得ます。このような事態を想定して、具体的な損害賠償額をあらかじめ契約書に明記しておくことや、損害賠償以外のペナルティを規定するということもしばし

ば見られます。

● 秘密保持期間の定め

秘密保持条項では、秘密保持期間も定められます。契約終了後も秘密保持義務を負うこととすべきか、負うとしてどのくらいの期間が妥当なのか、さらにその期間が経過した後はどうなるのかなどについては、具体的な取引の内容に照らして個別に判断しなければなりません。

● 別途「秘密保持契約書」を結ぶ こともある

秘密保持条項の分量が膨れ上がってしまい、契約書のバランスを欠いてしまうような場合には、その契約書（以下、「本契約書」といいます）には簡易な秘密保持条項のみを設けるにとどめて、別途、秘密保持に関する詳細な条項を盛り込んだ「秘密保持契約書」を結ぶということもあります。

秘密保持条項の例（一部）

（秘密保持義務）

第○条　甲及び乙は、本契約の締結または履行の過程で知った相手方の秘密情報を、相手方の事前の同意なく、第三者に開示、提供または漏洩してはならない。

2　次の各号に掲げる情報は、前項における秘密情報には含まれない。
　（省略）

3　本条の規定は、本契約が終了（中途終了を含む）した日から３年が経過するまで効力を有する。

13 債務の履行期日・履行場所等

債務を履行しなければならない日時や履行場所などを明記する

● 債務の履行期日について

債務の履行期日とは、債務者がその債務を履行しなければいけない日のことです。たとえば、「6月10日までにAは商品を発送する。商品到着後、6月30日までにBは代金を支払う」という契約の場合、Aは商品の引渡債務、Bは代金支払債務という債務をそれぞれ追っており、これを契約で定められた日までに履行しなければならない義務が生じます。Aの債務履行期日は6月10日、Bの債務履行期日は6月30日となります。

なお、履行期日にあたる日が休日・祝日である場合があります。この場合、民法の原則に従うと、履行期日は、その翌日が履行期日になります。

● 債務の履行場所

契約を結ぶ上で、債務を履行する場所についての記載は必須条件ではありませんが（記載がなければ民法の規定に従います）、スムーズな引渡しや代金支払いができるよう、契約書に記しておくべきでしょう。

たとえば、売買契約においては、代金支払や商品引渡しをする場所を当事者の合意によって決定しておき、契約書の中に具体的な履行場所を記載することが多いです。

● 債務の履行に関するその他の事項

債務の履行期日や履行場所だけでなく、その履行の方法などについても、契約条項の中に明確に記載しておいた方が、履行の際のトラブルが少なくなります。債権者と債務者の立場の違いなどによって、債務の履行の場所や方法、期日（時間）や条件などが変わってくるため、トラブルや争いを未然に防ぐために、契約当事者における合意内容を明確に記載しておくとよいでしょう。

履行条項

（物件の引渡方法）本物件の引渡は、令和○○年○月○日限り、乙の本店所在地においてなすものとする。引渡しは、現実に行うこととする。

14 目的物・対価・不可抗力条項など
事前に合意した内容を契約書に明記しておく

● 具体的に記載すべき事項

契約書に記載すべき事項のうち基本的かつ重要な事項として、①目的物、②業務内容、③対価、④支払方法の記載が挙げられます。

たとえば、売買契約や賃貸借契約においては、当然のことながら、①目的物を明確に契約書に記載しておく必要があります。

また、請負契約や委任契約においては、②業務内容を具体的に記載することが重要です。どのような仕事の完成を請け負うのか、どのような内容の事務を処理するのかについて、契約書上に明記します。

③対価は、売買契約における売買代金、賃貸借契約における賃料、請負・委任契約における請負代金・委任料、業務委託料のことです。対価については、契約した対価の他に、重要な取り決めをしておかなければなりません。たとえば、契約した対価に税金は含まれているのかどうか、送料や材料費など諸費用はすべて含まれるのか、または別途請求となるのかどうかについても当事者間で合意しておく必要があります。対価に利息を発生させる場合は、法定利率（民事・商事を問わず、年3％）以外の利率を採用するのであ

れば、契約に際して当事者間で合意した内容を、契約書の中に明確に記載しておくべきでしょう。

さらに、④支払方法として、これらの対価を現金で支払うのか、振込にするのか、または手形で支払うのかも明記しておかなければなりません。

● 不可抗力条項とは

不可抗力条項とは、不可抗力によって債務不履行の状態に陥った場合は、その債務不履行について責任を負わない（免責）とする規定です。不可抗力免責条項ともいいます。

ここでいう「不可抗力」とは、当事者の責めに帰することができない事由によって起こった、債務不履行を免れる事情をいいます。

ただし、具体的に何が「不可抗力」に該当するかについては法律で定められているわけではありません。そのため、契約当事者間で争いが起きることを未然に防ぐために、「不可抗力」に該当する事由を具体的に契約書に記載しておくべきです。

「不可抗力」に該当する事由の典型例としては、地震や台風などの天災やテロ、戦争状態、法令改正などがあります。

15 危険負担条項

契約締結後履行不能となった場合の取扱いを明確にする

● 危険負担とは

契約が結ばれると当事者への拘束力を持つのが原則です。しかし、売買などの双務契約において、契約成立後に契約当事者に責任がない事情によって債務の履行が不能になった場合、その危険をどちらの当事者が負担すべきか、という問題が、危険負担の問題です。

たとえば、中古自動車販売のケースを考えてみましょう。売買契約を4月1日に締結して、買主への中古自動車の引渡しを4月30日と定めていたとします。その後、4月10日に発生した落雷によって中古自動車が滅失した場合、売買契約における両当事者の債務はどうなるのでしょうか。中古自動車は滅失したため、もはや買主に引き渡すことはできず、売主は、中古自動車の引渡債務について、履行不能（履行することが不可能な状態）に陥っているため、この引渡債務は消滅しますが、滅失の原因は大地震であり、売主に帰責事由はないので、売主には債務不履行責任は生じません。そこで、反対債務である買主の代金支払債務をどのように取り扱うべきかについて定める条項が、危険負担条項です。

● 危険負担に関する民法の規定

民法は、「当事者双方の責めに帰することができない事由によって債務を履行することができなくなったときは、債権者は、反対給付の履行を拒むことができる」（536条1項）と規定して、両当事者に責任がない事情によって履行不能になった場合、反対債務を負う者は、自身の債務の履行を拒むことができるとしています。

ただし、民法は、履行を「拒絶」する権利があるとしているので、反対債務自体は消滅しません。そのため、反対債務を消滅させたい場合は、契約解除をする必要があります。

また、履行不能に基づく契約の解除についても、民法の規定では、債務者にう落ち度（帰責事由）があることは要件ではありません。そのため、前述の中古自動車の事例では、落雷によって中古自動車が滅失しているため、買主には落ち度がないので、履行拒絶権として代金の支払いを拒むことができる上、売買契約を解除して、代金支払債務を消滅させることが可能です。

この民法の規定と異なる取扱いをしたい場合には、危険負担条項においてその具体的な取扱いを定めます。

16 手付条項

手付が交付される場合に手付の性質や効果を記載する

● 手付とは

売買契約の際に、当事者の一方が他方に渡す金銭のことを手付といいます。手付は、売買契約の締結時または債務の弁済期までの間に交付するものであり、その金額は売主と買主の間で決定することができます（ただし不動産売買の場合、売主が宅地建物取引業者であって、買主が宅地建物取引業者でないときは、売主である宅地建物取引業者は、売買代金の20%を超える金額を手付金として受領することはできません）。

手付には、証約手付、解約手付、違約手付の3種類があります。

証約手付は、売買契約が成立した際に支払う手付で、この支払いによって「売買が成立した」という証拠になるものです。手付は、常にこの効果をもつと考えられています。

解約手付は、債務不履行がなくても契約の解除を可能にするために交付される手付です。この解約手付による契約の解除は、売主・買主の双方に認められているものであり、相手方が契約の履行に着手する前であれば契約を解除することができます。買主の場合は、支払った手付金を放棄すること（返却不要とすること）で解約が可能となり、

売主の場合は、買主が支払った手付金の倍額を現実に支払うことで契約の解除が可能になります。

違約手付は、相手方の債務の不履行に対するけん制として、債務の履行を促すために交付される手付です。契約違反があった場合の保証金といえます。違約手付は、買主に債務不履行があった場合、売主が没収することができる金銭として交付されるものです。

逆に、売主に債務不履行ああった場合には、買主は、売主に対し、違約手付の返還と、違約手付の金額と同額の損害賠償を請求することができます（つまり、手付金の倍額を請求することができます）。

● 手付条項について

手付条項では、契約において交付される手付が、解約手付なのか違約手付なのか、その両方の性質を有するのか等について明記することが重要です。また、解約手付による契約解除を行うことができる期限を手付条項において定めて、その期限までは売主も買主も解約手付による解除をすることができることとすること等も可能です。

17 期限の利益の喪失条項
期限の利益を失わせる必要がある事態を具体的に記載する

● 期限の利益とは

　期限の利益喪失条項は、おもに金銭の貸し借りに関する契約書である「金銭消費貸借契約書」に見られる条項です。期限の利益とは、債務の支払期限が到来するまでは、債務者は借りた金銭を返さなくてもよく、返済を請求されないという、弁済の期限が与えられるという利益のことです。ローンなどでお金を借りた債務者は、返済期限の前には債務者に対して返済をしなくてもよいということです。債権者は、期限の利益を債務者に与えている代わりに、債務者から利息を受けるのが一般的です。

● 期限の利益喪失条項とは

　債権者が一方的に期限の利益を喪失させることはできません。つまり、契約で弁済の期限を定めた場合、債務者に期限の利益が与えられる結果、債権者は、弁済期限が到来するまでは、債務者に対して弁済を請求することはできないのです。

　しかし、債務者が毎月の弁済期限に決められた金銭を返済しない場合や、債務者が破産したり倒産した場合など、一定の場合には、債務者の期限の利益を失わせて、残りの債務を直ちに履行

させることができなければ、債権者は債務者から弁済を受けることができないおそれがあります。

　そこで、民法は、①債務者が破産手続開始の決定を受けたとき、②債務者が担保を滅失させ、損傷させ、又は減少させたとき、③債務者が担保を供する義務を負う場合において、これを供しないとき、のいずれかのケースに該当する場合には、債務者は期限の利益を主張することはできないとしています（137条）。

　しかし、この３つのみでは実務上は不十分です。そのため、契約の実務上は、債務者の現実の信用不安や契約違反など、民法の規定以外の場合にも期限の利益が失われるケースを具体的に明記した、「期限の利益の喪失条項」を契約書に規定することが一般的です。

　期限の利益が喪失した場合、債務者は、残りの債務を直ちに全額弁済しなければなりません。

　なお、期限の利益を喪失させる必要がある状況では、もはや契約を存続させる必要はないので、期限の利益の喪失条項と契約解除条項を一緒に規定することも多いです。

18 納品・検査についての条項

目的物の納品から検査に合格するまでのトラブルを未然に防ぐ

● 目的物の納品と検査

売買契約や請負契約では、目的物が納品された後、検査が行われるというプロセスをたどります。

目的物の納品とは、目的物の引渡しのことであり、法律上は、納品によって相手方が目的物を受領したものと扱われます。目的物が納品された後、納品を受けた当事者は、すぐに目的物の検査を行う必要があります。納品された目的物が契約の内容どおりの物品であるかどうか、欠陥はないか、数量に不足はないかなど、履行が適切になされたかどうかをチェックするのです。この物品の検査のことや検査に合格したことを「検収」と呼ぶことも多いです。

なお、「納品」や「検査」「検収」と

いった言葉は法律上の用語ではないため、契約当事者によって、それぞれ意味する内容が異なっている場合もありますので、契約書ではどのような意味で用いられているのかを確認するようにしましょう。

検査の結果、納品物に問題がある場合には、納品をした相手方に直ちに通知して、契約内容に沿った目的物を納品することや代金の減額を求めたり、損害賠償請求や契約の解除をすることができます。納品物に問題がなければ検査に合格したことを相手方に通知します。

これらのプロセスを、明確に契約書に記載することで、納品・検査に関するトラブルを防ぐことができます。

納品・検査条項

（納品及び検査）

第○条　乙が目的物を納品したときは、甲は、当該目的物を直ちに検査する。

2　甲は、目的物の納品を受けた日から14日以内に、前項の検査の結果を乙に書面で通知する。

3　第1項の検査の結果、不合格の物品があるときは、乙は、遅滞なくこれを引き取り、すみやかに代品を納入しなければならない。

4　甲が乙に検査の結果を通知せずに第2項の期間が経過したときは、当該目的は検査に合格したものとする。

クレーム処理についての条項

クレームに関する責任の所在等を明確にするための条項

● クレームの処理に関する事項を明確にして紛争を防止する

ビジネスには顧客からのクレームはつきものです。一般的には、製品についてのクレームの処理をすべきなのは、売主であるメーカー、販売やサービスについてのクレームの処理をすべきなのは買主である小売店、というのが妥当ですが、責任の所在がはっきりしないケースも発生します。そのため、まずはクレーム処理の対応をする当事者は誰なのかを明確にする必要があります。

誤った対応で商品や会社のブランド価値を下げてしまう可能性や、製品開発や改善のヒントを逃してしまうことがありますので、一方当事者のみが対応にあたるのではなく、必要に応じて他方の当事者も協力をする、というような条項にすることが効果的です。

その他にも、クレーム対応にかかる費用の負担や補償責任を負う当事者は誰か、どの範囲でクレームによる責任を負うべきか、具体的にどのような補償責任を負うのか、などを規定し、当事者間での紛争を防ぐとともに、クレームを適切かつ円満に処理できるようにします。

また、今日では、著作権、特許権、意匠権、商標権などの「知的財産権」に関するクレームも増えています。契約当事者が顧客や第三者に対して、権利を侵害する場合だけでなく、反対に、第三者に契約当事者が権利を侵害される場合も起こり得るので、どのケースのときに誰が対応するか、可能な限り細かく設定しておくべきでしょう。

クレーム対応に関する条項

（クレームへの対応等）

第○条　本製品の不具合に関して消費者からのクレームが発生した場合、甲は、直ちに乙に通知し、その対応にあたるものとする。この場合において、甲の要請があったときは、乙は甲に必要な協力をするものとする。

2　乙は、以下の場合を除き、甲が前項のクレームへの対応に要した一切の費用について補償しなければならない。

（以下省略）

---

20 完全合意条項

契約書に書かれていない内容に効力を認めないとする条項

● 完全合意条項とは

　契約書を作成する際に、その契約書に書かれていない内容には効力を認めないということを合意する条項です。

　この場合の「完全」とは、契約当事者が完全に合意しているという意味です。つまり、契約締結前に行われたどのような約束も、口頭であれ暗黙の了解であれ、契約書に書かれていない内容はその効力を認めないということです。つまり、この契約書の記載事項のみが完全な合意であり、契約書に記載されていない内容や、契約が締結されるまでに交わされた合意や約束は、すべて無効とする規定を指します。

　たとえば、「本契約は、本契約で取り扱われた事項に関する当事者間の完全かつ唯一の合意を構成するものであり、書面であろうと口頭であろうと、当事者間に存在するすべての従前の合意は効力を失うものとする」などと規定することになります。

　また、契約締結後においても契約の修正は書面によらなければなりません。

　法律上、契約は当事者の合意によって定まります。契約締結の際には、必ずしも正式な契約書を作成する必要はなく、口約束や覚書などでもその効力を生ずるとされています。

　しかし、正式に契約書を発行して契約内容の特定化をしていないと、トラブルになり、損失を被る可能性も大きくなります。完全合意条項を規定することで、契約の内容は特定化されます。そのため、書面によらずに成立した契約や、契約締結前に交わされた合意や口約束などをとり出して起こされるトラブルを、事前に防ぐことができるようになります。

　完全合意条項を置くということは、契約書に記載されていないことは、新たに当事者間で合意しない限りは。その効力が認められないということになります。契約締結時には、考えられるあらゆるトラブルを想定して、漏れがないかどうかについてチェックする必要があります。

　なぜなら、本来は、両当事者が合意に至って、契約書を作成したにもかかわらず、後になってトラブルになるケースは意外にも多いためです。特に、トラブルになったケースで、一方の当事者が、問題になっているトラブルは契約書が想定していたケースとは異なると主張する場合があります。完全合意条項を置くことによって、この種のトラブルの予防につながります。

● 注文書と注文請書でセット

　商取引においては、多くのケースで注文書、注文請書、見積書のやりとりだけで契約を成立させて取引を行っています。契約は、当事者の一方が「申込み」をして、相手が「承諾」すると成立します。「申込み」を証明するのが注文書で、「承諾」を証明するのが注文請書です。

　注文書を作るポイントは、①宛て先を正しく書く、②商品名や数量など目的物を特定する、③代金（総額・単価）・支払方法などを明記する、④納入場所、納入方法なども詳細に書く、⑤必ず控えをとっておく、ことです。

　注文書だけでは、相手が承諾したのかどうかがわからないので、注文請書が必要になります。

　注文書の中に、「○日以内に異議ある旨を通知しない場合には、承諾したものとみなす」などの条項を盛り込み、注文請書の作成を省こうとする注文書も見られます。注文請書は、実質的に契約の成立を証明する機能を持つため、印紙の貼付が必要になります。しかし、注文書については印紙の貼付が不要であるため、このような条項が用いられるケースが多いといえます。ただし商法では、承諾の通知は支障のない限り早く（遅滞なく）通知することが要求されています。そのため、注文書において「○日以内」に承諾を要求することは、商法の規定内容を修正する条項であることに留意が必要です。

　注文書や注文請書は、どんな形式のものでもかまいません。商品名と代金を記載したFAX文書でもよいのです。

● 見積書と請求書について

　商品（あるいは機械・工事など）の単価、数量、納期などの取引条件を記載して、受注者が注文者に対して契約締結前に交付する書面を見積書といいます。見積書は、単に取引条件を示したものにすぎません。見積書を受けて注文者が注文し、それを受注者が承諾すると、通常は契約が成立します。

　一方、取引上生じた債権や商品の引渡しを請求したことを証明する文書が請求書（221ページ）です。請求書は、たとえば、債権を回収しないまま何年もたってしまい、請求しないで放っておいたために時効になってしまうのを防ぎたい場合（時効の完成猶予）や、相手がきちんと債務を履行しないため、損害が生じて、特約条項の損害金の発生の有無を確定するような場合に効果を持ちます。

22 収入印紙
収入印紙の貼付が必要な契約書がある

● 印紙とは

印紙とは収入印紙のことであり、課税対象となっている文書に貼って、国に対して税金や手数料を支払うものです。

どのような文書が課税の対象になるかは、印紙税法別表第1で示されています。

● 印紙税の納税義務者

印紙税は、文書にかかる税金で、契約書などの文書に収入印紙を貼付することにより印紙税を納めていることになります。ただし、すべての文書に印紙税がかかるわけではありません。

たとえば、課税文書の代表例として領収書が挙げられますが、通常、買い物をして領収書をもらっても収入印紙が貼ってあることはあまりないはずです。これは一定金額まで印紙税を免除する非課税限度額があるからです。

印紙は国へ税金や手数料を支払ったことを証明する手段です。印紙が貼付されていなくても契約自体は有効ですが、印紙税法上は脱税として扱われてしまいます。印紙税が発生し収入印紙を貼付する必要がある契約書として、おもに以下のようなものがあります。

① 1万円以上の不動産の譲渡に関する契約書

② 土地賃貸借契約書、土地賃料変更契約書

③ 金銭消費貸借契約書、金銭借用書

④ 請負に関する契約書

⑤ 一定の合併契約書、吸収分割契約書、新設分割計画書

⑥ 継続的取引の基本となる契約書（売買取引基本契約書、業務委託契約書、代理店契約書など）

なお、それぞれの契約書に記載された契約金額によって、印紙税額が決まっています。たとえば、①の契約書の印紙税額は、記載された契約金額が10万円以下の場合は200円、10万円を超え50万円以下の場合は400円であり、契約金額の記載のないものは一律200円です。また、⑥の契約書の印紙税額は、一律4,000円です。

印紙税の課税対象となる契約書に所定の収入印紙を貼らなかった場合には、その作成者に対し、ペナルティとして、その貼るべき印紙税額の3倍相当額の過怠税という税金が課されます。

収入印紙には、貼付した箇所と契約書との境目に消印をします。これを怠った場合にも、印紙税額相当の過怠税が課されます。

第5章 契約事務の基本と手続き

23 領収書の書き方

ルールをしっかり押さえて書く

● 領収書の意義

　領収書とは、金銭を伴う取引があったことを証明する書類です。金銭を支払った人から「領収書を発行してほしい」と言われた場合には、それに応じなければなりません（民法486条）。

　「領収書」という名称の書類だけではなく、「取引明細書」「受領書」などの書面も、金銭を受けたことが明確に記されていれば、領収書としての意味を持ちます。また、領収書は、経費処理などの申告の正しさを税務署へ証明するための証拠書類となります。

　領収書の記載事項については法律などによるルールはありませんが、一般的に記載すべき事項として、金額、日付、発行者の氏名・住所、押印、支払者の宛名、領収した根拠（商品名、サービス名）などがあります。

● 領収書の金額の記載方法

　領収書に記載された金額を容易に書き換えることができないように、記載の際には注意が必要です。具体的には、次のようにするのが一般的です。

・「一」「二」「三」「十」については、「壱」「弐」「参」「拾」という漢数字（大字）を用いる。

・金額の頭部分に「金」又は「¥」を用い、最後に「円」「也」や「※」「－」など用いる。

・三桁ごとにコンマで区切る。

● 領収書の但書の記載

　領収書の但書は、何に対する支払いなのかを明確にする意味があります。たとえば経費として処理したときに、但書に商品名が書かれていれば、その商品を購入したということが明確になりますので、経理の管理の効率化にもつながり、税務調査が入ったときでも安心です。

　借金の返済の場合に、「元本の返済なのか」「利息の支払いなのか」「何回目の支払いなのか」などを明確に記載しておけば、その取引があったことを示す重要な証拠にもなります。

● 領収書と収入印紙

　領収書に記載された受取金額が5万円以上の場合には印紙税という税金が課されるため、収入印紙を貼付する必要があります。ただし、印紙税の対象となる金額には消費税は含まれません。そのため、領収書において本体価格消費税額が領収書に記入されている場合には、その消費税額は領収額に含めないことになっています。

たとえば、受領金額が税抜きで48,000円である場合、受領金額として消費税10％の税込金額である「52,800円」とだけ記載すると、印紙の貼付が必要となります。しかし、次のように記載することで印紙を貼る必要はなくなります。

「52,800円 但 うち消費税額等4,800円」

税抜金額が５万円未満となる場合には印紙代の節約になりますので、消費税額を分けて記載するようにしましょう。

●インボイス制度における領収書の記載事項

インボイス制度の開始日である令和５年10月１日以降、適格請求書として領収書を発行する場合には、以下の５つの項目を記載する必要があります、①適格請求書を発行した事業者の氏名または名称と登録番号

②その取引が行われた日付

③その取引に関する資産または役務の内容

④その取引の税抜価額または税込価額を税率ごとに区分して合計した金額と適用税率

⑤税率ごとに区分した消費税額等

⑥適格請求書の交付を受ける事業者の氏名または名称

なお、小売業や飲食店業、タクシー業などの一定の事業者については、簡易インボイス（適格簡易請求書）の発行が認められ、⑥の記載が不要となり、また、適格請求書には適用された税率と消費税額の両方を記載する必要がありますが、適格簡易請求書ではどちらか一方のみの記載で足ります。

領収書サンプル（収入印紙の貼付が必要な場合）

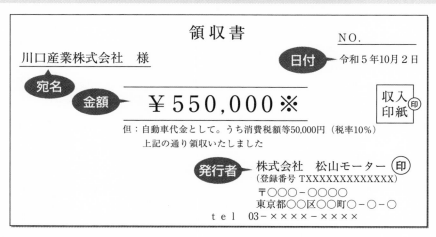

領 収 書

NO.

川口産業株式会社　様

宛名

金額

日付 → 令和５年10月２日

￥550,000※

収入印紙 ㊞

但：自動車代金として。うち消費税額等50,000円（税率10％）
上記の通り領収いたしました

発行者 → 株式会社　松山モーター ㊞
（登録番号 TXXXXXXXXXXXXX）
〒○○○－○○○○
東京都○○区○○町○－○－○
ｔｅｌ　03－××××－××××

Column

公正証書

　公正証書とは、公証人という特殊の資格者（裁判官、検察官、法務局長など法律実務に長く携わった者の中から、法務大臣が任命する公務員）が法律行為や権利義務に関する事実について作成する文書をいい、客観的事実を証明することを役割としています。金銭消費貸借契約や不動産の賃貸借契約などの契約に関するものや、遺言や遺産分割協議などの法律行為に関するものに公正証書がよく用いられています。公正証書の作成手続は公証人法によって定められています。

　公正証書は、一定の場合に執行力が認められます。つまり、強制執行を行うためには、その根拠となる債務名義が必要ですが、公正証書は民事執行法上の一定の要件を備えれば、債務名義となります。

　したがって、訴訟その他の裁判上の手続きを経ずに、公正証書に基づき強制執行を行うことが可能になります。ただし、公正証書は常に債務名義となり得るわけではなく、公正証書に記載されている請求内容が、一定額の金銭の支払いまたはその他の代替物の給付を目的とするものであることが必要です。

　また、債務者が「債務を履行しない場合には直ちに強制執行に服する無得を陳述した」などの、債務者が直ちに強制執行に服する旨の陳述が記載されていることが必要です（この記載を執行受諾文言あるいは執行認諾約款といいます）。

　たとえば、金銭消費貸借契約において、契約書を強制執行認諾約款付の公正証書によって作成することによって、債権者は、返済期限が過ぎても債務者が返済しない場合にこの公正証書に基づいて差押えや競売といった強制執行が可能となります。

　公正証書は公証人役場で作成されます。当事者双方が出向くのが原則ですが、本人ではなく代理人に行ってもらうことも可能です。

索　引

【監修者紹介】

武田　守（たけだ　まもる）

1974年生まれ。東京都出身。公認会計士・税理士。慶應義塾大学卒業後、中央青山監査法人、太陽有限責任監査法人、東証１部上場会社勤務等を経て、現在は武田公認会計士・税理士事務所代表。監査法人では金融商品取引法監査、会社法監査の他、株式上場準備会社向けのIPOコンサルティング業務、上場会社等では税金計算・申告実務に従事。会社の決算業務の流れを、監査などの会社外部の視点と、会社組織としての会社内部の視点という２つの側面から経験しているため、財務会計や税務に関する専門的なアドバイスだけでなく、これらを取り巻く決算体制の構築や経営管理のための実務に有用なサービスを提供している。

著作として『株式上場準備の実務』（中央経済社、共著）、『入門図解　会社の税金【法人税・消費税】しくみと手続き』『不動産税金【売買・賃貸・相続】の知識』『入門図解　消費税のしくみと申告書の書き方』『入門図解 会社の終わらせ方・譲り方【解散清算・事業承継・Ｍ＆Ａ】の法律と手続き実践マニュアル』『図解で早わかり　会計の基本と実務』『個人開業・青色申告の基本と手続き 実践マニュアル』『図解で早わかり　会社の税金』『暮らしの税金しくみと手続き』『事業再編・Ｍ＆Ａ【合併・会社分割・事業譲渡】の法律と手続き』『すぐに役立つ　相続登記・相続税・事業承継の法律と書式』『身内が亡くなったときの届出と法律手続き』『すぐに役立つ　空き家をめぐる法律と税金』『図解で早わかり 税金の基本と実務』『入門図解　電子帳簿保存法対応　経理の基本と実務マニュアル』（小社刊）がある。

林　智之（はやし　ともゆき）

1963年生まれ。東京都出身。社会保険労務士（東京都社会保険労務士会）。早稲田大学社会科学部卒業後、民間企業勤務を経て2009年社会保険労務士として独立開業。開業当初はリーマンショックで経営不振に陥った中小企業を支えるため、助成金の提案を中心に行う。さらに「真のGIVERになり世界に貢献する」という理想を掲げ、中小企業の業績向上に寄与できる方法を模索し、そのためには従業員がその能力を十分に発揮することが最善の策という考えにたどりつく。労働者が安心安全に働くことができる職場づくりのための「パワハラ予防社内研修」の実施や、中小零細企業に特化したモチベーションの向上を図れる「人事評価、処遇制度」の構築を提案している。

主な監修書に『雇用をめぐる助成金申請と解雇の法律知識』『社会保険の申請書式の書き方とフォーマット101』『入門図解　労働安全衛生法のしくみと労働保険の手続き』『管理者のための　最新　労働法実務マニュアル』『給与・賞与・退職金をめぐる法律と税務』『障害年金・遺族年金のしくみと申請手続き ケース別32書式』『入門図解 最新 メンタルヘルスの法律知識と手続きマニュアル』『障害者総合支援法と障害年金の法律知識』『建設業の法務と労務 実践マニュアル』など（いずれも小社刊）がある。

櫻坂上社労士事務所（旧さくら坂社労士パートナーズ）
http://www.sakurazakasp.com/

図解で早わかり
人事労務・社会保険から経理、契約事務まで
最新　会社の事務と手続きがわかる事典

2023年6月30日　第1刷発行

監修者　　林智之　武田守
　　　　　 はやしともゆき　たけだまもる
発行者　　前田俊秀
発行所　　株式会社三修社
　　　　　〒150-0001　東京都渋谷区神宮前2-2-22
　　　　　TEL　03-3405-4511　FAX　03-3405-4522
　　　　　振替　00190-9-72758
　　　　　http://www.sanshusha.co.jp
　　　　　編集担当　北村英治
印刷所　　萩原印刷株式会社
製本所　　牧製本印刷株式会社
©2023 T. Hayashi & M. Takeda Printed in Japan
ISBN978-4-384-04918-3 C2032